2024中国经济预测与展望

中国科学院预测科学研究中心

China Economic Forecast and Outlook for 2024

科 学 出 版 社

北 京

内 容 简 介

本书是中国科学院预测科学研究中心推出的系列年度经济预测报告。本书根据2023年的各种数据，运用计量经济模型、经济景气分析、投入产出技术等对2023年我国经济的不同层面进行全面系统的总结和回顾，对2024年我国经济发展趋势和主要经济变量进行预测，并提出相应的政策建议。全书由宏观经济形势分析与预测和行业经济景气分析与预测两个部分组成，共收录了15个报告。内容涉及重要宏观经济指标和宏观经济政策的分析与预测，以及重点行业和相关指标的走势分析与展望。本书期望对2024年我国经济进行一个立体透视，以帮助读者全面地了解2024年我国经济及其未来走向，并对未来若干年我国经济增长的态势有初步认识。

本书适合国家各级政府部门，特别是中央级政府部门的分析与决策人员，国内外企业的经营管理人员，宏观经济和行业经济的研究人员，关注中国和世界经济形势的各界人士及广大中小投资者参阅。

图书在版编目（CIP）数据

2024中国经济预测与展望 / 中国科学院预测科学研究中心编. —北京：科学出版社，2024.1

ISBN 978-7-03-077761-4

Ⅰ. ①2… Ⅱ. ①中… Ⅲ. ①中国经济-经济预测-2024 ②中国经济-经济发展趋势-2024 Ⅳ. ①F123.2

中国国家版本馆CIP数据核字（2023）第253054号

责任编辑：王丹妮 / 责任校对：陶　璇

责任印制：张　伟 / 封面设计：有道设计

科学出版社 出版

北京东黄城根北街16号

邮政编码：100717

http://www.sciencep.com

北京中科印刷有限公司 印刷

科学出版社发行　各地新华书店经销

*

2024年1月第　一　版　开本：787×1092　1/16

2024年1月第一次印刷　印张：14 1/4

字数：335 000

定价：128.00元

（如有印装质量问题，我社负责调换）

撰稿人名单

主编

洪永淼　中国科学院预测科学研究中心

汪寿阳　中国科学院预测科学研究中心

杨翠红　中国科学院预测科学研究中心

编委

包皓文　中国科学院预测科学研究中心

鲍　勤　中国科学院预测科学研究中心

陈　枫　中国科学院预测科学研究中心

陈　磊　东北财经大学经济学院、东北财经大学经济计量分析与预测研究中心

陈全润　对外经济贸易大学统计学院

陈锡康　中国科学院预测科学研究中心

成　晟　中国科学院预测科学研究中心

承子杰　中国科学院预测科学研究中心

董　志　中国科学院大学经济与管理学院

董纪昌　中国科学院大学经济与管理学院

窦羽星　中国科学院预测科学研究中心

冯耕中　西安交通大学管理学院

冯　晗　中国科学院预测科学研究中心

高　翔　中国科学院预测科学研究中心

庚　辰　中国科学院大学经济与管理学院

郭　琨　中国科学院大学经济与管理学院

季　煦　中国科学院大学经济与管理学院

李鑫茹　首都经济贸易大学经济学院

李秀婷　中国科学院大学经济与管理学院

李一杉　中国科学院预测科学研究中心

林　康　中国科学院预测科学研究中心
林　卓　中国科学院预测科学研究中心
林文灿　中国科学院预测科学研究中心
刘水寒　中国科学院预测科学研究中心
刘伟华　天津大学管理与经济学部
刘秀丽　中国科学院预测科学研究中心
骆晓强　财政部综合司
穆雨雨　中国科学院预测科学研究中心
乔柯南　中国科学院预测科学研究中心
孙玉莹　中国科学院预测科学研究中心
尚　维　中国科学院预测科学研究中心
汪正中　中国科学院预测科学研究中心
王宏鑫　天津大学管理与经济学部
王会娟　中央财经大学统计与数学学院
王　珏　中国科学院预测科学研究中心
王　琦　天津大学管理与经济学部
王修臻子　中国科学院预测科学研究中心
王钰杰　天津大学管理与经济学部
魏云捷　中国科学院预测科学研究中心
徐聿枫　东北财经大学经济学院
郇松桦　中国科学院预测科学研究中心
杨　昆　中国科学院预测科学研究中心
杨继钧　中央财经大学统计与数学学院
于　嫣　中国科学院预测科学研究中心
张楚晗　中国科学院大学经济与管理学院
张明威　中国科学院大学经济与管理学院
张　珣　中国科学院预测科学研究中心
赵　宇　中国科学院预测科学研究中心
郑阳阳　中国科学院预测科学研究中心
朱文洁　东北财经大学经济学院
祝坤福　中国人民大学经济学院

序　一

路甬祥

经济和社会发展方面的预测研究在经济和社会的重大问题决策中占有重要的战略地位。当前，不论是中国还是世界的经济发展速度都很快，特别是20世纪80年代以后，由于IT技术的发展，特别是信息网络、交通网络及航空运输业的发展，全球连接成为一个整体。人流、物流、信息流从未有过如此海量，经济进入了全球化时代。我国现在正处在一个高速发展的时期。成功应对国际金融危机之后，我国的经济总量已经上升到世界第2位，并且正在向更高的目标发展。然而，我国有13亿人口，虽然经济发展的总量已经到了一定的水平，但是从人均质量和标准来看还不尽如人意，从经济增长的方式和质量来看也存在着不少问题，面临着很多挑战。我国的经济能否得到稳定、健康的发展，就一些重大问题进行科学准确的预测显得特别重要，要依靠科学的决策、民主的决策来保证我国经济在发展过程中不受到内部或者外界因素太大的干扰。如果我们能够预先看到或估计到可能出现的各种问题，就有可能采取一定的防范措施减少波动，使不利因素始终控制在可以承受的范围之内，保证经济健康、稳定地发展。

中国科学院预测科学研究中心是由中国科学院数支在预测科学领域屡创佳绩的研究队伍组成的研究单元，他们在发展预测科学、服务国民经济宏观决策方面取得了一批可喜的成果，为中央领导和政府决策部门进行重大决策提供了有科学依据的建议和资料，同时在解决这些实际的重要预测问题中发展出了新的预测科学理论、方法和技术，做出了原创性的重要成果。2006年以来，预测科学研究中心每年岁末出版一本下年度的中国经济预测报告，迄今为止已经出版了五部年度预测报告。这些年的实际情况证明，预测科学研究中心这几年的预测报告，能够较为准确地把握我国经济发展趋势，对国民经济重要指标给出相当接近的预测值，能够发现下一年度经济发展中的潜在问题并给出相应对策建议。这些报告对政府有关部门和企业贯彻落实科学发展观，加强和改善政府对经济工作的指导，引导各经济部门配合政府实现宏观经济目标，有着重要的参考价值。这些报告也在国内外形成了广泛的影响。2010年预测报告的发布就受到国际新闻媒体的强烈关注，其中，路透社、法新社等都发布了相关消息。

预测科学研究中心是中国科学院在体制创新方面的一次尝试。它打破体制上的壁垒，打破学科间的壁垒，是一个为了共同的目标组建成的跨学科的中心。我希望中心的体制与管理要有所突破，有所创新，通过优势互补，在服务国家战略决策方面，在攻克预测科学科技难关方面成为一个先行者，为院内外、国内外科学界树立一个榜样，创造一个典范。同时，我也希望这个年度预测报告系列越办越好，以更好的质量服务于政府、企业和社会公众，服务于我国按照科学发展观建设社会主义的光辉事业。

2010 年 12 月

序　二

成思危

（2006 年 4 月 26 日下午在中国科学院预测科学研究中心第一次学术委员会会议上的讲话）

我作为中心的学术委员会主任，想从学术观点和运行机制两个方面来谈谈我的意见。

预测、评价、优化是系统工程的三大支柱。因为未来世界的不确定性和人们认知能力的有限，预测不可能做到绝对准确，只能达到相对准确或近似准确，但预测是必不可少的。没有预测，人们将无法确定未来的行动和方向，所以预测的重要性显而易见。

简单地说，预测方法分为两类：一类是根据现有数据去推测，另一类是根据专家已有的经验去推测。从现有的数据去推测，最简单的办法就是外推，前提是客观世界没有太大变化。这种方法只适用于短期预测。在此之上的方法就是把外界可变因素按照一定的规律加入进来，如投入产出方法、马尔可夫链、数据挖掘等。再高级一点的方法就是从数据中发现知识，即所谓数据库中的知识发现（knowledge discovery in database，KDD）、统计推断等。这是目前在预测技术中比较占主流的方法，即由过去的数据去推断未来。当然，数据的数量和质量保障是使用这种方法的前提。根据专家的知识和经验去推测，实际上就是根据经验预测未来，如 Delphi 法等群决策方法。我把群决策方法分为协调型决策和协同型决策，前者是指参加决策的人们有利益冲突，但又都希望达成一个妥协的结果；后者则是指参加决策的人们没有利益冲突。虽然后者已经达到了很高的协同性，但是专家的意见还是会有分歧，专家的知识背景还是会有差异，当然也难免存在权威的干涉。

要想把预测工作做好，就要把主观的专家经验和客观的数据结合起来。一般有两种方法：一种是数学方法，另一种是仿真的方法。数学方法是建立以数学为基础的模型，由专家检审后反馈意见，再进行修改与计算，再返回到专家，也就是人机系统集成方法。这种方法的缺点是设备复杂、变量多、回路多，因而在计算上操作困难较大。仿真的方法，即以智能体为基础（agent-based）的仿真技术。我在国家自然科学基金委员会兼任管理科学部主任的时候曾支持过戴汝为、于景元、顾基发三人牵头的支持宏观经济决策的人机交互综合集成系统研究，投入了 500 多万元，但效果还是与理想有些差距。所以，预测科学研究中心也不能期望自己能够解决所有的预测问题，问题的解决要一步一步地去做，如中心现在的农业产量预测和外贸预测就做得比较好，预测的精度较高。

从实际情况来看，中心目前只能以任务为主，以完成任务为考核的主要指标。在任务完成的同时，去进行理论、方法的提炼和升华，逐步地归纳、总结，以提高学术水平。实际情况决定了预测科学研究中心有大量的工作要去做，而且大多数的工作都是属于中短期的。造成这样的原因有两点：一点是中国科学院需要中心出一批有影响的预测报告，另一点就是经费的压力。经费全靠“化缘”是不行的，中国科学院支持中心 40% 的经费，另外的 60% 要用两种办法取得：一种是四处申请课题，另一种是找几个主要的用户给予固定支持，如商务部等。如果没有一个成型的机制，既不稳定，也会牵扯太多的精力。对于经费的来源，我建议采用 4∶3∶3 机制，即 40% 由中国科学院支持，30% 由固定用户支持，30% 机动。这样的话，就有 70% 的经费是稳定的，其余 30% 的波动对中心的影响可能不太大。

还有一点，目前预测科学研究中心由 4 个研究部组成，但事实上有 6 家单位参与，还是像一个“拼盘”。中心要想真正发挥优势，必须要加强集成。从理想状态来说，我认为要由中心确定课题，并从各单位抽出人员与中心招聘的人员共同组成课题组，一起完成课题，待课题结束后抽调人员再返回原单位，这样能达到统一组织，集成优势的目的。

最后一点，是激励机制的设立。对于在中心工作的科研人员，中心应当给予一定的补贴，这样才能使科研人员精力更加集中。目前，中国科学院总体来说还是处于所、院相对独立的状态，不进行制度上的创新，就很难出现真正意义上的学术创新。

我到这里来担任学术委员会的主任，就是希望能够推动预测科学的发展。发展预测科学一定要不断创新。建立中国的预测学派可能需要十年、二十年的努力，所以，现在提这个目标还为时过早，但可以作为一个远期目标。我希望大家一同来支持这个中心，三五年之后，预测科学有可能更受重视，我们要努力争取做出最好的成果。

前　言

自改革开放以来，经过四十余年的快速增长，我国经济发展的要素和约束条件均发生了很大变化。资本系数快速增大、投资率波动下降，人口老龄化速度加快、资源红利逐渐减弱，传统要素驱动的经济增长模式遇到瓶颈，结构性问题凸显。2012 年以来，我国经济进入了“新常态”，经济增长由高速转向中高速，经济发展方式也从粗放型增长转向高质量全面协同发展。2020~2022 年，受新冠疫情（以下简称疫情）影响，我国和全球经济都受到重创，但我国在以习近平同志为核心的党中央的坚强领导下，高效统筹疫情防控和经济社会发展，充分展示了经济韧性，2020~2022 年的三年间我国实现了年均 4.5%的经济增速，远高于美国和欧元区 1.6%、0.7%的经济增速。特别值得一提的是，2020 年我国经济增速为 2.2%，是主要经济体中唯一实现正增长的经济体，为全球经济稳定发挥了压舱石作用，并完成了脱贫攻坚、全面建成小康社会的历史重任，实现了中国共产党第一个百年奋斗目标。

2023 年疫情平稳转段，我国经济逐渐恢复，但也遇到了一些困难和挑战，经济恢复呈现波浪式发展、曲折式前进的过程。在 2022 年基数比较低的情况下，第二、第三季度同比增速没有达到疫情后经济将快速增长的预期，经济下行压力有所加大。主要呈现以下几个特点。一是经济内生动力不足，特别地，投资增速缓慢，房地产业不景气。前三季度全国固定资产投资呈明显下降趋势，其中基础设施建设投资和制造业投资均增长 6.2%，但房地产开发投资下降 9.1%，民间投资下降 0.6%。二是外需走弱、出口订单下降。2023 年全球经济在疫情基本结束后依然增长乏力，根据国际货币基金组织 10 月的最新预测，全球经济增长将从 2022 年的 3.5%降至 2023 年的 3%，2024 年将降至 2.9%。2023 年 9 月，欧盟委员会下调了对欧元区的经济预测。全球经济不景气，外需增长持续放缓严重影响中国外贸增长。三是消费需求增速进一步恢复，特别是接触型消费的复苏步伐明显加快。第三季度当季住宿和餐饮业同比增长 12.7%，餐饮收入 41 905 亿元，增长 18.5%，对经济增长的拉动作用进一步增强。2023 年前三季度，社会消费品零售总额同比增长 6.8%，消费对经济增长的贡献率达到 83.2%。总体而言，虽然 2023 年前三季度我国经济恢复未达到预期，但在世界经济波动下行、贸易保护主义抬头和外部环境更趋复杂严峻的背景下，我国经济运行逐步向常态化运行轨道回归，主要经济指标回升向好，展现出了强大的韧性与活力。

展望 2024 年，我国经济发展仍将面临很大的不确定性。国际方面，一方面，世界经济正处于深度调整中，复苏动力不足。2024 年，美国、欧洲等主要经济体或将进入加息周期，可能对我国当前比较脆弱的出口形势造成更大压力。另一方面，地缘政治冲突风险加大。俄乌冲突已持续接近两年，短期内很难出现拐点迹象，如果冲突长期化，将会对欧洲甚至全球经济复苏带来较为严重的影响。近期爆发的巴以冲突，更加剧了全球地缘政治的紧张局势。从中美关系来看，短期边际向好，中长期博弈态势未改，总体上美国政府遏制中国的战略仍将持续，2024 年美国大选临近，美国两党仍会炒作对华议题，中美关系走向存在着较大变数。国内方面，预计 2024 年我国经济增长潜力有望在国内政策持续发力的前提下得到更好释放，经济增长逐渐回归常态，居民消费预期和信心延续恢复态势，战略性新兴产业持续保持高速增长。

综上分析，2024 年我国既面临着严峻的挑战，也存在多种积极因素。2024 年我国经济的总体走势如何？面临着哪些值得重点关注的风险？这是中央及地方各级政府和全国人民都非常关心的议题。中国科学院预测科学研究中心对我国的经济走势和主要指标进行了分析与预测。考虑到 2024 年我国经济运行、国际经济形势，以及我国的外需增长都有很大不确定性，在进行经济增长速度的预测时，有如下三个前提条件，即：①在以习近平同志为核心的党中央坚强领导和党的二十大精神的指引下，中国政府将继续贯彻"稳中求进"的总基调，贯彻新发展理念，构建新发展格局，推动高质量发展；②2024 年中美在政治、经济、军事和科技上不发生全面对抗和冲突；③2024 年我国周边地区如朝鲜半岛，边境地区如南海区域、台湾海峡等不发生大规模冲突和局部战争。在上述前提条件以及中美关系有所缓和、房地产业企稳的基准情景下，预测 2024 年中国 GDP 增速为 5.3%左右，全年经济走势呈现为前低后高态势。预计第一季度经济增速可能为 5.0%，第二季度可能为 5.3%，第三季度可能为 5.5%，第四季度可能为 5.4%。

除了对中国经济增速的分析和预测外，本书还对中国经济的十余个重要指标进行了分析和预测。本书共分为两个部分，由 15 个报告组成。第一部分为宏观经济形势分析与预测，包括 8 个分报告，即 2023 年中国 GDP 增长速度分析与 2024 年展望、2023 年中国固定资产投资形势分析与 2024 年展望、2023 年中国进出口形势分析与 2024 年展望、2023 年中国最终消费形势分析与 2024 年展望、2023 年中国物价形势分析与 2024 年展望、2023 年中国财政形势分析与 2024 年展望、2023 年中国货币政策分析与 2024 年展望、2023 年中国国际收支形势分析与 2024 年展望；第二部分为行业经济景气分析与预测，包括 7 个分报告，即 2023 年中国农业生产形势分析与 2024 年展望、2023 年中国工业行业分析与 2024 年展望、2023 年中国房地产市场形势分析与 2024 年展望、2023 年中国物流业发展分析与 2024 年展望、2023 年国际大宗商品价格走势分析与 2024 年展望、2023 年中国农村居民收入分析与 2024 年展望、2023 年中国粮食消费形势分析与 2024 年展望。

本书是中国科学院预测科学研究中心自 2005 年开始的一项持续性工作，至今已经有 19 个年头。19 年来，这个系列报告较好地把握了中国经济的发展趋势，对当年度经济发展中可能遇到的重大问题进行了系统深入的讨论。这一工作为中国各级政府的宏观决策，以及对企业、投资人及民众的经济形势判断和决策提供了前瞻性的信息和依据，得到了政府部门、企业界及新闻媒体的广泛关注和赞誉。

本书的撰写人员主要是中国科学院预测科学研究中心的部分成员以及与中国科学院预测科学研究中心有密切合作的部分同行。报告的研究和撰写耗费了所有作者大量的心血和精力。作为本书的主编，我们对所有作者表示最衷心的感谢！本书的出版也得到了科学出版社的领导和编辑同志的大力支持与帮助，我们对他们也表示最诚挚的感谢！最后，感谢“计量建模与经济政策研究”基础科学中心项目（71988101）的大力支持！

洪永森　汪寿阳　杨翠红

2023 年 12 月

目　　录

宏观经济形势分析与预测

行业经济景气分析与预测

宏观经济形势分析与预测

2023年中国GDP增长速度分析与2024年展望

陈锡康　杨翠红　祝坤福　王会娟　李鑫茹　赵　宇

报告摘要：本报告内容分为四个部分。

第一部分对中国中长期经济增长的若干特点和变化规律进行探讨，对中国中长期经济增速进行预测，并提出中华民族伟大复兴的两项经济标准，即要求中国不仅在经济总量上居世界首位，而且在经济发展水平上大幅度缩小与高收入国家的差距。报告提出以中国的人均GDP（gross domestic product，国内生产总值）达到高收入国家的二分之一作为中华民族伟大复兴的一个并列标准。本报告认为中国中长期经济增速将继续高于同等发展水平国家的平均水平。随着人均GDP或人均GNI（gross national income，国民总收入）的提高，经济增速将继续呈波浪形缓慢下降。本报告预测21世纪20年代即2021~2030年，中国经济增速将进入"5时代"，GDP年平均增速有可能在5.3%左右。2030年前后按现行汇率法计算的中国经济总量可能达到美国水平。预计2031~2040年中国经济增速将进入"4时代"，GDP年平均增速在4.4%左右。预计2041~2050年中国经济增速将进入"3时代"，GDP年平均增速在3.8%左右。预计到2050年中国将建成富强、民主、文明、和谐、美丽的社会主义现代化强国，实现党的十八大提出的第二个百年奋斗目标，实现中华民族的伟大复兴。

第二部分对2023年中国经济增长进行简要回顾与分析。疫情过后中国经济增速有所加快，但并未出现预期的快速增长，一些企业经营困难，经济下行压力有所加大，本报告分析其原因。2023年第一季度经济增速为4.5%，第二季度为6.3%，第三季度为4.9%，预计第四季度经济将持续稳定地回升向好，经济增速为5.9%。本报告预测2023年全年中国经济增速在5.4%左右。

第三部分对2024年中国经济增长进行预测。在基准情景下，预测2024年中国经济将恢复正常发展，GDP增速将达到5.3%左右，全年经济稳中有进，经济走势为前低后高。分季度看，预测2024年第一季度经济增速为5.0%，第二季度为5.3%，第三季度为5.5%，第四季度为5.4%。

从三大产业来看，预测2024年第一产业增加值增速在4.5%左右，较2023年提高0.2个百分点；预测第二产业增加值增速在4.5%左右，与2023年持平；预测第三产业增加值增速在6%左右，略低于2023年增速。

从三大需求看，预测2024年最终消费对GDP贡献率为69.0%，拉动GDP增长3.7个百分点；资本形成总额对GDP贡献率为36.0%，拉动GDP增长1.9个百分点；净出口对GDP贡献率为−5.0%，拉动GDP增长−0.3个百分点。

第四部分对当前的经济发展提出若干建议。

一、中华民族的伟大复兴与中国中长期经济增长的若干特点与规律探讨

（一）保持中国经济长期平稳较快发展是实现中华民族伟大复兴的关键

党的十八大提出“两个一百年”奋斗目标，第一个百年奋斗目标是在中国共产党成立一百年时全面建成小康社会，第二个百年奋斗目标是在中华人民共和国成立一百年时，即在 2049 年时建成富强、民主、文明、和谐的社会主义现代化强国，从而实现中华民族的伟大复兴。

实现中华民族的伟大复兴要求社会生产力有重大发展。由于中国有 14 亿人口，是美国的 4.26 倍、日本的 11.24 倍、德国的 16.99 倍、英国的 20.98 倍和法国的 20.92 倍[①]。当中国的人均 GDP 与美国的差距小于 4.26 倍时，中国在经济总量上即可达到美国水平。我们预计在 2030 年前后有可能实现。

GDP 是一个总量指标，它反映一个国家或经济体经济规模的大小，其数值不能反映这个国家或经济体的发展水平。人均 GDP 反映一个国家或经济体经济发展水平。中国的人均 GDP 与发达国家差距很大。根据国际货币基金组织公布的资料，2022 年中国的人均 GDP 为 12 814 美元，美国为 76 348 美元，为中国的 5.96 倍；日本为 33 822 美元，为中国的 2.64 倍；德国为 48 636 美元，为中国的 3.80 倍；英国为 45 295 美元，为中国的 3.53 倍；法国为 42 409 美元，为中国的 3.31 倍。中国的人均 GDP 不仅远远低于上述发达国家，而且低于俄罗斯（15 444 美元）和阿根廷（13 655 美元）。中国经济规模巨大，但人口基数同样庞大。2022 年全世界共有 195 个主权国家，根据国际货币基金组织统计，2022 年中国的人均 GDP 排名为第 65 位。

党的十八大要求在 2049 年时建成富强、民主、文明、和谐的社会主义现代化国家，实现中华民族的伟大复兴。中华民族的伟大复兴不仅要求中国在经济总量上居世界首位，而且要求在经济发展水平上，在人均 GDP 方面逐步缩小与发达国家的差距，如在 2049 年达到主要发达国家平均水平的二分之一。鉴于目前中国的人均 GDP 与美国等发达国家差距很大，如上所述与美国的差距为 6 倍左右，这将是一个长期和艰难的任务。为了缩小与主要发达国家在经济发展水平上的差距，中国必须在长时期中保持经济增速显著快于主要发达国家。保持较快经济增速是实现党的十八大提出的中华民族的伟大复兴的一个关键。

① 根据世界银行数据库资料，中国 2021 年年中人口为 141 236 万人，美国为 33 189 万人，日本为 12 568 万人，德国为 8 313 万人，英国为 6 733 万人，法国为 6 750 万人。

（二）中国中长期经济增长速度快于同等发展水平国家的平均增速

改革开放以来，中国经济快速发展，按照不变价格计算，2022 年中国经济总量为改革开放之初的 45 倍左右。1978~2022 年 GDP 年均增速约为 9.0%，远高于世界主要经济体和同等发展水平经济体。我们认为，从 2023 年至 21 世纪中叶，中国中长期经济平均增速将继续高于大多数同等发展水平经济体，主要原因如下。

第一，党和政府坚强有力的集中领导。理论和实践均证明，一个具有强大凝聚力、着力推动高质量发展的政府是一个国家保持长期快速增长的重要条件之一。

第二，中国人民的优秀品质为经济发展提供了强大的人力资源保障。劳动投入是推动经济增长的核心要素之一，中国人民具有勤劳、刻苦、节俭、朴素、重视教育、善于创新、遵纪守法等优秀品质。在同等报酬条件下，中国人民往往比其他国家人民具有更高的工作热情和干劲，在合理的生产管理制度和收入分配制度下能释放出更大的能量。中国人民的节俭、刻苦和勤劳精神使得中国的储蓄率与投资率可能长期保持较高的水平。中国人民有较高的智力水平，不仅善于学习和模仿，而且富有创新精神和刻苦钻研能力。

从历史上看，中国曾经是一个经济和文化很发达的国家。一百多年前因受到帝国主义列强的长期侵略，中国在经济、文化、科技和教育等方面落后了。中国领导人、广大干部、知识分子、工人和农民具有强烈的发展经济和科技教育、改变中国落后面貌、振兴中华的愿望，能自觉地在不同岗位上努力工作，为中华民族振兴而奋斗。

第三，改革开放以来，中国已在全国各地区、各部门和各企业建立起发展生产与群众个人利益相结合的经济制度，如在农村建立联产承包责任制等，使大部分中国人民发展生产的积极性和创造性得到很好发挥。

第四，中国有较高的储蓄率和投资率。如表 1 所示，2021 年中国的储蓄率为 44.89%，而美国为 18.10%，日本为 28.11%，德国为 30.65%，英国为 15.75%，印度为 30.21%，越南为 32.65%，印度尼西亚为 33.07%，中国的储蓄率不仅远高于高收入国家，而且也高于绝大多数低收入和中等收入国家①。

表 1　2021 年世界部分国家的储蓄率

国别	储蓄率	国别	储蓄率
中国	44.89%	韩国	36.56%
美国	18.10%	新加坡	44.50%
日本	28.11%	巴西	17.44%
德国	30.65%	俄罗斯	29.48%
英国	15.75%	印度	30.21%
法国	34.37%	越南	32.65%
加拿大	22.87%	印度尼西亚	33.07%
意大利	23.11%	泰国	27.80%

资料来源：世界银行

① 美国、英国、日本、德国、印度、越南、印度尼西亚储蓄率资料来源于世界银行。

第五，中国具有较为安全稳定的内部环境。

中国自 1979 年以来没有卷入战争，相对有利的外部环境使其可以把主要精力集中于发展国内经济。特别是 2001 年加入世界贸易组织（World Trade Organization，WTO）后，中国对外贸易快速增长。2001~2010 年中国经济增长 1.7 倍，年平均增速达到 10.6%，其重要原因之一是这十年间出口总额增加了 4.9 倍，年平均增速达到 21.9%[①]。

预计中国在 2050 年前将克服内部和外部各种困难和挑战，特别是来自美国及其盟国的各种形式的遏制、打压和围堵，中国经济将以远较发达国家为快的速度前进，实现中华民族的伟大复兴。

（三）中国经济增速将继续呈波浪形下降趋势

1. 世界各国经济发展规律表明，当经济发展到达一定阶段以后，随着人均 GDP（或人均 GNI）的提高，经济增速呈现下降趋势

2022 年世界经济增长动力不足，大多数经济体 GDP 增速下滑明显。根据世界银行公开数据，图 1 以横坐标展示各经济体 2022 年人均 GDP，以纵坐标展示 2018~2022 年各经济体 GDP 平均增长率，从中可以看出，随着人均 GDP 提高，经济增速呈现下降趋势。

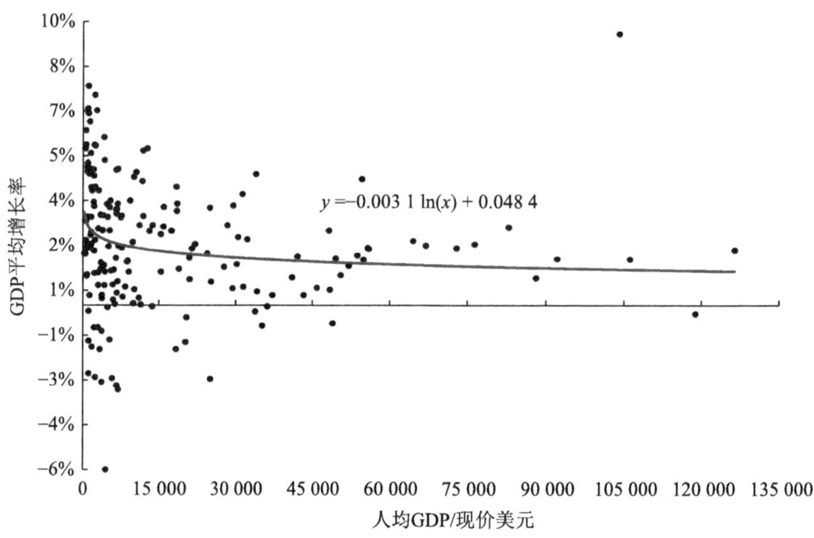

图 1　世界各经济体 2022 年人均 GDP 与 2018 ~ 2022 年 GDP 平均增长率的关系

资料来源：世界银行公布的 183 个经济体的数据。世界银行公开数据包含 185 个经济体 2018~2022 年 GDP 平均增长率及 2022 年人均 GDP，圭亚那和中国澳门特区的 GDP 增长率分别为 25%和−16%，视为奇异样本不作考虑

世界银行从 1987 年开始把所有国家按人均 GNI 高低分为四大类，即低收入国家、

① 2001 年中国货物出口额为 2 660.98 亿美元，2010 年为 15 777.54 亿美元（资料来源：2002 年和 2011 年《中国统计年鉴》）。

中低收入国家、中高收入国家和高收入国家，对应到现行界定标准分别是人均 GNI 少于或等于 1 135 美元、1 136~4 465 美元、4 466~13 845 美元和高于 13 845 美元。图 2 展示了 2018~2022 年世界四大类经济体的 GDP 平均增长率，其中，低收入国家的经济增速最快，是中低收入国家的 1.43 倍，是中高收入国家和高收入国家的 1.94 倍和 1.95 倍。表 2 进一步列示了部分经济体 2018~2022 年 GDP 增长率，从中可以看出，低收入国家和中低收入国家的 GDP 增长率整体高于中高收入国家和高收入国家。

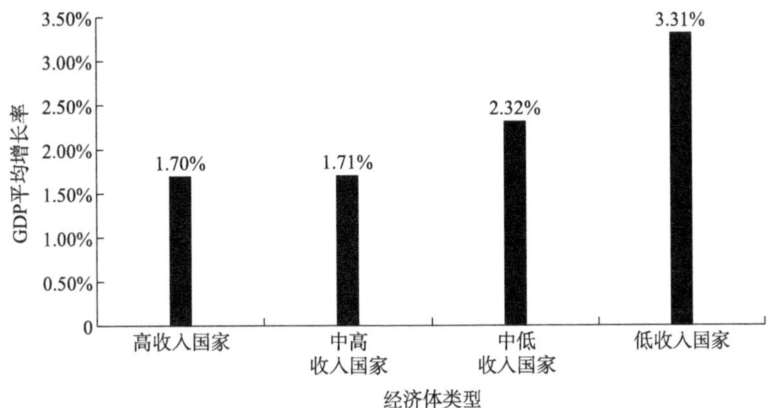

图 2　2018~2022 年世界四大类经济体 GDP 平均增长率

资料来源：世界银行公布的收入划分标准以及 183 个经济体的经济数据

表 2　2018~2022 年部分经济体 GDP 增长率

收入等级	经济体	2018 年	2019 年	2020 年	2021 年	2022 年	5 年平均增长率
高收入国家	美国	2.95%	2.29%	−2.77%	5.95%	2.06%	2.06%
	加拿大	2.78%	1.89%	−5.07%	5.01%	3.40%	1.54%
	澳大利亚	2.88%	2.17%	−0.05%	2.24%	3.62%	2.16%
	新西兰	3.53%	2.45%	−0.65%	5.17%	2.16%	2.51%
	日本	0.64%	−0.40%	−4.28%	2.14%	1.03%	−0.20%
	韩国	2.91%	2.24%	−0.71%	4.15%	2.56%	2.22%
	新加坡	3.58%	1.33%	−3.90%	8.88%	3.65%	2.62%
	德国	0.98%	1.06%	−3.70%	2.63%	1.79%	0.53%
	英国	1.71%	1.60%	−11.03%	7.60%	4.10%	0.59%
	法国	1.87%	1.84%	−7.78%	6.82%	2.56%	0.94%
	意大利	0.93%	0.48%	−8.98%	6.99%	3.67%	0.47%
	智利	3.99%	0.74%	−6.15%	11.74%	2.44%	2.39%
中高收入国家	俄罗斯	2.81%	2.20%	−2.65%	5.61%	−2.07%	1.13%
	中国	6.75%	5.95%	2.24%	8.45%	2.99%	5.25%
	巴西	1.78%	1.22%	−3.28%	4.99%	2.90%	1.49%
	泰国	4.22%	2.11%	−6.07%	1.49%	2.59%	0.81%
	印度尼西亚	5.17%	5.02%	−2.07%	3.70%	5.31%	3.39%
中低收入国家	乌兹别克斯坦	5.88%	5.98%	2.00%	7.40%	5.67%	5.37%
	印度	6.45%	3.87%	−5.83%	9.05%	7.00%	3.97%

续表

收入等级	经济体	2018 年	2019 年	2020 年	2021 年	2022 年	5 年平均增长率
中低收入国家	孟加拉国	7.32%	7.88%	3.45%	6.94%	7.10%	6.53%
	越南	7.46%	7.36%	2.87%	2.56%	8.02%	5.63%
	埃及	5.33%	5.55%	3.55%	3.29%	6.59%	4.85%
低收入国家	卢旺达	8.54%	9.46%	−3.37%	10.88%	8.16%	6.60%
	埃塞俄比亚	6.82%	8.36%	6.06%	5.64%	5.32%	6.43%
	尼日尔	7.21%	5.94%	3.55%	1.39%	11.50%	5.86%

资料来源：世界银行公布的收入划分标准以及各经济体的经济数据

2. 中国经济增速呈波浪形下降的主要依据

根据发展经济学中哈罗德–多马有保证的经济增长率模型（Harrod-Domar model，哈罗德–多马模型），经济增长率的计算公式如下：

GDP 增长率=投资率/资本产出率

若净出口率为 0，则储蓄率等于投资率，有

GDP 增长率=储蓄率/资本产出率

由此可见，经济增速的高低与投资率或储蓄率成正比，而与资本产出率成反比。

1）中国的储蓄率和投资率呈下降趋势

由表 3 可见，2010~2022 年中国储蓄率和投资率呈波动下降趋势。2010 年储蓄率为 50.7%，投资率为 47.0%，2022 年储蓄率为 46.8%，投资率为 43.5%（图 3）。

表 3　2010~2022 年中国储蓄率和投资率

年份	支出法GDP/亿元	资本形成总额/亿元	净出口/亿元	储蓄率	投资率
2010	408 505	191 867	15 057	50.7%	47.0%
2011	484 109	227 673	11 688	49.4%	47.0%
2012	539 040	248 960	14 636	48.9%	46.2%
2013	596 344	275 129	14 552	48.6%	46.1%
2014	646 548	294 906	13 611	47.7%	45.6%
2015	692 094	297 827	22 346	46.3%	43.0%
2016	745 981	318 198	16 976	44.9%	42.7%
2017	828 983	357 886	14 578	44.9%	43.2%
2018	915 774	402 585	7 054	44.7%	44.0%
2019	990 708	426 679	11 398	44.2%	43.1%
2020	1 025 628	439 550	25 267	45.3%	42.9%
2021	1 145 283	495 784	29 810	45.9%	43.3%
2022	1 205 017	523 890	39 494	46.8%	43.5%

资料来源：《中国统计年鉴 2023》

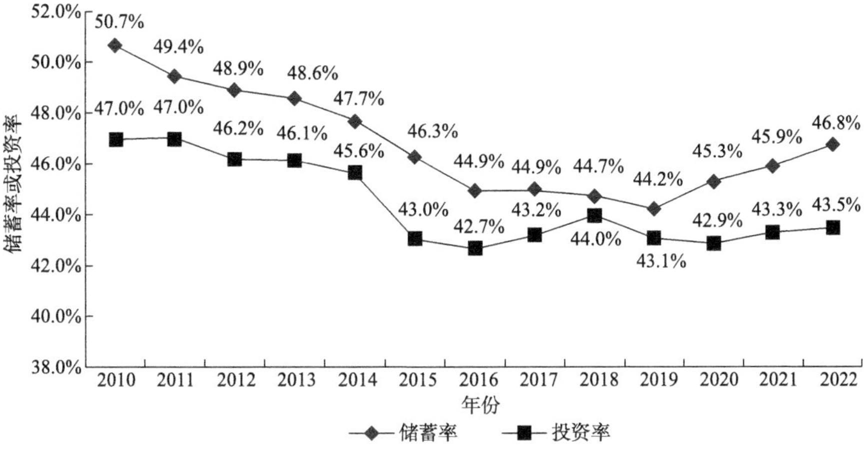

图 3　2010~2022 年中国储蓄率和投资率

2）资本系数快速增大，促使经济增速下降

将资本系数定义为新增单位产出所需要增加的资本①。在其他条件不变的情况下，资本系数越高，经济增速越低。以 ΔGDP 表示新增 GDP，ΔI 表示新增资本。本报告通过资本形成总额占 GDP 比重与 GDP 增长率之比来近似地计算资本系数，即

$$\begin{aligned}\text{资本系数} &= \text{新增单位产出所需要增加的资本}\\ &= \text{新增资本/新增 GDP}\\ &= \frac{\Delta I}{\Delta \text{GDP}} = \frac{\Delta I / \text{GDP}}{\Delta \text{GDP} / \text{GDP}}\\ &= \text{资本形成总额占 GDP 比重/GDP 增长率}\end{aligned}$$

由表 4 可知，中国资本系数总体呈较快增长趋势。2010 年资本系数为 4.43，2012 年为 5.85，2017 年为 6.26，2019 年为 7.18（图 4）。2020~2022 年受新冠疫情的影响，GDP 增长率很低，资本系数失常，从表 4 和图 4 可以看出资本系数呈上升趋势。由于技术进步及投资效率降低，增加单位产出所需新增资本数额增加，从而经济增速趋缓。

表 4　2010~2022 年中国资本系数

年份	资本形成总额/亿元	支出法GDP/亿元	资本形成总额占GDP比重	GDP增长率	资本系数（资本产出率）
2010	191 867	408 505	47.0%	10.6%	4.43
2011	227 673	484 109	47.0%	9.6%	4.90
2012	248 960	539 040	46.2%	7.9%	5.85
2013	275 129	596 344	46.1%	7.8%	5.91
2014	294 906	646 548	45.6%	7.4%	6.16
2015	297 827	692 094	43.0%	7.0%	6.14
2016	318 198	745 981	42.7%	6.8%	6.28
2017	357 886	828 983	43.2%	6.9%	6.26
2018	402 585	915 774	44.0%	6.7%	6.57

① 本报告的资本系数和资本产出率均定义为增量资本系数和增量资本产出率，而非平均资本系数和平均资本产出率。

续表

年份	资本形成总额/亿元	支出法GDP/亿元	资本形成总额占GDP比重	GDP增长率	资本系数（资本产出率）
2019	426 679	990 708	43.1%	6.0%	7.18
2020	439 550	1 025 628	42.9%	2.2%	19.50
2021	495 784	1 145 283	43.3%	8.4%	5.15
2022	523 890	1 205 017	43.5%	3.0%	14.50

资料来源：资本形成总额、支出法 GDP、GDP 增长率来自《中国统计年鉴 2023》

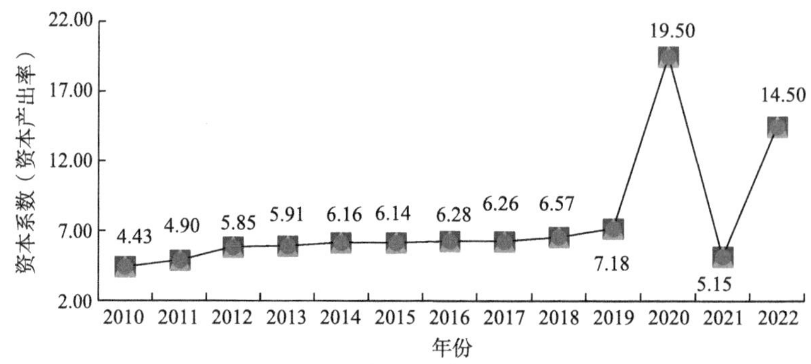

图 4　2010~2022 年中国资本系数变化趋势

3）人口增长率快速下降和人口老龄化，促使经济增速趋缓

由图 5 可见，中国人口自然增长率呈现快速下降趋势。1980 年中国人口自然增长率为 11.87‰，1990 年为 14.39‰，2000 年为 7.58‰，2010 年为 4.79‰，2020 年为 1.45‰。部分国家经验表明，人口与经济增速有密切关系，经济增速较快的国家，由于对劳动力需求较大，人口往往呈现增长的趋势，而人口下降的国家经济增速往往较低。日本自 1990 年以来经济发展停滞，以及欧盟经济发展速度长期低于美国均与人口增速有密切关系。本报告认为，中国人口增速快速下降是经济增速下降的重要因素之一。

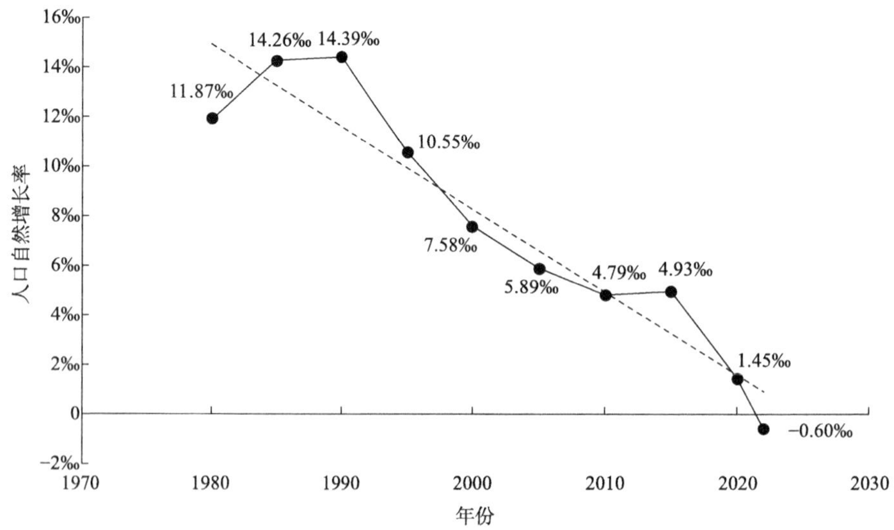

图 5　1980~2022 年中国人口自然增长率

资料来源：《中国统计年鉴 2023》

中国人口结构的重要特点是老年人口比重大，增速快。根据世界卫生组织（World Health Organization，WHO）标准，当一个国家或地区60岁以上老年人口占总人口的10%，或65岁以上老年人口占总人口的7%，即意味着这个国家或地区处于老龄化社会。2000年中国60岁以上人口占总人口比例为10%，65岁以上人口占总人口比例为7.0%，表明中国已开始进入老龄化社会。中国人口的特点之一是老龄化速度快。2000年中国65岁以上人口为8 821万人，占总人口比例为7.0%，2022年为20 978万人，占总人口比例为14.9%，2000~2022年中国65岁以上老年人口增加了12 157万人，增长率为137.8%，即23年翻了一番多，而发展中国家老年人口数量翻一番平均需要40年①。

预计21世纪20年代开始，生育率过低和老龄化将日益严重地制约中国经济发展，如图6所示，中国劳动年龄人口数自2014年开始下降，劳动年龄人口占总人口比例自2010年开始下降。特别是随着人口快速老龄化，退休金等社会福利支出将挤占储蓄额和投资额空间，使得储蓄率和投资率出现进一步下降趋势。

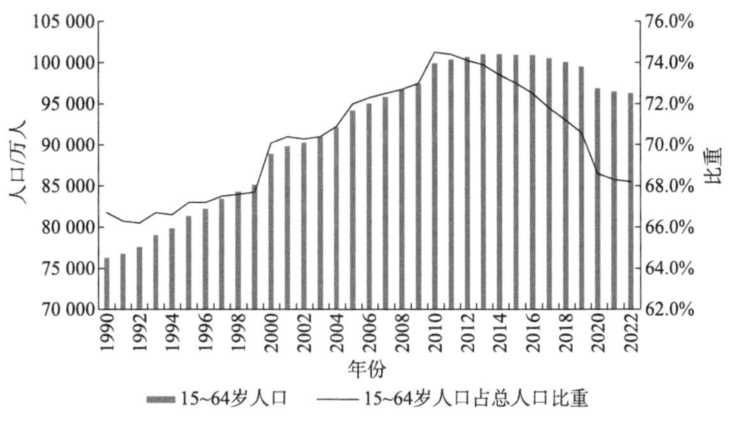

图6　1990~2022年中国劳动年龄人口数及其比重

3. 中国经济增长走势：既非U形、V形和W形，又非L形、倒U形和雁形，而是波浪形下降模式

在现有经济文献中，关于经济增长的走势有U形、V形、W形、L形、倒U形和雁形等。前几年国内有部分学者认为中国经济增长的模式为L形，即认为中国经济增速在降至一定水平后就会长期企稳。这几年实践表明，中国经济L形触底没有到来，2010年经济增速为10.6%，2013年为7.8%，2015年为6.9%，2019年继续降为6.1%。本报告认为从中长期角度看，中国经济增长速度既非U形、V形和W形，又非L形、倒U形和雁形，而是呈波浪形缓慢下降，即波浪形下降模式。相应地，经济总量呈波浪形逐步上升。从中长期来看，不能认为中国经济增速由10%左右降到7%左右或6%左右就到底了，以后就不再下降了。在2050年以前，中国经济增速将继续呈波浪形逐步下降。至

① 资料来源：国家统计局. http://data.stats.gov.cn/easyquery.htm?cn=C01.

少在 21 世纪中叶以前中国经济增速不会触底。

（四）中国经济增速的中长期预测

在对中国经济增速进行中长期预测之前，应对中国经济发展现状有清晰的认识。中国经济发展现状如下。

第一，从经济总量看，中国目前仅次于美国，居世界第二位。根据国际货币基金组织公布的资料（表 5），按现行汇率计算，2022 年中国 GDP 约为 18.10 万亿美元，美国 GDP 约为 25.46 万亿美元，中国约为美国的 71.08%。按购买力平价计算，中国 2016 年以后一直居世界第一位。2022 年中国购买力平价约为 30.33 万亿国际元，美国购买力平价约为 25.46 万亿国际元，中国是美国的 1.19 倍。

表 5　2022 年按现行汇率计算的世界部分国家 GDP 及人均 GDP

国家	2022年GDP		2022年人均GDP	
	亿美元	排名	美元	排名
美国	254 645	1	76 348	7
中国	181 000	2	12 814	65
日本	42 335	3	33 822	30
德国	40 754	4	48 636	20
印度	33 864	5	2 379	142
英国	30 706	6	45 295	22
法国	27 840	6	42 409	23
俄罗斯	22 153	7	15 444	60
加拿大	21 398	8	55 085	13
意大利	21 120	9	34 113	29
巴西	19 241	11	8 995	81
澳大利亚	17 019	12	65 526	10

资料来源：国际货币基金组织数据库

第二，从经济增速看，根据世界银行数据，2018~2022 年中国 GDP 平均增速为 5.25%，高收入国家平均增速为 1.70%，其中美国为 2.06%，中高收入国家平均增速为 1.71%，中低收入国家平均增速为 2.32%，其中印度为 3.97%，低收入国家平均增速为 3.31%（见表 2 及图 2），中国 GDP 增速高于绝大多数国家和同等发展水平国家。

第三，从人均 GDP 看，2022 年中国人均 GDP 为 12 814 美元，美国为 76 348 美元，美国人均 GDP 约为中国的 6 倍。中国人均 GDP 在世界上排 65 位，远低于世界上高收入国家。

第四，中国经济韧性强、潜力大、活力足，长期向好的基本面将不会改变。

基于前文结论，如果不发生不可抗力造成的伤害，如战争等，本报告对 21 世纪上半期中国经济规模和经济增速做如下预测。

1. 预测的前提条件

第一，坚持中国共产党和中国政府的集中统一领导。

第二，坚持科技创新，坚持科教立国。充分发挥中国人民勤劳、朴素、重视教育、善于创新等优秀品质。

第三，中美两国不发生全面战争，与主要邻国不发生长时期的大规模战争。

2. 主要预测结果

总的发展态势为随着人均 GDP 提高，经济增速呈波浪型下降，经济总量将逐步上升。

第一，预计 21 世纪 20 年代，即 2021 年到 2030 年，中国经济增速将进入“5 时代”。2021~2030 年，中国经济年平均增速有可能为 5.3%左右，增速较 21 世纪前十年，即 2011~2020 年的年平均增速（6.85%）降低约 1.55 个百分点，其中个别年份经济增速有可能进入“4 时代”或更低。

第二，预计 203 年前后，按现行汇率法计算的中国经济总量可能达到美国水平。

第三，预计 2021~2035 年中国经济规模有可能翻一番，预计 2035 年中国将基本实现社会主义现代化。

第四，预计 21 世纪 30 年代，即 2031 年到 2040 年，中国经济增速将进入“4 时代”。预计 21 世纪 30 年代，中国经济平均增速将为 4.4%左右，增速较 21 世纪 20 年代，即 2021~2030 年的年平均增速（5.3%）降低 0.9 个百分点。

第五，预计 21 世纪 40 年代，即 2041 年到 2050 年，中国经济增速将开始进入“3 时代”。预计 21 世纪 40 年代，中国经济年平均增速将为 3.8%左右，增速较 21 世纪 30 年代年平均增速（4.4%）降低 0.6 个百分点。部分年度增速可能等于或大于 4%，个别年份可能小于 3%。

第六，预计到 2050 年，中国将建成富强、民主、文明、和谐、美丽的社会主义现代化强国，实现党的十八大提出的第二个百年奋斗目标，实现中华民族的伟大复兴。

（五）实现中华民族伟大复兴的两个重要经济标准。要求中国不仅在经济总量上稳居世界首位，而且在经济发展水平上大幅度缩小与高收入国家的差距

1. 经济总量居世界首位是中华民族伟大复兴的一个重要标准，但不能仅用总量指标衡量中华民族复兴

经济是基础。一个国家只有具有强大的经济实力，政治、军事、科技、教育、文化和医疗卫生等才具有坚实的基础。强大的经济是国力的重要组成部分和基础。因而，经

济总量居世界首位是中华民族伟大复兴的一个重要标志。我们预计在2030年前后中国的经济总量可能达到美国水平，预计在21世纪中叶，即2050年前后，按现行汇率法计算的中国经济总量有可能为美国的两倍左右。

我们认为中国的经济总量稳居世界第一是中国具有强大综合国力的一个标志，也是中华民族复兴的一个重要标准，但是经济总量大并不表示经济发展水平一定很高。经济总量大可能是人口数量多造成的。中国人口约为美国的4倍，当中国的人均GDP达到美国的四分之一或四分之一以上时，中国的经济总量就将赶上美国，但按人均GDP计算，中国与美国相比仍有很大差距，在科技创新能力等方面，中国与美国相比差距也很大。

2. 建议以中国的人均GDP达到高收入国家的二分之一作为中华民族伟大复兴的一个并列标准

国际上通常以人均GDP或人均GNI反映一个经济体的经济发展水平，如世界银行以人均GDP高低把世界上所有国家划分为四大类。当人均GDP或人均GNI达到较高水平时，一系列人文发展指标和社会发展水平指标也将达到较高水平。鉴于目前中国在人均GDP或人均GNI等指标上与高收入国家差距很大，我们建议以中国的人均GDP达到高收入国家二分之一作为与经济总量居世界首位并列的中华民族伟大复兴的衡量标准。

3. 中国的崛起和经济总量超过美国，并不意味着美国衰落

中国由于人口数量多，当人均GDP与美国相差不是很悬殊时，中国的经济总量势必达到和超过美国，但在很长时期内美国的科技创新、国防军事、文化教育、医疗卫生等仍居世界领先地位，其中很多方面值得中国学习和借鉴。

由于人口出生率持续下降，人口总量不断减少和老龄化将严重影响中国经济增速，如果不能采取有效措施，如及时全面放开生育限制和采取大力鼓励生育政策，特别是把科技创新和发展高新技术作为基本国策等，美国经济总量有可能在21世纪下半期再次超过中国，印度不仅人口数量将超过中国，在经济总量上也有可能赶上和超过中国。

二、2023年中国经济增长的简要回顾与分析

新冠疫情给人民生命健康和社会经济发展带来前所未有的冲击，2020年第一季度，中国GDP同比下降6.9%（表6）。在党中央、国务院统一部署、统筹推进疫情防控和经济社会发展下，中国率先控制住疫情，实现复工复产和全年经济正增长，充分彰显了经济的强大韧性和巨大潜能。在2020年全球GDP 1万亿美元以上的主要经济体中，中国唯一实现了经济正增长。

表 6　2020~2023 年各季度中国经济增速

项目	第一季度	第二季度	第三季度	第四季度
2020年当季增速	−6.9%	3.1%	4.8%	6.4%
累计增速	−6.9%	−1.7%	0.6%	2.2%
2021年当季增速	18.7%	8.3%	5.2%	4.3%
累计增速	18.7%	13.0%	10.1%	8.4%
2022年当季增速	4.8%	0.4%	3.9%	2.9%
累计增速	4.8%	2.5%	3.0%	3.0%
2023年当季增速	4.5%	6.3%	4.9%	5.9%（预测）
累计增速	4.5%	5.5%	5.2%	5.4%（预测）

资料来源：除 2023 年第四季度当季增速和累计增速外，本表所有数据来自国家统计局网站，2023 年第四季度当季增速和累计增速由本报告项目组测算

2021 年中国经济保持了恢复性发展的态势，由于 2020 年基数低，2021 年第一季度 GDP 同比上升 18.7%，上半年 GDP 比 2020 年同期上升 13.0%。进入第三季度以后，国内外风险挑战增多，经济增速快速回落，全年增速为 8.4%（表 6）。

2022 年受新冠疫情及采取的对应措施的影响，中国经济增速回落。第一季度 GDP 增速为 4.8%，第二季度增速大幅度下降至 0.4%，不仅低于 2021 年同期的 8.3%，而且比 2022 年第一季度低 4.4 个百分点。2022 年第三季度经济发展仍处于低迷状态，增速为 3.9%。第四季度增速为 2.9%。2022 年全年增速仅为 3.0%（表 6），比 2021 年全年增速低 5.4 个百分点。

2023 年在疫情防控取得重大决定性胜利以后经济增速较 2022 年有所加快。由表 6 可以看出，预计 2023 年 GDP 增速为 5.4%，比 2022 年提高 2.4 个百分点。其中，第一季度 GDP 增速为 4.5%，第二季度增速为 6.3%，第三季度增速为 4.9%，预计第四季度增速为 5.9%。

2023 年国民经济保持恢复态势，中国经济总体恢复向好。但是经济恢复是一个波浪式发展、曲折式前进的过程。第二季度和第三季度在 2022 年基数很低的情况下（上期增速分别为 0.4%和 3.9%）同比增速未达预期，一些企业经营困难，经济下行压力有所加大。疫情过后经济未出现快速增长，原因如下。

第一，经济内生动力不足。

经济内生动力不足，特别表现在投资增速缓慢和房地产部门发展停顿上。

投资是我国经济发展的三驾马车之一，2000~2015 年经济高速增长年份投资对经济增长起到了极为重要的作用。2023 年投资增速有所放缓。前三季度全国固定资产投资呈明显下降趋势（图 7），2023 年 1~2 月固定资产投资同比增速为 5.5%，而 2023 年 1~9 月同比累计增长仅为 3.1%（图 7）。分领域看，2023 年 1~9 月基础设施建设投资和制造业投资均增长 6.2%，仍是“稳投资”和“稳增长”两大重要抓手；但是房地产开发投资下降 9.1%，民间投资下降 0.6%。

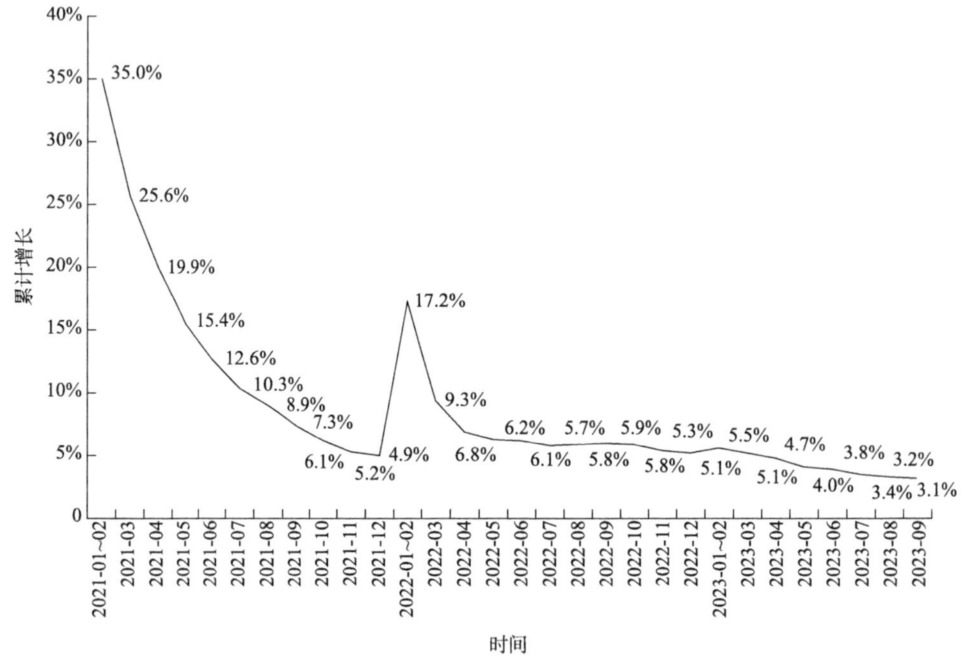

图 7　2021 年 1 月至 2023 年 9 月中国固定资产月度累计增长

房地产部门是国民经济发展的重要支柱产业，其特点不仅在于上下游涉及的部门极为众多，而且是地方财政的主要来源。中国经济发展的实践表明，房地产业对经济增速有重大影响，房地产业快速增长年份经济增速较快，而房地产业不景气的年份经济增速往往较低。2023 年房地产业仍未扭转下降局面。1~9 月，商品房销售面积 84 806 万平方米，同比下降 7.5%，其中住宅销售面积下降 6.3%。商品房销售额 89 070 亿元，同比下降 4.6%，其中住宅销售额同比下降 3.2%。房地产库存积压严重。2023 年 9 月末，商品房待售面积 64 537 万平方米，同比增长 18.3%。其中，住宅待售面积增长 19.7%。1~9 月，全国房地产开发投资 87 269 亿元，同比下降 9.1%，房地产开发企业房屋施工面积 815 688 万平方米，同比下降 7.1%。

由表 7 可见，2021 年第一季度中国房地产业增加值的增速为 19.5%，以后逐步下降。2021 年第四季度中国房地产业增加值当季增速为−4.5%，累计增速为 3.5%。2022 年第四季度中国房地产业增加值当季增速为−7.2%，累计增速为−5.1%。2023 年第一季度、第二季度和第三季度中国房地产业增加值当季增速分别为 1.3%、−1.2%和−2.7%，累计增速分别为 1.3%、0 和−0.9%。由此可见，2023 年房地产业增加值增速比 2022 年略好，但各季增速基本为负值，是国民经济发展的薄弱环节。

表 7　2021 年第一季度至 2023 年第三季度中国房地产业增加值增速

项目	2021年				2022年				2023年		
	第一季度	第二季度	第三季度	第四季度	第一季度	第二季度	第三季度	第四季度	第一季度	第二季度	第三季度
当季同比增速	19.5%	5.4%	−3.1%	−4.5%	−2.0%	−7.0%	−4.2%	−7.2%	1.3%	−1.2%	−2.7%

续表

项目	2021年				2022年				2023年		
	第一季度	第二季度	第三季度	第四季度	第一季度	第二季度	第三季度	第四季度	第一季度	第二季度	第三季度
累计增速	19.5%	11.5%	6.62%	3.5%	−2.0%	−4.6%	−4.4%	−5.1%	1.3%	0	−0.9%

资料来源：国家统计局网站

第二，外需走弱、订单下降。

2023 年全球经济在疫情基本结束后依然增长乏力，根据国际货币基金组织的最新预测，世界经济增长将从 2022 年的 3.5%放缓至 2023 年的 3%和 2024 年的 2.9%，与 7 月时的预测相比，分别持平和低 0.1 个百分点。2023 年 9 月，欧盟委员会下调了对欧元区的经济预测，将预测值从 1%下调至 0.8%，2024 年的预期增长从 1.7%下调到 1.4%。其中，欧洲大陆最大经济体德国正陷入衰退。全球经济不景气，外需增长持续放缓严重影响中国外贸增长。根据海关总署发布的数据，前三季度中国货物贸易进出口总值达到 30.8 万亿元，其中出口 17.6 万亿元，同比增长 0.6%；进口 13.2 万亿元，同比下降 1.2%。2023 年 1~8 月中国对美出口同比暴跌了 17.4%。

第三，美国及其盟国的蓄意打压和遏制。

美国作为世界上唯一的超级大国，长期以来享受着其霸主地位所带来的利益和优势。然而，随着中国在经济和军事领域的实力不断增强，在经济上已成为世界第二大经济体并正在赶超美国，在政治、军事、科技等领域也不断取得重大进展。美国认为中国已经对其霸主地位构成了威胁，因此采取了打压和遏制中国的行动。美国及其盟国把中国当成第一大战略竞争对手加以全面遏制。

美国对中国进行打压和遏制，一方面对中国发展，包括对经济增长产生不利影响，另一方面也损害美国自己，对全球经济长远发展产生不利影响。中国不会屈服于美国的压力，将采取有力的措施来维护自身的安全和利益。

第四，新冠疫情的余留影响。

当前中国经济面临的困难不少，但更要看到，我国正处于新旧动能转换加快的重要时期、推动高质量发展的关键时期，蕴含着巨大的发展机遇。随着各项政策措施持续显效、转型升级潜力持续释放、经营主体动力持续在增强，预计第四季度经济将持续稳定地回升向好，高质量完成全年经济社会发展的预期目标任务。

预计 2023 年全年中国经济增速为 5.4%。根据国家统计局公布数据，前三季度增速分别为 4.5%、6.3%和 4.9%，预计第四季度增速为 5.9%。

（一）生产法维度下 2023 年度三大产业增加值增速回顾与分析

预计 2023 年第四季度 GDP 增长率为 5.9%，全年增长率为 5.4%左右。分三大产业来看，预计 2023 年第四季度第一产业增加值增长率为 4.8%，第二产业增加值增长率为 4.7%，第三产业增加值增长率为 7.0%。预计 2023 年全年的第一产业增加值增长率为 4.3%；第二产业增加值增长率为 4.5%；第三产业增加值增长率为 6.3%（表 8）。

表 8　2023 年中国三大产业增加值增长率

项目	2022年	2023年 第一季度	2023年 第二季度	2023年 第三季度	2023年 第四季度	2023年
GDP	3.0%	4.5%	6.3%	4.9%	5.9%	5.4%
第一产业	4.1%	3.7%	3.7%	4.2%	4.8%	4.3%
第二产业	3.8%	3.3%	5.2%	4.6%	4.7%	4.5%
第三产业	2.3%	5.4%	7.4%	5.2%	7.0%	6.3%

资料来源：2022 年及 2023 年前三季度为国家统计局公布数据，2023 年第四季度及 2023 年全年为本报告项目组预测数据

2023 年，面对更加复杂严峻的国内外环境，我国三大产业表现出积极向好的发展态势，年度增速较 2022 年均有大幅提升，尤其是第三产业，预计 2023 年增速较 2022 年提高 4.0 个百分点，预计对 GDP 增幅的贡献率达到 61%左右，拉动 GDP 增长 3.3 个百分点左右。

1. 粮食产量有望再创新高，畜牧业稳定增长

据国家统计局数据，2023 年全国夏粮产量 14 613 万吨，较 2022 年下降了 0.9%。夏粮产量受到“烂场雨”等不利自然条件影响略有减产，但产量仍高居历史第二位。秋粮的生产形势向好，播种面积较上年稳中有增，且全国大部分农区气象条件总体有利于作物生长和产量形成，尤其是北方雨水增多，总体有利于秋粮生产。2023 年粮食产量有望再创新高。

畜牧业稳定增长，预计猪牛羊禽肉产量较上年增长 4%左右，农产品供应充裕。据国家统计局数据，2023 年前三季度，全国猪牛羊禽肉产量 6 974 万吨，同比增加 263 万吨，增长 3.9%。

2. 工业经济企稳回升，建筑业发展明显好于上年

预计 2023 年第二产业增加值增长率较 2022 年提高 0.7 个百分点，其中预计 2023 年工业增加值增速为 4.0%左右，建筑业增加值增速为 6.9%左右。

工业发展恢复向好。从 2023 年前三季度数据来看，规模以上工业增加值累计增长 4%，较 2022 年同期提高 0.1 个百分点；工业产能利用率为 74.8%，较上半年提高 0.4 个百分点，三个季度以来保持逐季提升的趋势；规模以上工业企业产销率为 96.8%，比上半年提高 0.6 个百分点，企业经营在逐步改善。从制造业采购经理指数来看，9 月该指数为 50.2%，比上月提升了 0.5 个百分点，重返扩张区间。

2023 年建筑业增加值增速一直保持较高水平。前三季度，建筑业增加值增速累计为 7.2%，较 2022 年提高 2.4 个百分点。从非制造业采购经理指数来看，建筑业商务活动指数为 56.2%，较上月提高了 2.4 个百分点，且 2023 年以来一直处于扩张区间，尤其是 8 月、9 月回升态势明显。

3. 第三产业快速恢复

预计 2023 年第四季度第三产业增加值增长率为 7.0%，较 2022 年同期提高了 4.7 个百分点。主要是因为 2022 年同期增速较低，且服务业呈现出非常快的恢复增长态势。从非制造业采购经理指数来看，2023 年以来，服务业商务活动指数持续位于景气区间。9 月，服务业商务活动指数为 50.9%，比 8 月上升 0.4 个百分点，服务业扩张有所加快。

2023 年疫情防控转向以后，接触型服务业爆发式恢复性增长。据国家统计局数据，2023 年前三季度，第三产业增加值同比增长率为 6.0%，其中住宿和餐饮业增加值同比增长 14.4%，租赁和商务服务业增加值同比增长 9.5%，交通运输、仓储和邮政业增加值同比增长 7.5%，且营业性客运量、旅客周转量同比分别增长 56.1%和 106.9%，消费需求加快释放。

现代服务业带动作用较强。2023 年前三季度，信息传输软件和信息技术服务业增加值同比增长 12.1%，远高于第三产业增加值的平均增速。同时，高技术服务业的固定资产投资、高技术服务业企业营业收入、战略性新兴服务业企业营业收入均高于第三产业的平均发展水平。

（二）支出法维度下 2023 年度三大最终需求增速回顾与分析

面对复杂严峻的国际形势和艰巨繁重的国内改革发展稳定任务，2023 年前三季度中国经济持续恢复向好，经济增速有所恢复，GDP 增速达到 5.2%，第二季度当季增速更是高达 6.3%。从三大最终需求来看，中国经济恢复向好的主要动力是内需市场，特别是消费市场保持稳定恢复态势，外需收缩持续，向下拉动经济增速。随着稳增长、促就业、防风险的政策举措加力落实、政策效能积极释放，消费市场需求恢复向好，投资市场预期好转，经济企稳回升。总体看来，中国经济持续恢复态势不会改变。

1. 消费形势积极向好，保持快速恢复态势

进入 2023 年以来，随着一系列促消费政策持续发力显效，市场活力不断增强，消费新业态新热点持续涌现，消费市场保持稳定恢复态势。受 2022 年同期低基数影响，2023 年 3~5 月社会消费品零售总额出现快速恢复，上半年的累计增速达到 9.3%。虽然 2023 年 6~7 月消费增速有所下降，但 8~9 月逐步恢复。从 2022~2023 年两年同期累计增速来看，消费增长较为稳定。2023 年前三季度，社会消费品零售总额累计同比增长 6.8%；扣除价格因素，实际增长 6.6%，最终消费支出仅拉动 GDP 增长 4.3 个百分点，贡献率高达 83.2%，成为经济增长的最主要动力。从消费结构来看，生活性消费服务和旅游相关消费的快速增长；同时升级类消费需求不断释放，新能源汽车消费量同比增长达到 33.8%，成为当前消费的热点。考虑到 2022 年第四季度基数较低，消费市场活力不断增强，促消费措施显效等，消费恢复扩大的基础将更加巩固，2023 年第四季度消费将持续恢复。预计 2023 年全年社会消费品零售总额增速在 7.5%左右，最终消费支出对 GDP 增长的贡献率在 82.9%左右，拉动经济增长 4.5 个百分点。

2. 投资增速有所放缓，基础设施投资持续发力

2023 年投资增速有所放缓。前三季度全国固定资产投资呈明显下降趋势，2023 年 1-2 月份固定资产投资同比增速为 5.5%，而 2023 年 1 月至 9 月同比累计增长仅为 3.1%。分领域看，2023 年 1 月至 9 月基础设施投资和制造业投资均增长 6.2%，仍是“稳投资”和“稳增长”两大重要抓手；但是房地产开发投资下降 9.1%。民间投资下降 0.6%。

预计基础设施投资持续发力将有效带动投资信心提升。2023 年 10 月 24 日，全国人大批准了国务院增发 1 万亿元特别国债的决议，用于支持灾后恢复重建和弥补防灾减灾救灾短板，提振了投资信心，第四季度投资形势有望向好。预计 2023 年全年，中国固定资产投资的增长速度约为 3.9%，资本形成总额拉动经济增长 1.7 个百分点，对 GDP 增长的贡献率为 31.8%左右。

3. 外需进一步收缩，进出口增速放缓

受全球经济增长乏力，外需收缩影响持续，以及 2022 年同期基数较高的多重影响，外需对经济增长拉动作用减弱，2023 年以来我国进出口和贸易差额增速均呈现下滑趋势。2023 年 1-11 月进出口总额 37.96 万亿元，同比持平（美元计为−5.6%），其中出口增长 0.3%（美元计为−5.2%），进口增长−0.5%（美元计为−6.0%）。贸易顺差为 5.24 万亿元（7 481.3 亿美元）。可见剔除人民币汇率影响，我国进出口增速并没有美元统计这么低。另外，居民跨境旅行需求有序恢复，服务贸易逆差持续扩大。前三季度，货物和服务的净出口对经济增长产生了 0.7 个百分点的负面拉动效应，对 GDP 的贡献率为−13.0%。从近期外需形势来看，我国传统贸易伙伴美国和日韩形势好转，同时 2022 年四季度进出口总额基数较低，双重因素影响下，我国外贸进入企稳复苏阶段，货物出口形势好于进口，贸易差额进一步扩大，但全年贸易顺差与 2022 年相比有所萎缩。预计 2023 年全年货物和服务出口净额（出口减去进口）对 GDP 增长的贡献率为−14.7%左右，拉动经济增长−0.8 个百分点。

三、2024 年中国经济增长初步预测

（一）预测 2024 年中国经济将平稳较快增长，预计全年增速为 5.3%左右，全年经济走势为前低后高

2024 年中国经济运行、国际经济形势发展，以及中国的外需增长情况都有很大不确定性。本报告在以下三个前提条件下，对中国 2024 年经济增长进行预测。

第一，在以习近平同志为核心的党中央坚强领导和党的二十大精神的指引下，中国政府将贯彻“稳中求进，以进促稳，先立后破”的总基调，深入贯彻新发展理念，加快构建新发展格局，推动中国经济高质量发展。

第二，2024 年中美在政治、经济、军事和科技上不发生全面对抗和冲突。

第三，2024年中国周边地区如朝鲜半岛，边境地区如南海区域、台湾海峡等不发生大规模冲突和局部战争。

经济增长速度快慢主要取决于经济内生动力。此外，受外部环境影响。中国是世界上最大，发展最快的发展中国家，美国是世界上唯一的超级大国。中美关系是中国最重要的双边关系。我们分三种情景对2024年中国经济增长进行预测。

（1）基准情景（预期概率60%）。经济内生动力平稳增长，投资增速较2023年加快，在政策推动下，房地产业发展企稳并略有好转。2024年中美关系有所缓和。一则中国为在21世纪中叶实现中华民族伟大复兴目标，争取有一个和平的国际环境来发展自己；二则2024年是美国的总统选举年，美国目前忙于处理巴以冲突和俄乌冲突，力量分散，在对外策略上要求缓和同中国的关系。但是美国政界仍继续认为中国是美国的主要竞争对手，美国在政治、经济、军事和科技上继续对中国采取很多遏制和打压措施。

（2）悲观情景（预期概率20%）。经济内生动力严重不足，投资增速缓慢。房地产业继续下跌，2024年中美两国关系恶化，美国在经济上对中国采取全面遏制和制裁措施。

（3）乐观情景（预期概率20%）。经济内生动力较快增长，投资增速较2023年显著加快[①]，房地产业有明显好转。2024年中美关系有很大改善和好转，但美国政界继续把中国作为美国的主要竞争对手，仍对中国采取若干遏制和打压措施。

在基准情景下，预测2024年中国经济将恢复正常发展。中国GDP增速将达到5.3%左右，全年经济稳中有进，经济走势为前低后高。

2020年、2021年、2022年和2023年受新冠疫情影响，各季度增速相差极大，如2020年各季度增速波动为−6.9%~6.4%，极差为13.3个百分点；2021年为4.3%~18.7%，极差为14.4个百分点；2022年为0.4%~4.8%，极差为4.4个百分点；2023年为4.5%~6.3%，极差为1.8个百分点。2024年各季度经济增速的波动将较小。预计2024年第一季度经济增速可能为5.0%，第二季度可能达到5.3%，第三季度可能为5.5%，第四季度可能为5.4%。预计2024年各季度增速的极差为0.5个百分点（表9）。

表9　2020~2024年各季度中国经济增速

项目	第一季度	第二季度	第三季度	第四季度	各季极差/个百分点	全年增速
2020年当季增速	−6.9%	3.1%	4.8%	6.4%	13.3	2.2%
2021年当季增速	18.7%	8.3%	5.2%	4.3%	14.4	8.4%
2022年当季增速	4.8%	0.4%	3.9%	2.9%	4.4	3.0%
2023年当季增速	4.5%	6.3%	4.9%	5.9%	1.8	5.4%
2024年当季增速（预测值）	5.0%	5.3%	5.5%	5.4%	0.5	5.3%

资料来源：除2023年第四季度当季增速、2024年全年增速和各季极差外，本表所有数据来自国家统计局网站，2023年第四季度当季增速、2024年全年增速和各季极差由本报告项目组测算

在悲观情景下，预测2024年全年中国经济增速将达到4.0%左右。在乐观情景下，

① 具体情景包括：地方化债顺利推进；地产需求大幅回升并有效带动地产投资回暖；宏观政策逆周期调节力度加大；财政赤字率适当扩大。

预测 2024 年全年中国经济增速将达到 6.5%左右。本报告以下部分均为在基准情景下进行的预测和分析。

（二）2024 年三大产业增加值增速预测

2024 年三大产业增加值持续保持稳定发展。从三大产业来看，预测 2024 年第一产业增加值增速为 4.5%，较 2023 年提高 0.2 个百分点；预测第二产业增加值增速为 4.5%，与 2023 年基本持平；预测第三产业增加值增速为 6.0%，略低于 2023 年增速。具体预测结果见表 10。

表 10　2022~2024 年中国 GDP 增速及三大产业增加值增速

项目	2022年	2023年（预测）	2024年（预测）	2024年较2023年提高百分点（预测）
GDP	3.0%	5.4%	5.3%	−0.1
第一产业	4.1%	4.3%	4.5%	0.2
第二产业	3.8%	4.5%	4.5%	0
第三产业	2.3%	6.3%	6.0%	−0.3

资料来源：国家统计局公布数据及本报告项目组测算

（三）2024 年三大需求增速预测

从三大需求来看，随着扩大内需战略深入实施，消费政策持续发力，居民人均可支配收入平稳增长，消费市场恢复和增长基础进一步巩固；随着高技术产业和新能源产业投资持续增长，基础设施建设投资回升，投资对经济增长的作用将进一步巩固；随着全球主要经济体经济形势进一步恢复好转及 2023 年外贸基数较低等影响，进出口增速将继续企稳回升。预测 2024 年最终消费对 GDP 贡献率为 69.0%，拉动 GDP 增长 3.7 个百分点；资本形成总额对 GDP 贡献率为 36.0%，拉动 GDP 增长 1.9 个百分点；净出口对 GDP 贡献率为−5.0%，拉动 GDP 增长−0.3 个百分点（表 11）。

表 11　2021~2024 年中国 GDP 增长率及三大需求对 GDP 贡献率和拉动

年份	GDP增长率	贡献率			拉动GDP增长/个百分点		
		最终消费	资本形成总额	净出口	最终消费	资本形成总额	净出口
2021	8.4%	58.3%	19.8%	21.9%	4.9	1.7	1.8
2022	3.0%	32.8%	50.1%	17.1%	1.0	1.5	0.5
2023（预测）	5.4%	82.9%	31.8%	−14.7%	4.5	1.7	−0.8
2024（预测）	5.3%	69.0%	36.0%	−5.0%	3.7	1.9	−0.3

资料来源：国家统计局公布数据及本报告项目组测算

四、建　议

1. 注重宏观调控政策创新，加强宏观政策跨周期和逆周期调节力度

完善宏观调控体系和地方政府激励机制是妥善化解地方政府债务风险、稳定房地产市场、推动经济平稳健康可持续发展的重要保障。

建议：加强宏观政策跨周期和逆周期调节力度，在风险可控范围内，结合当前经济形势，适当扩大财政赤字率，发挥基础设施建设的逆周期调节作用，科学管理市场预期。[①]创新宏观调控政策工具，更加注重区间调控、定向调控、供给管理与需求管理相结合以及综合协调平衡。健全财政、货币、产业、区域等经济政策协调机制，多措并举弱化宏观经济波动，提振市场信心。完善国际宏观政策协调机制，妥善应对大国政策溢出效应。积极推动完善国际宏观经济政策协调机制，注重外汇储备结构的调整，在确保风险可控的基础上，稳步提升我国人民币国际化水平。依法构建管理规范、责任清晰、公开透明、风险可控的地方政府债务融资机制，防范化解地方政府隐性债务风险。确立法治化和制度化的政府宏观调控体系，解决地方政府预算软约束、鼓励有效投资、缓解市场无序竞争，有效化解房企债务风险，依法加强对市场主体行为的监管，规范市场运行，保护各方利益主体正当利益。

2. 加强产业链现代化水平，提高产业链韧性和竞争力

党的二十大报告要求“增强国内大循环内生动力和可靠性，提升国际循环质量和水平”[②]。加快产业链结构现代化水平，提高产业链韧性和竞争力是增强国内大循环主体地位，扩大国际大循环回旋空间的必然要求。当前，全球产业链呈现本土化和区域化重构态势，平衡产业链安全与效率，不断增强韧性水平是我国经济平稳健康发展的必要保障。

建议：依托我国市场规模优势，加快人工智能、大数据和物联网等新技术与传统制造业相结合，加快配套设施建设，提升制造业数字化水平。平衡产业链安全与效率，厘清我国产业链外部敞口的国别结构，考虑国际政治环境的不断变化，培育可替代供应链，提升关键领域的产业链自主可控能力。加大对关键零部件等“卡脖子”领域的政策扶持力度和科研支持，健全新型举国体制，强化国家战略科技力量，优化配置创新资源，补齐产业链短板，发展先进适用技术，完善供应链体系。

---

① 2023 年 10 月 24 日，十四届全国人大常委会第六次会议审议通过了国务院关于增加发行国债支持灾后恢复重建和提升防灾减灾救灾能力的议案，明确中央财政将在 2023 年第四季度增发 2023 年国债 1 万亿元，这一政策不仅能够有效缓解地方在灾后恢复重建和提升防灾减灾救灾能力方面的财政支出压力，优化债务结构、降低地方债务风险，同时有效支持了实体经济发展，为经济恢复和持续稳定发展带来新的动力。

② 习近平：高举中国特色社会主义伟大旗帜 为全面建设社会主义现代化国家而团结奋斗——在中国共产党第二十次全国代表大会上的报告. http://www.qstheory.cn/yaowen/2022-10/25/c_1129079926.htm，2022-10-25.

3. 坚持实施扩大内需战略，释放国内需求潜力

扩大内需既是增强国内大循环主体地位的内在要求，也是有效应对外需拉动作用减弱、把握发展主动权的战略举措。要坚持实施扩大内需战略，释放内需潜力，鼓励居民扩大消费，引导企业扩大投资。

建议：坚持供给侧结构性改革的战略方向，提升供给体系对国内需求的适配性，深化国有企业改革，化解产能过剩，使供给结构更好适应需求结构特别是消费结构的变化。加大收入分配改革力度，着力提高低收入群体收入，扩大中等收入人群占比，调控城乡收入差距，畅通城乡要素双向流动，进一步改善收入分配格局。鼓励扩大有效投资。发挥投资对优化供给结构的关键作用，加快补齐产业短板。鼓励扩大民间投资，激发民间投资活力，持续破除市场准入壁垒，扫除制约民营企业公平参与市场竞争的制度障碍，引导社会资本参与新型基础设施建设和新型城镇化建设，增强市场主体的投资信心，激发增长动能。

4. 不断完善要素市场化配置体制机制

完善要素市场化配置是建设统一开放、竞争有序市场体系的内在要求，是坚持和完善社会主义基本经济制度、加快完善社会主义市场经济体制的重要内容。

建议：发挥政府在资源配置中的引导、监督等辅助性作用。不断优化和完善政府的职能，明晰市场和政府在要素配置中的作用边界，保障不同地区市场主体平等获取生产要素。建设循环畅通的全国统一大市场，汇聚全球高质量资源。打通人员、技术、资金、数据、能源等生产要素流通堵点，取消人才区域间流动限制，破除地方保护和区域壁垒，推动生产、分配、流通、消费各环节的畅通循环流动，促进商品要素资源在更大范围内畅通流动，加快建设高效规范、公平竞争、充分开放的全国统一大市场。进一步深化土地要素市场化改革，完善土地管理体制，提高土地要素配置效率，完善土地价格体系和市场运行机制，有效保障土地要素财产权益，激发土地市场活力，推动高质量发展。

5. 稳定支持中小企业的发展

中小企业是国民经济和吸纳就业的主力军，但中小企业长期面临融资难、成本高的问题，阻碍了中小企业的发展。当前新一轮科技革命和产业变革带来的机遇和挑战，对中小企业公共服务体系建设提出了更高要求。要主动顺应中小企业发展需求和产业技术变革趋势，坚持有为政府与有效市场相结合，推动中小企业公共服务体系建设迈上新台阶，在服务中小企业高质量发展中发挥更大作用。

建议：延续、优化、完善并落实好对中小企业的财税支持政策，包括税收减免、税收优惠和财务补贴等。也可提供资金补贴、技术创新奖励等财务支持。发挥好总量性和结构性货币政策工具作用，通过建立研发基金、科技创新基地或技术中心等途径，为中小企业提供资金和技术支持。结合数字技术，通过出口退税、市场推广等支持政策，鼓励中小企业参与国际贸易合作、直接融入全球生产链，开拓海外市

场。结合不同产业自身特点，推出针对中小企业的专项扶持政策，帮助中小企业参与到高新技术产业和战略性新兴产业等技术密集型和资本密集型产业链，推动中小企业实现技术升级。

2023年中国固定资产投资形势分析与2024年展望[①]

陈　磊　徐聿枫　朱文洁

报告摘要： 2023年我国固定资产投资增长稳中趋缓。截至2023年10月，累计固定资产投资（不含农户）419 409亿元，同比增长2.9%。

本报告首先分析了2023年我国固定资产投资的运行特征，主要包括：①固定资产投资名义增速趋缓，投资结构性改善步伐加快。制造业转型升级态势明显；高技术与智能、绿色等新兴产业以及“新基建”的投资动能强劲；短板领域投资增长较快；大项目投资推动作用显著；房地产投资持续走弱。②三大产业内部投资分化特征明显，第二产业投资继续保持较快的稳定增长，对稳定全社会投资增长起到关键作用。③民间投资受房地产市场拖累，占全社会固定资产投资比重持续下滑。

本报告采用景气分析方法对固定资产投资的景气波动特征进行了测定和分析，判定固定资产投资正处于2020年3月以来的新一轮周期波动的景气收缩期。在重新筛选投资景气先行指标的基础上，利用构建的固定资产投资先行合成指数对固定资产投资增速的未来走势做出预判：固定资产投资增速有望在2023年第四季度止跌企稳，随后或进入新一轮的温和扩张阶段。

本报告预测2023年固定资产投资（不含农户）全年增速为3.2%左右；预测2024年固定资产投资（不含农户）在较大概率的基准情景下增长4.7%左右，较小概率的乐观情景和悲观情景下分别增长6.0%左右和3.5%左右。投资结构将继续改善，高新技术产业投资有望保持高位运行，重点领域补短板投资和重大工程、重大项目建设将继续加快推进。对三大领域的具体预测包括：①制造业投资可能维持较快的增长趋势，预测2023年全年增长6.3%左右，2024年在基准情景下增长7.5%左右，乐观情景和悲观情景下分别增长8.3%左右和6.8%左右；②基础设施建设投资（不含电力等）有望保持高速增长，预测2023年全年增长6.0%左右，2024年在基准情景下增长7.5%左右，乐观情景和悲观情景下分别增长8.5%左右和6.5%左右；③房地产开发投资增速可能在2023年第四季度或2024年第一季度再次触底企稳，预测2023年全年增速为−9.5%左右，2024年在基准情景下增速回升至−6.0%左右，乐观情景和悲观情景下增速分别为−3.0%左右和−9.0%左右。

本报告的政策建议认为，“稳投资”依然应该是2024年政府的工作重点，需继续实

① 本报告得到辽宁省社会科学规划基金重点建设学科项目（项目编号：L22ZD054）的资助。

施扩张性的财政政策与货币政策，有力提振实体经济的信心。具体包括：①持续加力优化房地产政策，稳定房地产市场发展；②多措并举鼓励民间投资，提高民间投资信心；③精准扩大制造业有效投资，保障基础设施建设投资的可持续性。

本报告的结构安排包括：第一部分分析了 2023 年固定资产投资的运行特征；第二部分利用景气分析法对固定资产投资景气波动特征及未来走势进行分析和预判；第三部分对 2023 年和 2024 年固定资产投资增速等主要指标进行预测；第四部分是政策建议。

一、2023 年固定资产投资形势分析

（一）固定资产投资名义增速趋缓，投资结构性改善步伐加快

2022 年，政府积极发挥重大项目牵引和撬动作用，鼓励加大设备更新改造投资力度，努力保持固定资产投资稳定增长。但受疫情多地散发和防疫政策调整影响，各月的固定资产投资（不含农户）累计增速稳中趋降，全年固定资产投资增长 5.1%，增速较 2021 年提高 0.2 个百分点，投资景气总体处于“正常”景气区间。

2023 年以来，各级政府部门围绕推动经济高质量发展和构建现代化产业体系，不断拓展政策空间，积极扩大有效投资，加快推进新型工业化，努力促进固定资产投资平稳增长。2023 年 1~10 月，全国固定资产投资（不含农户）419 409 亿元。主要受房地产投资持续萎靡影响，前三季度固定资产投资累计增长分别为 5.1%、3.8%和 3.1%，1~10 月累计增长 2.9%，名义增速逐渐放缓（图 1），投资景气度不断降温，从 6 月开始该指标已低于 4.0%，发出景气“过冷”预警信号。但需要说明的是，扣除价格因素后，前三季度投资同比实际增长 6.0%，增速比 2022 年同期加快 2.5 个百分点。前三季度资本形成拉动经济增长 1.6 个百分点，较 2022 年同期上升 1.0 个百分点。投资对经济增长的支撑作用仍然较强。

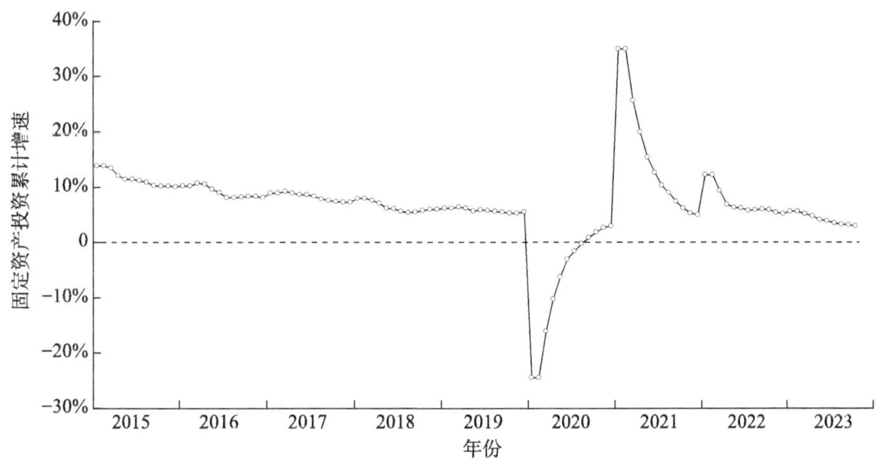

图 1　固定资产投资完成额累计增速

截至 2023 年 10 月，固定资产投资增长已显现出缓中趋稳苗头，投资的结构性改善步伐加快，在高端化、智能化、绿色化转型方面的投资动能强劲，主要表现在：①制造业升级发展态势明显，1~10 月制造业投资累计增长 6.2%，增速在 8 月和 9 月已连续两个月加快回升，10 月保持稳定；②高技术产业投资增势良好，1~10 月高技术产业投资同比增长 11.1%，比全部固定资产投资高 8.2 个百分点，其中，高技术制造业投资同比增长 11.3%，增速与 1~9 月持平，比 1~8 月加快 0.1 个百分点，比制造业投资高 5.1 个百分点；高技术服务业投资同比增长 10.5%，比服务业投资高 10.1 个百分点；③新基础设施建设投资增长强劲，上半年，新型基础设施建设投资同比增长 16.2%，远高于全部投资的增速；④交通、水利、能源等重点领域补短板投资持续推进，相关行业投资增长较快；⑤“十四五”规划重大工程及其他经济社会重大项目建设加快推进，大项目投资带动作用明显。前 10 个月，计划总投资亿元及以上项目投资同比增长 9.9%，比全部固定资产投资高 7.0 个百分点，对全部固定资产投资增长的贡献率比前三季度提高 3.8 个百分点。

分区域来看（图 2），2023 年四大地区[①]的固定资产投资累计增速均呈放缓态势，但中部和西部地区已开始企稳。2023 年前三个季度和 1~10 月，东部地区固定资产投资累计增速分别为 6.5%、6.4%、5.4%和 4.9%，中部地区累计增速分别为 1.5%、−1.7%、−0.9%和−0.1%，西部地区累计增速分别为 4.9%、0.8%、−0.4%和−0.5%，东北地区累计增速分别为 13.7%、2.2%、−2.7%和−3.5%。图 2 显示，除东部地区保持了适度投资增速外，其他三个地区的投资增速均出现明显下滑，5 月以后都处于“过冷”景气区间，7~10 月甚至均出现负增长，表明这三个地区的投资景气非常低迷。其中，中部地区的固定资产投资累计增速从 2023 年 4 月开始一直处于负增长状态，但 10 月的累计增速降幅较 8 月和 9 月分别收窄 1.5 个和 0.8 个百分点，已经连续三个月出现反弹回升。

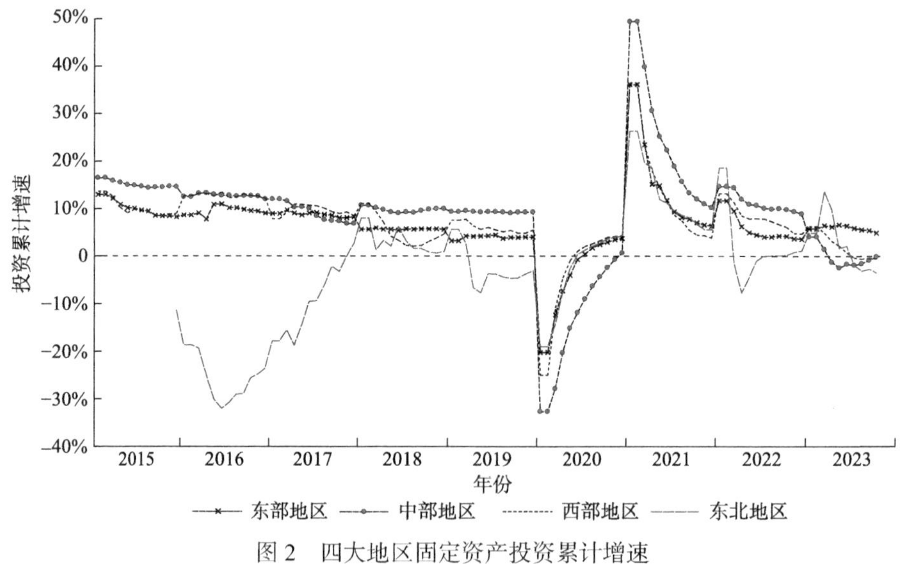

图 2　四大地区固定资产投资累计增速

① 东部地区包括北京、天津、河北、上海、江苏、浙江、福建、山东、广东、海南 10 个省（市）；中部地区包括山西、安徽、江西、河南、湖北、湖南 6 个省；西部地区包括内蒙古、广西、重庆、四川、贵州、云南、西藏、陕西、甘肃、青海、宁夏、新疆 12 个省（区、市）；东北地区包括辽宁、吉林、黑龙江 3 个省。

从三大投资领域来看，制造业投资、基础设施建设投资（不含电力、热力、燃气及水生产和供应业）①和房地产开发投资是支撑全社会固定资产投资的三大板块，三者在固定资产投资中合计占比达 70%左右。2023 年 1~10 月，制造业投资累计增长 6.2%，增速比上半年加快 0.2 个百分点，与前三季度持平，自 8 月开始企稳回升；基础设施建设投资（不含电力等）累计同比增速为 5.9%，较 1~9 月放缓 0.3 个百分点，但仍保持较高增速；房地产开发投资累计同比增长−9.3%，增速持续回落（图 3）。基础设施建设投资增长走势趋缓和房地产投资持续下行是固定资产投资增速延续边际减弱态势的主要原因，同时制造业投资支撑作用增强，使总体投资增速下滑趋缓。

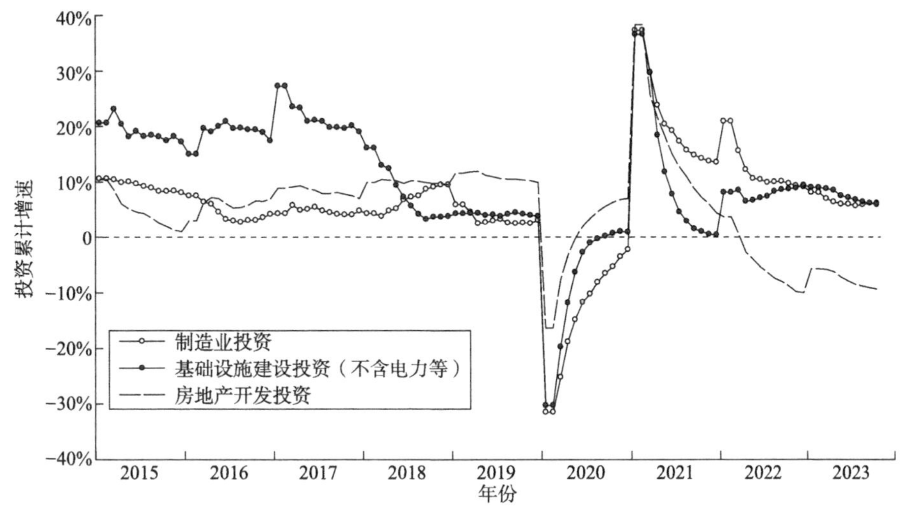

图 3　制造业、基础设施建设、房地产开发投资累计增速

具体来看，图 3 显示，2022 年制造业投资累计增速整体呈缓慢下降态势，全年增长 9.1%，比全部固定资产投资高 4.0 个百分点。2023 年 1~10 月制造业投资增速稳中有升，6.2%的累计增长速度对整体投资的支撑作用依旧较强。当前，我国制造业正处在结构调整优化阶段，部分行业面临产能调整，结构不断优化，新旧动能接续替代呈现良好发展态势。截至 10 月，传统制造业中的化学原料及制品和有色冶炼等行业投资增速较第二季度有所回落，但降幅趋缓；其中，黑色冶炼行业投资累计增速在第三季度由负转正，为 2022 年第四季度以来首次。值得说明的是，新兴行业发展向好，投资增长动力较强，对制造业投资的支撑作用明显增强。2023 年 1~10 月，装备制造业各行业投资增速均有所提升，电气机械和器材制造分别累计增长 36.6%；在新能源汽车发展向好的带动下，汽车制造业投资累计增长 18.7%；尽管外需偏弱，半导体带动的计算机通信电子业依然表现强势，累计增长 9.6%。高端技术方面，随着国内产业结构的升级，高技术产业产品在国内市场的需求正稳步增长，提高了企业扩大再生产的积极性，使 1~10 月高技术制造业投资累计增长 11.1%，增速高于制造业投资 4.9 个百分点，对制造业投资拉动作用明显，显示制造业转型升级加速。其中，航空、航天器及设备制造业，医疗仪器设备及仪器仪

① 后文简称基础设施建设投资（不含电力等）。

表制造业投资分别增长 19.0%、16.7%，显示高质量发展仍在积极推进。总体来看，以高技术和新兴产业为主要特征的新动能投资维持高景气度，以及装备制造行业投资的持续扩张成为推动制造业转型升级的重要力量。

2023 年 1~7 月，制造业投资累计增速小幅下滑，但 8~10 月已开始止跌回升。这种转变显示制造业景气有所企稳且恢复扩张，需求改善虽然缓慢但持续性增强，有利于经济增长动能的提升。加之一系列稳定企业信心、引导企业释放技术改造投资需求的财税金融政策持续发力，推动制造业加快转型升级步伐。从工业企业利润总额的当月同比增速来看，已从 1~2 月的−23.4%恢复至 9 月和 10 月的 11.9%和 2.7%，前 10 个月工业企业利润总额累计增长−7.8%，降幅较上半年收窄 9.0 个百分点，显示企业经营情况正逐步好转，带动制造业投资出现一定程度的回暖。此外，面对全球对制造业产品需求正处在周期性下行阶段、出口出现负增长的现状，我国持续加强对制造业投资的支持力度，2023 年上半年新发放企业贷款加权平均利率降至 3.96%，比 2022 年同期降低 25 个基点，将带动工业企业利润累计增速的降幅进一步收窄，并助推企业回补库存，叠加我国推出多项制造业投资税收优惠政策，制造业投资增速的回升趋势有望持续。

图 3 显示，2022 年基础设施建设投资（不含电力等）在财政政策前置、新增专项债券发行进度明显加快的背景下保持了高速增长态势，全年增长 9.4%，大幅超出 2021 年 9.0 个百分点。受 2022 年的高基数影响，2023 年基础设施建设投资增速有一定程度放缓。截至 10 月，累计增速经过连续 8 个月回落降至 5.9%，较上半年回落 1.3 个百分点。同期，全口径基础设施建设投资累计增长 8.3%，较上半年回落 1.9 个百分点，增速同样逐渐放缓。然而，我国新型基础设施建设进一步夯实，2023 年上半年新型基础设施建设投资同比增长 16.2%，其中 5G、数据中心等信息类新型基础设施建设投资增长 13.1%，工业互联网、智慧交通等融合类新型基础设施建设投资增长 34.1%。

从基础设施建设投资（全口径）的三个构成部分看，一方面，2023 年 1~10 月交通运输、仓储和邮政业投资累计增加 11.1%，较第一季度和上半年分别增加 2.2 个和 0.1 个百分点；电力、热力、燃气及水生产和供应业投资累计增加 25.0%，比上半年下降 2.0 个百分点，与前三季度持平，二者均延续 2023 年以来的高位运行态势。其中，铁路运输业投资和水上运输业投资分别增长 24.8%和 21.3%，是主要支撑项。另一方面，1~10 月水利、环境和公共设施管理业投资累计增速为−0.8%，较第一季度和上半年分别下降 8.6 个和 3.8 个百分点，成为基础设施建设投资走弱的主要拖累项。这除了受 2022 年的高基数影响，还可能与建筑企业在手项目施工进度放缓以及地方政府的财政压力加大有关。第三季度以来，水利、环境和公共设施管理业投资累计增速跌幅有所收窄，显示政府财政资金压力逐步得到缓解。随着政府加码对水利工程等传统领域的投资，基础设施建设投资增长的韧性有望得到有效支撑。

2023 年，国有土地使用权出让收入仍处于较低水平，2023 年 1~7 月较 2022 年同期下降近 5 400 亿元，地方财政的相对紧张导致地方政府在基础设施建设投资领域的投资热度下降，这是基础设施建设投资增速缓慢下滑的主要原因。在此背景下，地方专项债发行收入成为支撑基础设施建设投资的关键性力量。第三季度专项债发行有所提速，合

计发行 11 539 亿元专项债，10 月地方政府新增专项债发行 2 184 亿元，但进度整体慢于预期，同时资金端传导至施工端还需要一定时间。截至 11 月 15 日，已累计发行新增专项债 37 500 亿元，发行进度达 98.7%，且资金使用向基建倾斜比例有所提升，为基础设施建设投资提供了主要资金来源。项目方面，2023 年上半年基建新开工项目有所提速，7 月以来各地重大项目开工年内迎来再提速，7~9 月全国各地重大项目开工投资额规模环比逐月提升，累积的在建项目将为短期内的基础设施建设投资提供一定的项目保障。此外，防范化解地方债务风险的政策落地将在一定程度上有效减轻地方财政压力，并释放更多资金投向重大基建工程。总之，基础设施建设投资仍然有望成为推动经济复苏的一个重要发力点。

2022 年，全国房地产开发投资 132 895 亿元，比 2021 年下降 10.0%。受“停贷潮”事件的影响，房地产市场供需两端承压，商品房销售面积和销售额、房屋新开工面积以及本年购置土地面积同比持续下降，导致房地产市场持续走弱，压低了投资增速。2023 年以来，房地产开发投资累计增速一度出现一些积极变化，随着经济社会全面恢复常态化运行，第一季度增速提升至−5.8%。但随着前期积压的需求释放完毕，叠加居民收入增长预期仍未完全修复，第二季度以来房地产市场销售和开发整体呈现下行态势，房地产开发投资累计增速再次持续下探，上半年和 1~10 月跌幅分别扩大至 7.9%和 9.3%，成为投资总量增速继续回落的主要拖累项。截至 2023 年 10 月，房地产投资累计增速已连续 18 个月为负。房地产市场整体延续二次探底态势，呈现出“需求降、供给弱、价格放缓”三大特征。

具体从房地产需求方面看，2023 年 1~10 月商品房销售额为 97 161 亿元，同比减少 4.9%，增速较第一季度和第二季度末分别减少 9.0 个和 6.0 个百分点；1~10 月商品房销售面积为 92 579 万平方米，同比下降 7.8%，降幅较第一季度和上半年分别扩大 6.0 个和 2.5 个百分点，降幅已连续 6 个月扩大。其中，1~10 月住宅销售金额、销售面积累计同比增速分别为−3.7%和−6.8%，降幅比前三季度进一步扩大，整体销售在住宅销售下滑的带动下继续下行。从供给方面看，房屋施工面积趋势性下行，拖累开发投资，1~10 月全国累计施工面积同比减少 7.3%；房地产开发企业房屋新开工面积同比下降 23.2%，但跌幅逐渐走稳；其中，住宅新开工面积 57 659 万平方米，下降 23.6%，整体新开工仍然持续低迷。在“保交付”政策的保障下，房屋竣工面积表现相对稳健，1~10 月累计同比上涨 19.0%，其中，住宅竣工面积累计增长 19.3%。

从房地产投资资金来源看，房企资金来源增速出现边际企稳迹象，但趋势性恢复慢于市场预期。2023 年 1~10 月，房企到位资金累计 107 345 亿元，同比下降 13.8%，降幅较上半年和前三季度分别扩大 4.0 个和 0.3 个百分点。各渠道资金来源中，除自筹资金和国内贷款累计增速略有改善外，其余各项跌幅均较 1~9 月有所放大，总体显示房企资金压力仍然较大，资金来源边际转弱。2023 年 7 月中央政治局会议提出“适时调整优化房地产政策”，房地产销售端迎来新一轮政策松绑。9 月以来，一线城市“认房不认贷”广泛推进，全国二套房贷款利率及首付比例下限调降，房地产政策迎来新一轮重大调整。但目前在销售低迷、资金压力影响下房企投资意愿仍处于历史低位，央企、国企及头部民企为投资主力的行业竞争格局未变，中小民营房企投资仍无明显起色。受房价下降和房地产销售持续放缓影响，土地市场疲弱延续，土地成交面积增速仍为负增长，且降幅整体扩大。土地市场偏弱对房地产开发投资造成的压力有所加大，在行业下行期，土地供应规模可能有所降低，加之一、二线城市的土地供给没有大幅提升，行业整体的土地投资规模可能继续收缩。虽然融资端对白名单房企的支持力度不减，但在“三道红线”分类监管政策的高压下，房地产行业融资难的情况未见明显改善，而房地产销售依旧偏弱从根本上制约着房地产投资的增长。

（二）三大产业内部投资分化特征明显，第二产业整体增速最高

从三大产业固定资产投资累计同比增速（图 4）来看，2023 年 1~10 月各产业累计增速相比 2022 年均出现不同程度的放缓。受疫情防控调整转换到新阶段后的积压需求较快释放影响，各产业于 2023 年 2 月分别出现了 1.5%、10.1%和 3.8%的年内最高累计增速水平，后续受多方面因素影响，累计增速水平均出现回落，且产业内部的投资结构分化明显。

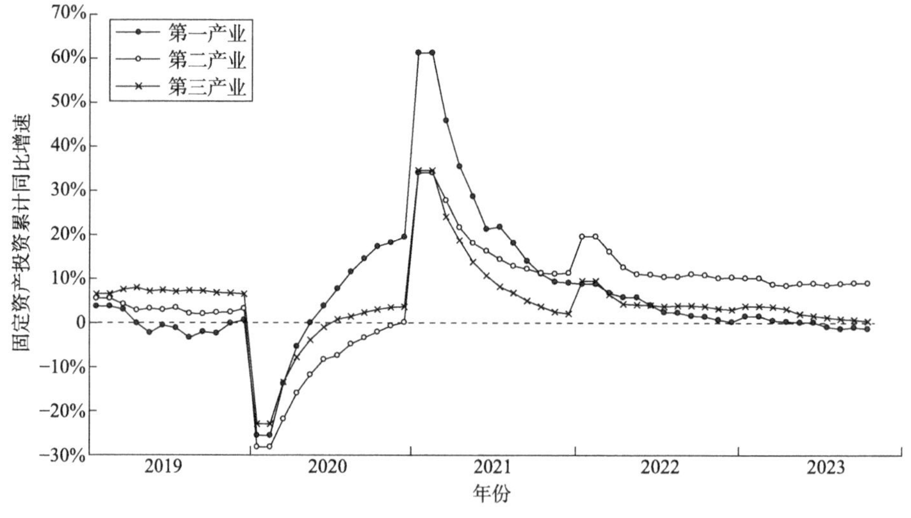

图 4　三大产业固定资产投资累计同比增速

第一产业固定资产投资增速明显放缓。截至 2023 年 10 月，第一产业共投资 8 882 亿元，累计增长-1.3%，较第一季度回落 1.8 个百分点。7 月以来累计增速由正转负，为 2020 年第二季度以来的首次出现。第一产业累计增速的滑落主要受畜牧业影响，在猪价持续低迷、全行业持续亏损的影响下，截至 2023 年 10 月，畜牧业投资累计同比增速均为负值，但在相关政策的支持下，降幅较上半年有所缩窄。1~10 月畜牧业投资累计同比增速为-18.9%，较第一季度回升 6.5 个百分点，比 1~9 月回升 0.9 个百分点。尽管 2023 年以来第一产业的各细分项累计增速均出现不同程度的回落，但农业累计增速一直保持正增长且下滑最为缓慢，成为稳定第一产业的压舱石。1~10 月农业累计同比增速为 8.8%，分别高于林业、畜牧业和渔业 10.0 个、27.7 个和 4.0 个百分点。

第二产业是三大产业中累计同比增速最高的产业，是拉动全社会固定资产投资的主导产业。截至 2023 年 10 月，第二产业固定资产累计投资 132 454 亿元，同比增长 9.0%，与前三季度持平，高于全社会固定资产投资累计同比增速 6.1 个百分点。受低基数和基础设施建设的拉动影响，2023 年 1~10 月建筑业累计同比增长 29.3%，增速分别较上半年和 1~9 月抬升 5.1 个和 9.2 个百分点。同样受益于基础设施建设投资的是电力、热力、燃气及水生产和供应业，其并未受到 2022 年高基数的影响，1~10 月投资累计增速为 25.0%，维持较高增速。采矿业 1~10 月投资累计增速为 1.4%，增速较 2022 年全年减少 3.1 个百分点。随着企业经营状况的逐步好转，以及我国持续加强对制造业投资的政策呵护，制造业投资增长保持较强韧性，1~10 月累计增速为 6.2%，高于全部投资 3.3 个百分点。2022 年，传统制造业中烟草制品业是唯一出现负增速水平的行业，由此受低基数影响，2023 年 1~10 月烟草制品业累计增速达 39.3%，是制造业所有分项中累计投资增长最为强劲的行业。与之相反，家具制造业、印刷和记录媒介复制业，石化制造业中的石油、煤炭及其他燃料加工业和化学纤维制造业等细分行业均出现较大幅度的下降，1~10 月累计同比增速分别为−8.2%、−5.6%、−20.7%和−9.7%，显示部分传统行业正落入深度调整区间。与高端制造密切相关的行业则维持较高的投资增长水平，电气机械和器材制造业 1~10 月累计增速为 36.6%，仪器仪表制造业 1~10 月累计增速为 24.2%，有力支撑了制造业投资的增长。

2023 年 1~10 月，第三产业固定资产投资 278 074 亿元，作为三大产业中投资比重最高的产业，同比增速仅为 0.4%，低于全社会固定资产投资累计增速 2.5 个百分点，较第一季度回落 3.2 个百分点。受批发和零售业、金融业和房地产业等主要行业负增长的影响，增速持续下滑。其中，金融业在资本市场震荡下行和低预期的影响下从第二季度开始出现了一定程度的负增长，整体处于较低位置，1~10 月投资累计增速为−3.1%，较 1~9 月下降 3.2 个百分点，较第一季度大幅回落 14.9 个百分点，降幅明显。受需求减少、利润降低、房地产业进入新一轮调整周期等因素影响，房地产业投资增速持续下滑，1~10 月投资累计增速为−7.8%，较第一季度回落 2.7 个百分点。金属制品、机械和设备修理业受 2022 年疫情散发导致的较低基数影响，2023 年以来表现出极高的增长速度，1~10 月累计增速高达 80.7%。铁路运输业、水上运输业、管道运输业及装卸搬运和仓储业则随着社会生活生产的恢复以及基础设施建设投资的带动表现出较高的增速水平，1~10 月投资累计同比增速分别为 24.8%、21.3%、4.0%、28.1%。在社会领域投资中，科学研究和技术服务业，居民服务、修理和其他服务业同样具有较高的增速水平且持续性较强，1~10 月增速分别为 20.0%、16.0%。此外，教育，卫生和社会工作及文化、体育和娱乐业累计增速分别出现了不同程度的下滑。

（三）受房地产民间投资拖累，民间投资比重持续下滑

受市场（尤其是房地产市场）消费需求恢复不足、市场预期不稳等因素影响，民营企业效益下滑，部分企业呈现出投资意愿不强、投资动力不足的现象，2023 年 5 月民间固定资产投资累计增速出现了疫情恢复以来的首次负增长。随着促进民营经济发展系列

政策的持续推出与落地，民企预期已出现初步改善。截至 2023 年 10 月，民间固定资产累计投资 215 863 亿元，累计同比增速为−0.5%，较 1~9 月降幅缩窄 0.1 个百分点（图 5），已连续两个月降幅缩窄。扣除房地产开发投资的民间投资累计同比增长 9.1%，与 1~9 月持平。民间固定资产投资与全社会固定资产投资和国有控股固定资产投资的累计增速差异依旧显著，但均已呈现出逐渐收窄的发展态势。1~10 月全社会固定资产投资累计增速超出民间固定资产投资 3.4 个百分点，较第一季度和上半年分别降低了 1.1 个和 0.6 个百分点；1~10 月国有控股固定资产投资累计增速超出民间固定资产投资 7.2 个百分点，较第一季度和上半年分别回落 2.2 个和 1.1 个百分点。但民间固定资产投资占全社会固定资产投资的比重仍在持续下滑。2021 年和 2022 年的占比分别为 56.5%和 54.2%，进入 2023 年后，累计占比的降幅持续扩大，1~10 月的占比为 51.5%，是有数据记录以来的最低点，较第一季度和上半年分别回落了 3.1 个和 1.4 个百分点。

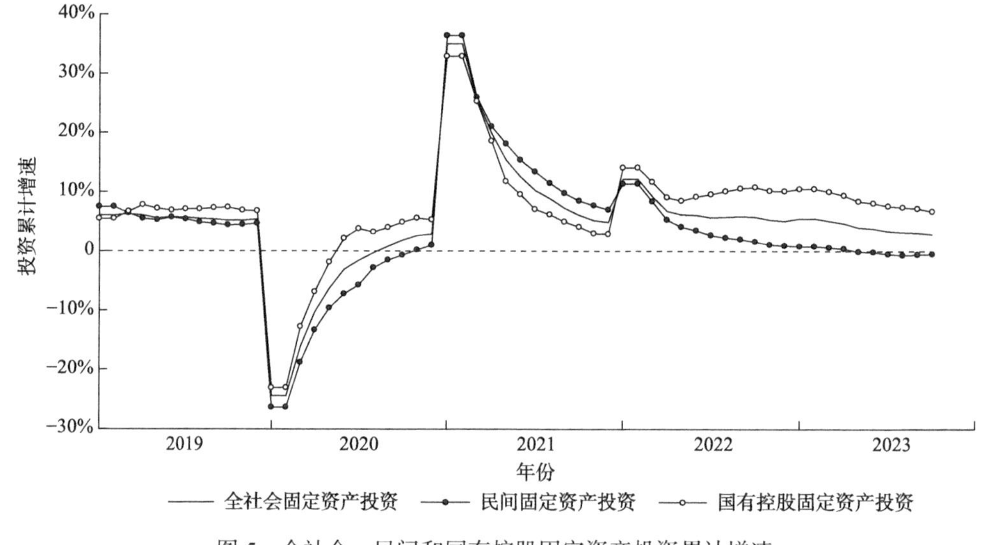

图 5　全社会、民间和国有控股固定资产投资累计增速

2023 年民间固定资产投资的下滑主要源于房地产民间投资的持续低迷。以 2017 年民间固定资产投资水平为标准，制造业和房地产业是民间投资中比重最高的两大行业，权重分别高达 44.2%和 25.2%[①]。根据国家统计局公布的 11 个行业的民间固定资产投资累计增速，截至 2023 年 10 月，有 8 个行业的民间投资累计增速高于整体民间投资，其中权重最高的制造业民间投资累计增速为 9.1%，超出整体民间固定资产投资累计增速 9.6 个百分点；电力、热力、燃气及水生产和供应业，建筑业以及交通运输、仓储和邮政业的行业民间投资累计增速相对较高，分别为 17.4%、29.6%和 13.8%，分别超出整体民间投资累计增速 17.9 个、30.1 个和 14.3 个百分点。低于整体民间投资累计增速的三个行业分别为农林牧渔业，水利、环境和公共设施管理业，以及公共管理、社会保障和社会组织业，其 1~10 月累计增速分别为−7.1%、−2.4%和−4.8%，分别低于整体民间投资累计

① “哪些行业民间投资下滑严重？”. https://cj.hczq.com/paidArticles/66102?t=1696993983878.

增速 6.6 个、1.9 个和 4.3 个百分点，但上述三个行业占民间投资的权重总和仅约 10.0%，并未对整体民间投资累计增速形成较大拖累。而权重较高的房地产业是拖累民间投资下滑最大的产业，如前所述，当前房地产市场仍处于筑底调整阶段。

制造业投资和基础设施建设投资是 2023 年民间投资的主要力量。民间制造业投资动力正逐渐由传统行业向中高端行业转变。在各项制造业民间投资中，处于产业链中下游的行业投资有较快发展，其中电气机械和器材制造业、汽车制造业以及计算机、通信和其他电子设备制造业 1~10 月的累计投资同比增速分别为 33.6%、19.3%和 12.0%。2023 年下半年制造业民间投资累计同比增速逐渐呈现出止降回升的发展态势，1~10 月累计增速较第一季度降低了 1.2 个百分点，但分别较上半年和第三季度提升了 0.7 个和 0.1 个百分点。同时，截至 2023 年 10 月，制造业民间投资 2023 年各月累计增速均超出制造业整体固定资产投资累计增速，虽然上半年二者的增速差值存在缩小态势，但下半年差值降幅已逐渐企稳回升（图 6），1~10 月制造业民间投资累计同比增速超出整体制造业投资增速 2.9 个百分点，较第三季度提升 0.1 个百分点。虽然 2023 年民间资本的投资活力存在下滑的发展态势，但制造业的内生发展动力在相关支持政策的推动下已逐渐开始恢复。

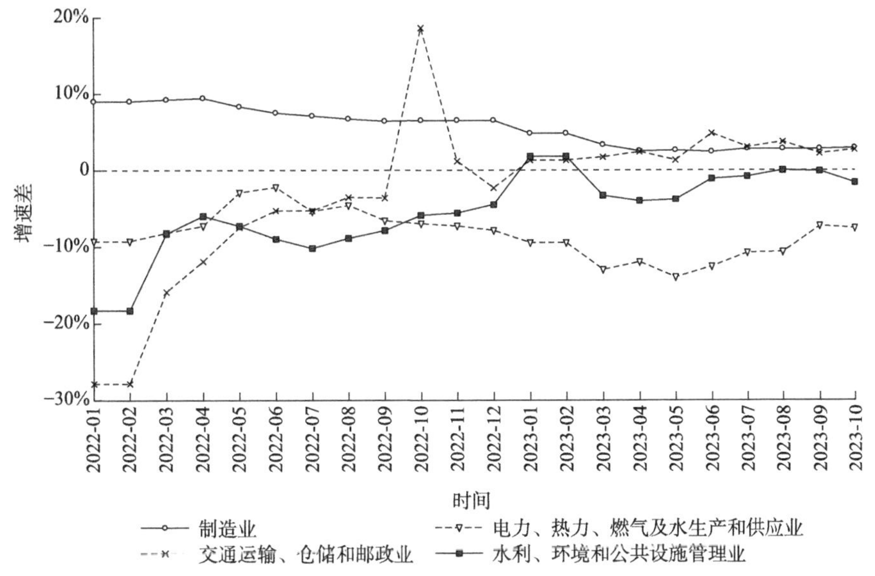

图 6　行业民间固定资产累计投资与行业整体固定资产累计投资的增速差

与基础设施建设投资相关的电力、热力、燃气及水生产和供应业，交通运输、仓储和邮政业以及水利、环境和公共设施管理业 2023 年 1~10 月的累计投资增速分别为 17.4%、13.8%和−2.4%。其中，交通运输、仓储和邮政业的民间投资累计增速水平与第三季度增速持平，且 2023 年前 10 个月的民间投资均超过整体行业投资水平。电力、热力、燃气及水生产和供应业，水利、环境和公共设施管理业分别较第三季度回落 0.3 个和 2.2 个百分点，且前者的民间投资增速水平仍远低于行业整体投资水平，反映基础设施建设投资领域的民间投资活力有待提升。

二、固定资产投资景气分析及未来走势预判

本节采用景气分析方法，首先以固定资产投资（不含农户）月度累计同比增速[①]为投资景气基准指标，进一步分析我国固定资产投资景气的周期性波动特征，然后筛选投资景气先行指标并采用国际上通用的景气合成指数方法[②]构建投资先行景气指数，以预判固定资产投资增长的未来走势。

（一）我国固定资产投资景气的周期性波动特征分析

图 7 显示（图中阴影时段为投资周期波动的收缩阶段），21 世纪以来，我国固定资产投资景气呈现出一定的周期波动特征，按照国际流行的景气转折点测定方法[③]和“谷~谷”的周期计算，我国固定资产投资景气已经历了 7 次持续时间不同且形态各异的周期性波动，目前正处于第 8 轮景气循环的收缩期。

图 7 固定资产投资累计增速与先行合成指数

分阶段来看，2000 年以来，我国投资景气波动大体经历了三个阶段。第一阶段为 2000 年 1 月至 2012 年 4 月，其主要特征是投资的高增长与高波动，在此期间的月度平均增速接近 25.7%，处于历史相对高位，波动标准差为 7.1 个百分点，显示出随着我国加快改革开放的步伐，在要素驱动型和粗放型经济增长模式没有发生根本转变的情形下，推动

① 为了准确反映投资的周期波动特征，2010 年 5 月以前的固定资产投资（不含农户）月度累计同比增速已剔除可能的季节性和不规则变动。考虑到此后该指标的季节性和不规则变动因素不明显，直接采用公布数据。

② 景气合成指数方法介绍参见《经济周期波动分析与预测方法》，高铁梅、陈磊、王金明等著，清华大学出版社 2015 年版。

③ 经济景气指标周期性波动的转折点测定方法（B-B 法）介绍参见专著同上。

经济高速增长的固定资本积累的高速扩张和一定程度的起伏波动。此阶段包含了 4 轮投资景气循环，对应时间区间分别为 2000 年 1 月~2005 年 2 月、2005 年 3 月~2007 年 2 月、2007 年 3 月~2010 年 10 月、2010 年 11 月~2012 年 4 月，相应持续时间分别为 62 个月、24 个月、44 个月和 18 个月。其中，第 1 轮周期的扩张期长达 50 个月，于 2004 年 2 月创造了 2000 年以来的投资增速最高峰值。第 3 轮和第 4 轮投资周期涵盖了应对全球金融危机采取的超强刺激政策带来的投资增长在相对高位的再扩张，以及随后的过剩产能化解和结构调整初期阶段。在第一阶段结束时，固定资产投资增长仍然处于 20.0%左右的高水平。

第二阶段为 2012 年 5 月至 2019 年 12 月，其主要特征是投资增速的趋势性回落，2019 年的固定资产投资增速降至 5.4%，较第一阶段末下降了 14.8 个百分点。该阶段的月度平均增速接近 12.0%，较第一阶段减少了 13.7 个百分点，波动标准差为 5.6 个百分点。此阶段基本包含了 3 轮投资景气循环。具体来看，第 5 轮周期的起止时间为 2012 年 5 月~2016 年 8 月，持续 52 个月，其中，始于 2013 年 3 月的收缩期长达 42 个月，创造了 21 世纪以来的最长收缩期，回落幅度达到 13.1 个百分点，呈现典型的非对称周期形态，也决定了第二阶段的趋势性回落特征。第 6 轮和第 7 轮投资周期的对应时间区间分别为 2016 年 9 月~2018 年 8 月和 2018 年 9 月~2019 年 12 月[①]，相应持续时间分别为 24 个月和 16 个月，这两轮周期均在相对低位呈现扩张期较短、波动幅度很小的微波化形态，走势比较平缓。第二阶段的投资增长走势反映出，随着我国进入工业化发展阶段的后期，经济发展进入动力转换、结构调整和减速换挡的“新常态”阶段，固定资产投资增长也相应进入趋势性减速阶段，并在相对低位开始企稳，这是导致经济增长出现结构性减速并渐趋平稳的原因之一。

第三阶段为 2020 年 1 月至 2023 年 10 月，其主要特征是新冠疫情冲击和应对疫情的宏观调控导致固定资产投资增速在短期内出现前所未有的大幅波动及其后在低位缓中趋稳。该阶段的月度平均增速接近 5.2%，较第二阶段减少了 6.8 个百分点，波动标准差高达 11.2 个百分点。从年度来看，2020~2022 年各年的年度增速分别为 2.9%、4.9%和 5.1%，逐渐接近疫情前水平，三年平均增速为 4.3%，实际上，2022 年前 10 个月的各月投资累计增速均超过疫情前水平。

该阶段主要包含尚未结束的第 8 轮投资周期。具体来看，受新冠疫情暴发的影响，2020 年前两个月，固定资产投资增速出现了前所未有的断崖式下降，创造了−24.5%的历史最低水平，以不同寻常的方式结束了第 7 轮景气收缩期。随着国内疫情得到全面控制和生产生活秩序的逐渐恢复，投资增速从 2020 年 3 月开始出现快速反弹，投资景气从历史低位进入了新一轮的快速扩张期。受 2020 年超低基数影响，2021 年 1~2 月的累计投资实现了 35.0%的超高速增长，创造了 2015 年以来的最高水平。此后，固定资产投资增长开始进入新一轮景气收缩期。虽然在 2022 年第一季度出现短暂反弹，但受疫情多次散发和房地产投资明显下滑影响，2021 年 3 月以来，投资增长总体呈现波浪形下滑态势。

① 按照通常的“谷~谷”指标周期波动测定方法，第 7 轮投资周期应结束于疫情暴发后的 2020 年 2 月，按此计算，第 7 轮投资周期的持续时间为 18 个月。

截至 2023 年 10 月，此轮投资周期已持续 44 个月，超过前 7 轮投资周期 34.6 个月的平均持续期。其中，景气收缩已持续 32 个月且尚未结束，2023 年 7~10 月的累计投资增速分别为 3.4%、3.2%、3.1%和 2.9%，下降速度有所减缓。

（二）固定资产投资先行景气指数构建及未来走势预判

长期以来，寻找较好的景气先行指标一直是经济景气和投资景气分析中的一个难点问题。本报告在以往工作基础上，重新收集并整理了大量投资及相关领域及其相关行业的同比增长率经济指标（样本区间为 2000 年 1 月~2023 年 10 月），利用 X-12 方法进行季节调整以剔除季节变动和不规则变动。然后，以固定资产投资完成额累计增速为基准指标，采用多种统计分析方法并结合各指标的经济意义及周期波动对应情况，筛选固定资产投资景气波动的先行指标。

经初步筛选，代表货币供应的广义货币 M2，以及几种重要原材料——水泥产量、生铁产量、粗钢产量和钢材产量等五个增速指标（也是经济景气的先行指标）具有一定的先行效果，且所反映的经济活动比较重要，但测算结果显示，它们较固定资产投资完成额累计增速的总体先行期只有 1~2 个月，减弱了其作为先行指标的预判作用。而以往曾经采用的贷款增速等指标近年来已基本失去先行特征，不宜继续作为先行指标使用。

为了解决满足先行条件的同比增速指标相对匮乏且先行期较短的问题，本报告基于理论分析结果并借鉴国外一些相关文献，考查了一些同比先行期较短或接近同步的指标的环比增速序列的先行性。为克服传统的环比增长率波动较大且与同比增长率在幅度上有较大差异的问题，采用下式计算各指标年化环比增长率：

$$y_t = \left\{ \left(\frac{Y_t \times 12}{\sum_{i=1}^{12} Y_{t-i}} \right)^{12/6.5} - 1 \right\} \times 100$$

其中，Y_t 为剔除季节变动和不规则变动后各指标绝对量的水平值；y_t 为本报告采用的环比增长率。该环比增长率用 t 期水平值除以此前一年的平均值再经年化处理而成，相当于 6.5 个月的环比增长率，可有效减少普通环比增长率的频繁波动。

表 1 显示，经过测算，M2 等五个环比增速指标的先行期有所增大，且与基准指标的时差相关系数基本保持不变，周期波动峰谷对应性较好，故将其作为投资先行指标以替换同比增速序列。

表 1 固定资产投资景气先行指标组

指标名称	超前期		时差相关系数	
	同比	环比	同比	环比
1. 广义货币（M2）同比/环比增速	2	6	0.74	0.77
2. 水泥产量同比/环比增速	1	4	0.78	0.70

续表

指标名称	超前期		时差相关系数	
	同比	环比	同比	环比
3. 生铁产量同比/环比增速	2	5	0.56	0.55
4. 粗钢产量同比/环比增速	1	4	0.58	0.56
5. 钢材产量同比/环比增速	1	3	0.65	0.64

由这些先行指标构建的投资景气先行合成指数见图 7，图中显示，该先行合成指数相对于固定资产投资累计增速具有较稳定的先行变动特征，经测算总体先行期为 3~4 个月。该指数在 2021 年 9 月到达样本区间最低谷底后出现一年时间的较强反弹，经过 2022 年 10 月至 2023 年 7 月的小幅回落，2023 年 8~10 月再次出现温和回升，且大概率延续回升态势。

此外，经测算和图 8 所示，本年实际利用外资到位资金累计增速（季调后）具有较好的长先行特征，平均超前期达到 17 个月。该指标自疫情暴发后转入下滑态势，且 2021 年 7 月以后几乎一直处于负增长区间，并在 2022 年 6 月创造 1997 年以来的最低水平。但此后，从 2022 年 7 月至 2023 年 7 月出现连续 13 个月的较快回升，8~10 月走势稳中略降。

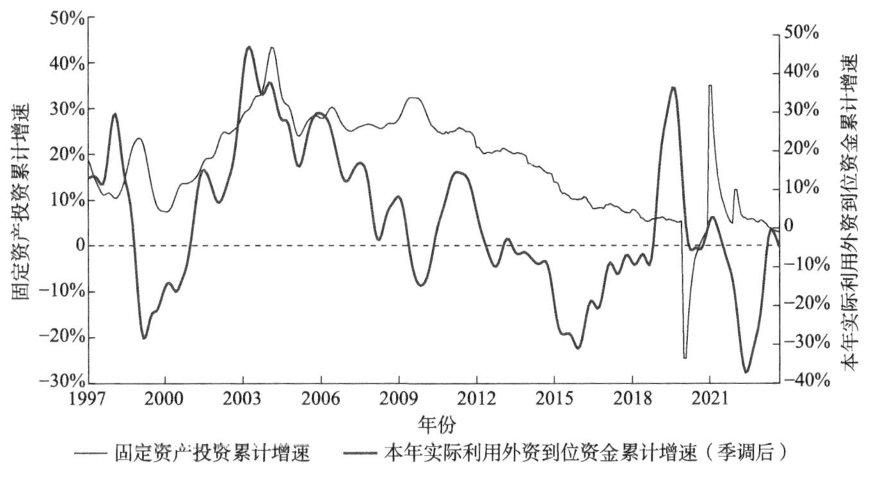

图 8　固定资产投资累计增速与本年实际利用外资到位资金累计增速

按照投资先行合成指数和本年实际到位外资增速的走势和先行期推算，结合略超前的（季调后）制造业采购经理指数已连续多月回升，固定资产投资月度环比增速 8~10 月均实现正增长，经济合作与发展组织综合领先指标进入 2023 年也处于上升趋势，预计固定资产投资增速有望在 2023 年第四季度止跌企稳，然后可能进入稳中趋升的走势，或转入新一轮的温和扩张期。

三、固定资产投资增长预测

随着万亿元特别国债等财政和金融政策调控效果的逐步显现，叠加 2022 年第四季度的投资基数较低，结合前文投资先行合成指数和经济计量模型的预测，预计 2023 年第四季度当季的固定资产投资增速有望止跌回升，全年名义增长 3.2%左右，增速较前三季度提高 0.1 个百分点，较 2022 年全年减少 1.9 个百分点；预计 2023 全年固定资产投资实际增长 6.1%以上，超过 2022 年。

展望 2024 年，如果国内不发生突发重大灾害或疫情，投资结构将继续改善，高新技术产业投资有望保持高位运行，水利、能源等重点领域补短板投资和“十四五”规划重大工程及其他经济社会重大项目建设将继续加快推进，符合高质量发展的结构转型要求。在较大概率的基准情景下，预计 2024 年各季度的累计增长率或呈温和回升走势，全年固定资产投资增长[①]4.7%左右。乐观情景下，如果已经和即将出台的稳定房地产市场等一系列强有力扩张性宏观调控政策明显起效，预计全年固定资产投资增长 6.0%左右；悲观情景下，如果政策效果较弱，市场预期和信心未得到有效扭转，预计全年固定资产投资增长 3.5%左右。

对三大领域投资走势的判断和预测如下。

1. 制造业投资可能延续恢复势头，维持较快的增长趋势

首先考察与制造业投资相关的指标。从企业利润来看，2023 年以来，全国规模以上工业企业利润总额累计同比增速降幅逐渐收窄，显示企业投资的资金来源持续改善。从企业库存来看，截至 2023 年 10 月，规模以上工业企业产成品期末同比增速已从 7 月的 1.6%缓慢反弹至 2.0%，增速已至历史较低水平，显示制造业企业或将进入补库存阶段。这些指标的改善将对制造业投资增速形成有效支持。此外，2023 年 8~10 月，制造业投资累计同比增速已开始止跌企稳回升；8 月以来制造业投资单月增速连续上行，预计上行趋势将大概率延续。

在加快建设现代化产业体系的政策导向下，数字经济、新能源等相关产业快速发展，且制造业领域的许多行业继续受益于“稳增长”政策，留抵退税及财政贴息等政策对制造业相关企业投资的支持力度有所提升，可能共同支撑制造业投资的平稳增长。与此同时，“统筹发展与安全”意味着“强链”、“补链”和产业基础再造已成为制造业投资的新动能，将是制造业投资增长的重要支撑。结合经济转型、结构调整的战略大方向，高技术制造业投资的持续景气将支撑制造业投资成为经济增长的重要拉动力量。

综合考虑以上因素以及海外需求已现企稳迹象，预计制造业投资内生增长动力将缓慢走强，2023 年第四季度温和上涨，全年增速为 6.3%左右。展望 2024 年，乐观情景下，预计制造业投资将在经济和出口增速回暖的带动下快速增长，增速为 8.3%左右；基准情

① 除特别说明外，下文预测结果提到的增长速度均为名义增速。

景下，外需依旧承压以及去库存周期尚未完全结束，都可能制约制造业企业整体投资意愿和能力，预计制造业投资增速为 7.5%左右；悲观情景下，房地产景气进一步下行，其持续深度调整将抑制相关的制造业需求和投资，同时地缘政治风险导致的制造业供应链转移可能压制制造业投资，预计全年增长 6.8%左右。

2. 基础设施建设投资随着政策托底力度的加大，有望继续保持较快增长

从资金端看，积极财政政策将进一步发力，新增专项债加速发行、一揽子化债方案、结构性减税降费等均对基建发力形成积极作用，预算资金有保障。特别是增发的一万亿元特别国债将分别于 2023 年第四季度和 2024 年第一季度分两批发行和落实，主要用于支持灾后恢复重建和提升防灾减灾救灾能力。其中，已开工项目将在 2023 年底形成一定的实物工作量，新开工项目将在 2024 年 6 月底之前开工建设，对基建的支撑效应将逐步释放。从项目端看，市政产业园区基础设施建设投资可能仍将在地方专项债中占据重要比重。随着房地产发展新模式的政策定位进一步抬升，城中村改造、保障房建设项目及相关配套基础设施建设投资大概率提速。此外，从发力方向来看，新老基建将共同发力，“平急两用”基建则作为补充，预计各地将逐步出台项目清单，并在 2024 年加速实施，将有力推动基础设施建设投资增速企稳回升。

综合以上因素，2023 年第四季度基础设施建设投资（不含电力等）增速有望止降回升，预计 2023 年全年增长 6.0%左右。2024 年外部环境依然复杂严峻，国内经济修复仍可能面临较大挑战，基础设施建设作为重要的政策工具仍将扮演“稳增长”的重要角色。乐观情景下，预计 2024 年积极财政政策将发力支持，推动基础设施建设投资（不含电力等）增速上行至 8.5%；基准情景下，预计基础设施建设投资（不含电力等）增速为 7.5%左右；悲观情景下，土地成交的持续回落将加大政府性基金收入的下行压力，加上在化解债务风险背景下地方政府的投融资机制可能更为规范化、严格化，均会在较大程度上制约基础设施建设投资的资金来源，预计基础设施建设投资（不含电力等）增速为 6.5%左右。

3. 房地产开发投资增速或再次筑底企稳，稳中趋升

2023 年 7 月下旬召开的中央政治局会议明确提出，要切实防范化解重点领域风险，适应我国房地产市场供求关系发生重大变化的新形势，适时调整优化房地产政策，促进房地产市场平稳健康发展。10 月底召开的中央金融工作会议首次提及房地产领域，释放出新一轮稳定房地产市场的调控举措，主要包括：①健全房企主体监管制度和资金监管，完善房地产金融宏观审慎管理，一视同仁满足不同所有制房企合理融资需求；②因城施策用好政策工具箱，更好支持刚性和改善性住房需求；③加快保障性住房、城中村改造、“平急两用”公共基础设施等“三大工程”建设；④构建房地产发展新模式。

从房地产投资相关指标来看，2023 年 7~10 月，房地产开发投资当月同比增速已出现止跌企稳迹象，但仍处于低位。商品房本年新开工面积在 2022 年大幅下降 39.4%的基础上，2023 年 1~10 月继续缩减 23.2%，但降幅较 7 月、8 月、9 月累计增速分别收窄 1.1 个、1.0 个和 0.2 个百分点，出现止跌回升苗头。经筛选，反映房地产开发前端的 100 个大中城市成交土地面积当月同比增速和累计同比增速（季调后）相对房地产开发投资累计增速有一定的超前变动特征，分别大体超前 5 个月和 2 个月。100 个大中城市成交土地面积累计增速自 2022 年 6 月以来一直保持低位小幅平稳波动的走势，而当月增速在 2023 年 6 月创历史新低后，已连续 4 个月小幅回升。如果该先行指标的回升走势能够延续，则可以在一定程度上推断，房地产开发投资增速有望在 2023 年第四季度触底，然后在低位大体走稳或稳中略升。

同时应该看到，在房地产市场供求关系发生重大变化的新形势下，尽管近期“认房不认贷”、降低首付比例、放开限购限售等一系列稳楼市组合政策密集出台，将在一定程度上助推房地产销售企稳，但市场预期和信心仍未得到有效扭转，政策效果仍待观察，恒大等民营房地产企业的群体性爆雷事件对市场的负面冲击短期内恐难以消除，房地产投资企稳复苏仍然存在较大不确定性。2023 年商品房销售额累计同比增速在 2022 年大幅下降 26.7%的基础上，虽然在 1~4 月曾恢复至 8.8%的正增长，但此后又出现下滑走势并重回负增长区间，1~10 月增长−4.9%；同期，房地产企业到位资金累计同比在 2022 年大幅下降 25.9%的基础上又下降 13.8%，降幅较上半年扩大 4 个百分点，显示 2023 年房地产企业商品房销售和开发资金增速虽出现企稳态势，但资金压力仍然很大。同样，房地产开发前端的企业拿地、新开工意愿虽出现一定边际改善迹象，但尚未发生实质性好转。

综合考虑以上因素，预计房地产开发投资增速或在 2023 年第四季度或 2024 年第一季度再次筑底，预测 2023 年房地产开发投资增速或在−9.5%左右。展望 2024 年，乐观情景下，如果关于房地产市场发展政策的具体方案逐步出台并明显生效，预计全年房地产开发投资增速有望提升至−3.0%左右；基准情景下，预计全年增速温和回升至−6.0%左右；悲观情景下，若房地产销售端的改善程度低于预期，出现新的头部房企暴雷，则房地产市场将仍然处于筑底阶段，全年增长−9.0%左右。

四、政 策 建 议

当前，房地产市场仍处于筑底调整阶段，民间投资信心和经济发展内生动力尚有待恢复，外部环境仍面临较大不确定性，需继续实施扩张性的财政政策与货币政策，有力提振实体经济的信心。一方面，要加力提效实施积极的财政政策，把政策集中在“稳投资”的重点领域和关键环节，精准发挥财政资金的杠杆作用；另一方面，要精准有力实施货币政策，加大跨周期和逆周期调节力度，为企业发展创造良好的货币金融环境，增强金融对实体经济的带动，激发企业发展活力。

（一）持续加力优化房地产政策，稳定房地产市场发展

在现阶段房地产市场的供求关系发生重大变化的形势下，为了尽可能减少房地产市

场下行对固定资产投资和宏观经济景气的拖累影响，应继续加大力度优化房地产政策，提振房地产市场信心，化解房地产市场风险，多方位稳定房地产市场发展。

第一，进一步优化房地产需求端。推动各地积极从当地实际出发，因城施策用好政策工具箱，支持刚性和改善性住房需求。通过“认房不认贷”、下调首付比例和存量房贷利率、降低交易税费等一系列政策措施，降低居民购房门槛和购房成本，缓解提前还贷现象，提高资金利用率，充分释放合理住房需求，稳定居民预期。

第二，全力防范房地产企业的债务违约风险。在金融监管方面，加速完善房地产金融宏观审慎管理体系，加快健全房企主体和资金监管制度，做好房地产领域的整体风险防控，保障房企融资渠道的总体稳定。在流动性方面，应坚决落实相关要求，满足不同所有制房企的合理融资需求，鼓励地方政府合理收购过量商品房转为保障性住房，缓解房企流动性压力；积极创新融资方式并扩大融资范围，加大对可持续运营的开发商企业的融资支持力度，避免其陷入流动性陷阱。在房企债务问题方面，积极鼓励并引导已出现债务隐患的房地产企业进行债务重组，通过债转股等方式压减债务规模，加快推进严重资不抵债的房企的破产重整进程或对其实行临时国有化。

第三，加快优化住房供给结构并鼓励房地产企业积极参与。加快保障性住房的建设和供给，将保障性住房和“城中村改造”、“平急两用”公共基础设施建设结合起来统筹推进，全力构建新的住房体系供给结构和房地产行业发展新模式。积极引导房地产企业参与“三大工程”建设，尽快完善配套的法律法规，保障开发商权益，通过税收等优惠政策降低开发商对“三大工程”建设的投资成本，支持开发商通过开发后的长期运营提升企业收益。

第四，鼓励房地产企业积极转型。积极引导和帮助房地产企业建立新的发展模式，从单一建筑开发转向代建业务、资产管理业务、经纪业务、租赁业务等多业态发展模式；建立房屋从开发建设到维护使用的全生命周期管理机制，建立房屋体检、房屋养老金、房屋保险等制度，形成房地产市场发展新格局。

（二）多措并举鼓励民间投资，提高民间投资信心

为了有效解决民间投资增速放缓，民间投资占比不断下降的问题，进一步激发民间投资活力，需继续发挥政府投资和政策激励的引导作用，有效带动和激发民间投资，提振民间投资信心。

第一，提高政府与民企的沟通效率，构建常态化沟通机制。坚决落实《中共中央国务院关于促进民营经济发展壮大的意见》中各项针对民间投资的支持性措施，强化部门协同与央地联动，提高政府部门与民营企业间的沟通协调效率，破除民间投资的隐形壁垒，规范市场竞争。同时，充分发挥民营经济发展局的作用，即时追踪民营企业发展状况，加强对民营企业的项目推介和对接服务，缓解企业信息不对称问题，建立与民营企业的常态化沟通交流机制，为民营企业提供更加多样化的投资选择。

第二，在法律层面护航民营经济发展。坚决落实《关于优化法治环境促进民营经济发展壮大的指导意见》，努力解决知识产权保护不足和司法地位平等性欠佳等民营企业面

临的突出问题，鼓励地方政府积极探索并出台围绕民营经济发展的地方性条例，做到依法保护民营企业发展，营造公平竞争的法治环境，构建可预见的、稳定的监管环境，通过法治的确定性稳定市场预期、提升民营企业发展信心。

第三，进一步推动并优化金融机构对民间投资的支持力度。应尽快贯彻落实中央金融工作会议精神，充分发挥金融服务实体经济的作用，持续加力推动“三支箭”政策落地，满足民营房企的合理融资需求。鼓励金融机构成立专门服务中小微企业的相关部门，提供差异化和创新化的金融支持，提高对民营企业的覆盖广度，为民营企业提供更加优质的金融服务。

第四，鼓励民营企业参与基础设施领域不动产投资信托基金（REITs）。完善 REITs 的配套支持措施，为参与 REITs 的民营企业提供财政政策支持或税收减免，并加大支持政策的宣传力度，支持更多民间投资项目发行基础设施 REITs，提升民营企业的杠杆水平，提高企业的再投资能力。

（三）精准扩大制造业有效投资，保障基础设施建设投资的可持续性

（1）扩大先进制造业投资，提高制造业投资效率。制造业是实体经济的基础，实现制造业高质量发展对实现经济高质量发展、增强经济内生动力有重要意义。在当前生产价格指数降幅逐渐收窄，制造业利润的下降速度趋缓的背景下，应积极采取措施进一步稳定和扩大制造业投资，提振制造业投资信心。第一，继续扩大先进制造业领域投资。鼓励各地结合当地实际和资源禀赋优势大力推进先进新兴产业集群发展。继续加大制造业中长期贷款的投放力度，坚持采取增值税加计抵减政策等财政政策，帮助先进制造业企业降低经营成本，改善企业盈利状况。多角度加快制造业向数字化、绿色化转型发展，增加制造业有效投资需求。第二，缓解中小制造业企业投融资困境。进一步推动完善中小企业投融资服务体系，引导金融资源加大对中小制造业企业的支持力度，助力中小企业对接多层次资本市场，发挥国家中小企业发展基金的作用，提高企业直接融资能力，缓解中小制造业企业的生存压力。第三，鼓励制造业企业提高投资效率。鼓励制造业企业通过技术和设备革新升级等方式提高生产效率、降低生产成本，稳定企业利润，调动制造业企业的投资积极性。第四，集中力量攻破制造业核心技术。充分发挥政府的组织引导作用，围绕制造业重点产业链，增加关键核心技术的攻关投资，提高自主研发能力，鼓励加速行业发展，提高制造业企业的国际竞争力。

（2）保障基础设施建设投资的可持续性，充分发挥基建的“压舱石”作用。基础设施建设投资是现阶段宏观政策逆周期调节的主要发力点，应尽力保持和提高基建投资的可持续性和投资效率。第一，保持基础设施建设投资的可持续性。在提高地方政府专项债的发行速度基础上，加强专项债的项目储备、投后管理与资金衔接，充分利用政策性开发性金融工具，保持基础设施建设投资流动性的合理充裕，保障重大基建项目建设的高效、高质量推进。第二，提高基础设施建设投资效率。进一步提高基建项目的审批效率，提高中央政府对基础设施建设投资的支持力度，加快推进万亿元国债对应的灾后重建等领域基建项目的落地，并及时落实对地方财政的转移支付，缓解地方政府债务负担。

第三，释放基础设施建设投资活力。完善大型基建项目的准入和退出机制，积极引导民间投资参与基建设施投资，鼓励民间投资参与“城中村改造”等大型基建项目，将民间资本作为基建领域财政资本的重要补充，缓解财政压力，释放基建，尤其是“新基建”领域的投资活力。

2023 年中国进出口形势分析与 2024 年展望

魏云捷　张　珣　王修臻子　汪寿阳

报告摘要：2023 年 1~10 月，我国进出口总额（按美元计价）为 4.90 万亿美元，同比下降 6.1%；其中，出口总额为 2.79 万亿美元，同比下降 5.9%，进口总额为 2.11 万亿美元，同比下降 6.5%；贸易顺差为 6 840 亿美元，比 2022 年同期缩小 277 亿美元。在世界经济缓慢复苏，主要经济体不发生债务危机，中美经贸关系维持现状，我国经济稳定增长的基准情景下，预计 2024 年我国进出口总额约为 6.0 万亿美元，同比增长 0.7%；其中，出口总额约为 3.40 万亿美元，同比上涨 0.28%，进口总额约为 2.60 万亿美元，同比上涨 1.29%，贸易顺差约为 8 051 亿美元。乐观情景下，预计 2024 年我国出口和进口增速较基准情景下分别上升 2.09 个百分点和 1.79 个百分点；悲观情景下，2024 年我国出口和进口增速较基准情景下分别下降 2.13 个百分点和 2.36 个百分点。

一、2023 年 1~10 月我国进出口形势回顾与分析

（1）全球主要经济体衰退风险增大，外需疲软，叠加产业链向外转移，2023 年 1~10 月进出口贸易明显下降。按美元计价，2023 年 1~10 月，我国进出口总额为 4.90 万亿美元，同比下降 6.1%；其中，出口总额为 2.79 万亿美元，同比下降 5.9%，比 2022 年同期增幅下降 16.0 个百分点，进口总额为 2.11 万亿美元，同比下降 6.5%，较 2022 年同期涨幅下降 9.5 个百分点；贸易顺差为 6 840 亿美元，比 2022 年同期缩小 277 亿美元。

按人民币计价，2023 年 1~10 月，我国进出口总额为 34.3 万亿元，同比下降 0.15%；其中，出口总额为 19.6 万亿元，同比上升 0.1%，比 2022 年同期增幅下降 12.0 个百分点，进口总额为 14.77 万亿元，同比下降 0.5%，比 2022 年同期涨幅下降 5.2 个百分点；贸易顺差为 4.79 万亿元，比 2022 年同期扩大 896 亿元。

（2）加工贸易进出口总额占我国外贸比重下降，一般贸易占比震荡上升。2023 年 1~10 月，一般贸易进出口总额为 3.18 万亿美元，同比下降 5.3%；其中，一般贸易出口额为 1.80 万亿美元，同比下降 5.4%，一般贸易进口额为 1.37 万亿美元，同比下降 5.1%。2023 年 1~10 月，加工贸易进出口总额为 8 976 亿美元，同比下降 15.8%；其中，加工贸易出口额为 5 812 亿美元，同比下降 14.4%，加工贸易进口额为 3 164 亿美元，同比下降 18.3%。受我国产业结构调整及发达国家制造业回流等因素影响，加工贸易占我国外贸比重逐年下降，一般贸易所占比重持续增加。2023 年 1~10 月，我国加工贸易进出口总

额占进出口总额比重是 18.3%，较上年同期占比下降 2.11%，而一般贸易占比是 64.9%，占比上升 0.56%。

（3）受外需强烈收紧的影响，绝大多数商品出口额呈现下降趋势；在全球倡导碳中和、能源供应链脆弱、国内技术迭代更新的推动下，汽车及绿色低碳产品出口金额大幅上涨。2023 年 1~10 月，纺织品、服装出口额分别为 1 126 亿美元、1 332 亿美元，同比分别下降 10.4%和 9.8%。同期，机电产品出口额为 1.63 万亿美元，同比下降 4.4%，高新技术产品出口额为 6 904 亿美元，同比下降 13.6%。其中，汽车及绿色相关产业出口增速亮眼：电动载人汽车、汽车包括底盘累计出口额分别为 346 亿美元和 829 亿美元，同比增速分别为 92.0%和 77.8%；锂电池、汽车轮胎、汽车零配件累计出口额分别为 542 亿美元、152 亿美元和 729 亿美元，同比增速分别为 36.3%、11.6%和 8.2%。

（4）叠加 2022 年同期的高基数效应，2023 年以来我国与主要贸易伙伴的进出口交易额均有所下降，但东盟仍为我国第一大贸易伙伴。自 2020 年 2 月以来，东盟超越欧盟，成为我国第一大贸易伙伴。2023 年 1~10 月，中国与东盟双边贸易额为 7 473 亿美元，同比下降 6.4%，其中，出口同比下降 7.6%，进口同比下降 4.8%，但仍为我国第一大贸易伙伴。欧盟为我国第二大贸易伙伴，2023 年 1~10 月，中欧双边贸易额达 6 553 亿美元，同比下降 7.9%；其中，出口同比下降 11.0%，进口同比下降 1.6%。美国为我国第三大贸易伙伴，2023 年 1~10 月，中美双边贸易额为 5 508 亿美元，同比下降 13.9%；其中，出口同比下降 16.1%，进口同比下降 6.6%。此外，2023 年 1~10 月，中日双边贸易总额为 2 628 亿美元，同比下降 12.4%；其中，出口同比下降 9.0%，进口同比下降 15.5%。顺差方面，对东盟、欧盟和美国的贸易顺差较 2022 年同期分别下降 14.7%、20.6%和 20.1%，对日本由 2022 年同期的贸易逆差转为贸易顺差。

二、2023 年和 2024 年中国进出口预测

预计 2023 年我国进出口总额约为 5.95 万亿美元，同比下降 4.96%；其中，出口总额约为 3.39 万亿美元，同比下降 4.64%，进口总额约为 2.56 万亿美元，同比下降 5.38%，贸易顺差约为 8 286 亿美元。

展望 2024 年，外部需求复苏不容乐观，商品贸易下行风险突出，国内外经济形势面临着很大的不确定性。因此，在分三种情景的基础上预测 2024 年我国进出口形势：①基准情景，假设 2024 年我国 GDP 增速在 5.3%左右，世界经济增速缓慢复苏，主要经济体不发生债务危机，中美经贸关系维持现状；②乐观情景，假设 2024 年我国 GDP 增速在 5.8%左右，世界经济复苏较为强劲，中美经贸关系向好发展；③悲观情景，假设 2024 年我国 GDP 增速在 4.5%左右，世界经济发生较为严重的经济衰退或主要经济体发生债务危机，中美经贸摩擦加剧。主要预测结果如下。

（1）在基准情景下，预计 2024 年我国进出口总额约为 6.0 万亿美元，同比增长 0.7%；其中，出口总额约为 3.40 万亿美元，同比上涨 0.28%，进口总额约为 2.60 万亿美元，同

比上涨 1.29%，贸易顺差约为 8 051 亿美元。

（2）在乐观情景下，预计 2024 年我国进出口总额约为 6.1 万亿美元，同比增长 2.7%；其中，出口总额约为 3.47 万亿美元，同比上涨 2.4%，进口总额约为 2.64 万亿美元，同比上涨 3.1%，贸易顺差约为 8 303 亿美元。在乐观情景下，2024 年我国出口和进口增速较基准情景下分别上升 2.09 个百分点和 1.79 个百分点。

（3）在悲观情景下，预计 2024 年我国进出口总额约为 5.9 万亿美元，同比下降 1.5%；其中，出口总额约为 3.33 万亿美元，同比下降 1.9%，进口总额约为 2.53 万亿美元，同比下降 1.1%，贸易顺差约为 7 932 亿美元。在悲观情景下，2024 年我国出口和进口增速较基准情景下分别下降 2.13 个百分点和 2.36 个百分点。

三、值得关注的问题

（1）2024 年外部经济形势严峻，我国出口压力重重。目前，发达经济体的经济前景呈现差异，美国经济增长数据偏强劲，劳动力成本居高不下，美联储政治偏鹰；非美发达经济体则呈现出不同程度的“类滞胀”格局。预计 2024 年，欧美仍将持续紧缩货币政策并长期保持高利率，将对经济增长造成负面影响。2023 年 9 月美联储议息会议公布的经济展望报告显示，2024 年联邦基金利率预计区间为 4.4~6.1，2024 年可能还将加息 50 点。2025 年的利率区间为 2.6~5.6，高利率水平可能还将持续两年。10 月欧洲央行议息会议在连续 10 次加息后，首次暂停加息，保持 4%存款利率不变。高利率挤压家庭存款和企业利润。美联储 9 月议息会议对 2023 年 GDP 预测区间为 1.9~2.2，2024 年预测区间为 1.2~1.8。欧洲的经济增长弱于美国，欧洲央行预计欧元区 2023 年 GDP 增长为 0.7%，2024 年为 1.0%。一方面，疲软的外部经济增长和持续高利率将伤害消费与投资需求，进而影响我国出口增长；另一方面，受产业向外转移影响，欧美进口国别结构改变，欧美自我国进口占比也在降低。此外，叠加美国 2024 年大选和中东地区地缘政治风险加剧的影响，2024 年我国出口的外部需求增长具有极大的不确定性。

建议：①密切关注与监测欧美经济形势发展，尤其是关键问题如利率、美债收益率等，谨防欧美爆发新型经济危机，扰动全球经济稳定。②积极参与多边贸易协定，降低贸易壁垒，扩大市场准入，提高出口机会，降低出口企业的贸易成本。具体包括减少关税、简化贸易手续和提供出口补贴等措施。③积极参与国际合作项目，加强与其他国家的经济政策协调，如跨国研发合作、技术转移和人员交流，以提高产业竞争力和国际市场份额，确保在不同经济体之间维护开放的贸易环境。

（2）美国对我国进口依赖度下行明显，份额向墨西哥、东南亚、欧洲等地区分散，加剧了我国出口下降。根据美国经济分析局的数据，1~8 月美国自中国进口占总进口的比重为 13.8%，较上年同期占比下降 3.74%。同一时期，美国自墨西哥、欧盟的进口占总进口比重分别上升了 1.76 个和 2.53 个百分点，体现了美国对华“贸易脱钩”计划取得实质进展。2020 年到 2022 年期间，全球对中国的进口依赖度迅速提高，但到了 2023 年初，中国的生产端相对优势下降，导致进口依赖度回归到正常水平。这也导致了我国出口的下降主要体现为加工贸易出口的下降。根据我国海关统计，1~9 月以美元计价的我国累计一般贸易出口额同比下降 5.2%，来料加工和进料加工出口额分别同比下降 19.8% 和 14.4%。

建议：①搭建内外贸供需对接平台，畅通企业“出口转内销”的渠道，为企业打通国内外市场提供便利；推动数字化和自动化技术在生产和供应链管理中的广泛应用，以提高生产效率和降低成本。②加强贸易多元化，鼓励企业寻找新兴市场和贸易伙伴（如东盟、俄罗斯、中西亚和北非），减少对特定国家或地区的过度依赖，侧重“一带一路”共建国家发掘新的出口市场与出口增长点，以应对传统美欧发达经济体的需求减少，降低进口依赖度的风险。

（3）中美元首会晤有利于稳定中美关系，但是仍需正视中美经贸摩擦问题升级的可能性，叠加高科技领域“脱钩”，对我国外贸造成潜在风险。2023 年 11 月中美元首会晤有利于推动中美关系朝着健康、稳定、可持续的方向前进，但仍需要正视中美关系中存在的风险和挑战，特别是中美经贸摩擦问题。特朗普时期，美国政府对华贸易政策的重点是通过施加惩罚性关税限制美国自中国进口，签订贸易协定要求中国购买美国商品，以达到降低美国对中国的贸易逆差和促使美国制造业回流的目的。拜登时期，美国政府基本延续了特朗普政府的关税政策，但对我国贸易政策的重点转移到对敏感行业投资限制和高科技产品出口限制。未来一段时期美国政府仍可能出台对华经贸壁垒政策，包括：①讨论撤销我国最惠国待遇。对我国最惠国待遇的讨论，已经成为美国两党政治斗争的需要。最近的一次相关议案是在 2023 年 3 月由国会共和党联邦参议员乔什·霍利提出。②特朗普时期因疫情而豁免关税的项目到期后不允许延长，以及提出新的惩罚性关税。③以国家安全的名义，对先进制造业、人工智能、半导体产业等高科技领域提出更严格、更广泛的出口与对外投资限制。④指责我国操纵汇率。美国财政部每半年发布汇率报告，在 2023 年 6 月的报告中，我国继续被列为汇率操纵观察国。⑤汽车产业出口。我国汽车出口增速较快也可能成为新的贸易冲突高发产业。

建议：①加强对涉美出口管制的企业开展法律法规培训，避免经营风险；②深入研究世界贸易组织、美国国内的相关法律法规，在适当的时机可提出诉讼，用法律手段避免不合理的贸易限制政策；③详细评估中美贸易壁垒对美国企业及就业的影响，研究成果可为美国企业及相关工会积极游说美国国会放宽向我国出口和投资的限制提供佐证；④正面应对加工贸易和劳动密集型产业的向外转移，保护高附加值产业，促进国内产业升级。

（4）技术创新与新产品助力我国出口复苏。受劳动力成本提高等因素影响，我国传统的劳动密集型产品在全球市场上逐渐失去竞争优势，但近期技术突破和新手机型号的集中发布相互交汇，为我国的出口行业带来了一股强劲的复苏势头；与此同时，中低附加值产业链的出口经历了一定的修复性改善，进一步推动了整体的出口增长。半导体电子产业链方面，技术突破有望减轻外部的“脱钩断链”政策所带来的压力。展望国际局势，除美国对各类产品的进口依赖度普遍下降外，欧盟对我国的新能源以及电气设备等产品的进口依赖度不断上升，其中新能源设备的依赖度已经成为最高的品类。此外，日本、韩国、澳大利亚和加拿大对我国的生产类机械的进口依赖度整体上升。在发展中经济体方面，东盟国家对我国各类产品的进口依赖度自 2018 年以来全面上升，尤其是生产类机械的依赖度上升速度较快。墨西哥对我国的生产类机械的进口依赖度也出现了显著增长，而巴西、土耳其、印度等国也呈现出类似的趋势。这一趋势表明，技术创新与市场需求的相互推动，为我国的出口产业带来了有力的动力，有望继续推动国际贸易的增长，为我国宏观经济注入活力。

建议：①传统劳动密集型产品的出口高增长周期已经过去，但高新技术产品、机电产品的出口，如新能源汽车等，可能产生新的增长点。应积极关注世界科技进步与产业前沿，及时发现和培养新的需求。②鼓励企业加强研发和创新，提高产品附加值，满足高端市场的需求，提高营利能力，从而增强竞争力和减少对原材料和低附加值产品的依赖。③加强国际合作，围绕我国供应链安全制定相关政策，确保供应及时、有效，降低对地缘政治和自然灾害等因素的敏感度，以减轻贸易中断和供应链风险的影响。

2023 年中国最终消费形势分析与 2024 年展望[①]

刘秀丽　窦羽星　郇松桦　承子杰　李一杉

报告摘要： 近年来，我国最终消费支出占 GDP 的比重基本呈稳步上升的趋势。2023 年前三季度，我国最终消费支出对 GDP 增长贡献率累计值达到 83.2%，高于资本形成总额 53.4 个百分点，继续发挥了稳定我国经济运行的“压舱石”作用。

2011~2022 年我国居民消费占最终消费的比例在 69.5%~73.9%波动，2022 年居民消费支出占比达 69.8%，较 2021 年下降 0.9 个百分点。2011~2022 年我国政府消费占最终消费的比重整体呈波动中小幅增加的趋势，2019~2022 年 4 年的平均占比为 30.0%。2023 年地方政府土地财政收入受地产拖累。截至 2023 年第三季度，全国一般公共预算累计支出达 197 897 亿元，同比增长 3.9%，较 2022 年同期 6.2%的同比增速有所下降。

收入是决定居民消费水平最直接、最主要的因素。2011~2022 年我国城镇居民可支配收入保持着 7.7%的名义年均增幅，同期农村居民可支配收入名义年均增幅高达 10.1%。截至 2023 年第三季度，全国居民人均可支配收入 29 398 元，比 2022 年同期名义增长 6.3%，扣除价格因素，实际增长 5.9%。其中，城镇居民人均可支配收入 39 428 元，同比名义增长 5.2%，实际增长 4.7%；农村居民人均可支配收入 15 705 元，同比名义增长 7.6%，实际增长 7.3%。

最终消费利好因素主要有：国家连续出台多项措施以恢复和扩大消费；网络零售市场形势持续向好，释放了潜在消费需求；“90 后”“00 后”的互联网消费主体地位进一步深化，不断推动我国电商线上经济发展；用户对国潮商品的热度持续不减；对健康和户外活动类产品的消费需求越来越高；提升家庭生活质量的消费占比增长明显；财政部加力提效实施积极的财政政策。消费者信心指数偏低，居民储蓄意愿较高，人口老龄化、地产行业不景气等是制约 2024 年我国最终消费增长的主要因素。其他制约因素还包括社会保障体系仍需完善、有效供给不足、新型消费存在乱象、管理机制尚不完善等。

基于对最终消费总额及其结构变动趋势和主要影响因素的分析，本报告运用分项加合预测方法，结合专家经验，对我国最终消费进行了预测。预计 2023 年我国最终消费同比名义增速约为 5.3%；2024 年我国最终消费的同比名义增速为 4.2%~5.1%。

① 本报告得到国家社会科学基金及国家自然科学基金（项目编号：71874184）的资助。

一、引　　言

2023 年在全球经济面临着新冠疫情的持续影响、通胀的风险上升、货币政策的收紧预期、地缘政治的紧张局势、能源和大宗商品的价格波动等多重压力的背景下，中国坚持以习近平同志为核心的党中央坚强领导，通过全国上下的共同努力，我国经济持续恢复向好，高质量发展扎实推进，社会大局保持稳定。2023 年前三季度，我国 GDP 达 91.3 万亿元，同比增长 5.2%，预计我国经济增速在主要经济体中仍将名列前茅，继续成为世界经济增长的重要引擎和稳定力量。2023 年前三季度，我国最终消费支出对 GDP 增长贡献率累计值达到 83.2%，高于资本形成总额 53.4 个百分点，继续发挥了稳定我国经济运行的“压舱石”作用。

在复杂的国际背景及我国经济转型升级的重要阶段，分析最终消费的变化趋势及其关键影响因素，预测 2024 年我国的最终消费增速，对我国加快新发展格局的构建，促进国内大循环和国际双循环的良性互动，提高经济的内生动力，制定推动经济由高速增长转向高质量发展的政策措施具有重要参考价值。

二、最终消费及相关影响因素的变化趋势

（一）最终消费支出对 GDP 增长贡献率的变化趋势

近年来，我国最终消费支出对 GDP 增长贡献率在−6.8%~66%波动，2020 年受新冠疫情冲击影响，占比处于历史低值−6.8%，为近年最低水平（图 1）。随着经济生产的恢复以及稳增长、促消费政策效应释放，消费需求逐渐上涨。2023 年前三季度，我国最终消费支出对 GDP 增长贡献率累计值达到 83.2%，高于资本形成总额 53.4 个百分点，位于历史高位水平。与此同时，与 2022 年同期相比，前三季度消费活跃，各季度最终消费支出对 GDP 增长贡献率均稳定在 60%以上。

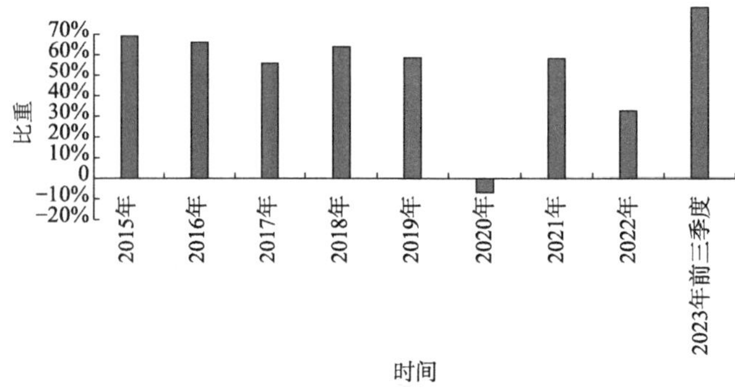

图 1　我国最终消费支出对 GDP 增长贡献率

资料来源：国家统计局

（二）社会消费品零售总额变化趋势

2023 年社会消费品零售总额受一系列稳增长、促消费、调预期政策影响增长强劲，恢复势态良好。1~10 月每月增速都稳定在 2.5%以上，整体趋势稳中有进。2023 年 4 月达到增速复苏高峰，社会消费品零售总额当月值为 34 910.5 亿元，同比增长 18.4%，增速较 1~2 月提升了 14.9 个百分点。2023 年 1~10 月，社会消费品零售总额累计值达 385 440 亿元，较 2022 年同比增长 6.9%（图 2）。

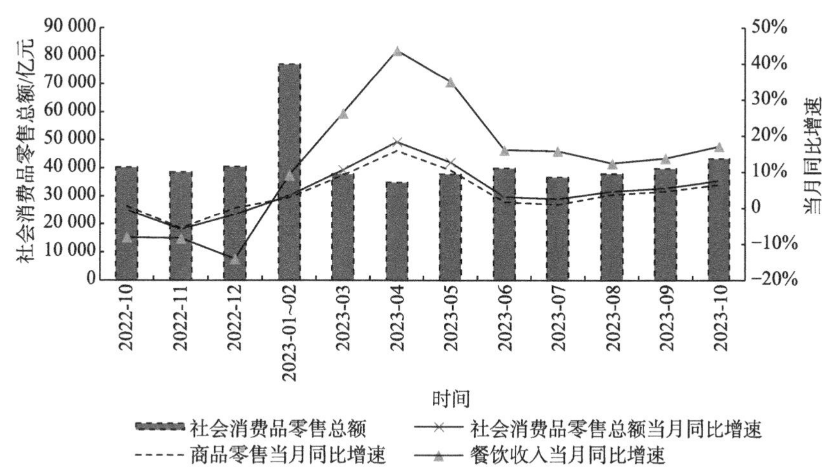

图 2　社会消费品零售总额及商品零售、餐饮收入等当月同比增速

资料来源：国家统计局

2023 年 1~10 月，餐饮收入为 41 904.6 亿元，同比增长 18.5%，尤其在 2023 年 4 月，同比增速达 43.8%。随着促消费政策的持续发力，餐饮市场繁荣活跃，餐饮服务消费仍具有较大增长空间。商品零售达 343 535.4 亿元，同比增长 5.6%。在限上单位商品零售中，消费结构逐渐向疫情前恢复，粮油食品类增速稳中有进，基本保持在 5.0%左右；金银珠宝类、服装类增速较快，保持在 10.0%以上；体育、娱乐用品类，化妆品类，中西药品类等商品呈现较大发展潜力，截至 2023 年 10 月，三类商品零售额累计值为 944.5 亿元、3 291.3 亿元与 5 467.9 亿元，分别同比增长 9.9%、6.2%、8.7%。与此同时，文化办公用品类和建筑及装潢材料类商品发展欠佳，截至 2023 年 10 月，分别出现了 5.5%、7.5%的下降。

从城镇和农村社会消费品零售总额来看，从 2023 年 1 月逐渐复工复产以后，城镇与农村社会消费品零售总额恢复势头迅猛，消费需求强劲。1~10 月城镇社会消费品零售总额增速保持在 2%以上，农村社会消费品零售总额增速保持在 3%以上。特别地，2023 年 3 月、4 月、5 月，两者增速复苏达到了高峰，增速均在 10%以上（图 3）。

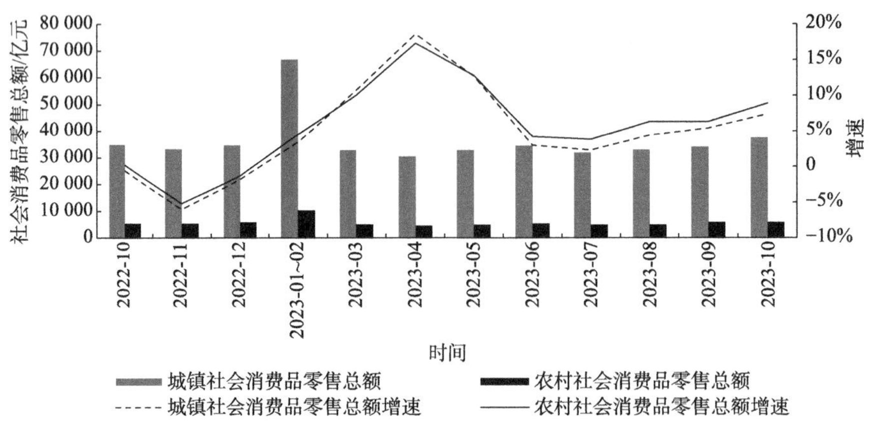

图 3 城镇和农村社会消费品零售总额及增速

资料来源：国家统计局

（三）网络零售市场发展趋势

网络零售进一步推动了我国消费市场主体数字化转型，培育了数字经济新动能，并促进新业态、新零售向纵深方向发展，逐步完善产业链、供应链、价值链。2023 年，我国网络零售市场形势持续向好，拉动消费势头明显。2023 年 1~10 月，全国网络零售额累计达 122 914.7 亿元，同比增长 11.2%，占商品零售额的 35.8%；实物商品网上零售额达 103 009.7 亿元，同比增长 8.4%（其中吃类商品增长 11.3%，穿类商品增长 7.6%，用类商品增长 8.2%），占商品零售额的 30.0%。商务部统计数据显示，2023 年上半年农村网络零售保持良好增长，全国农村网络零售额达 1.12 万亿元，同比增长 12.5%；农村实物商品网络零售额 1.02 万亿元，同比增长 11.3%；农产品销售态势持续恢复，全国农产品网络零售额达 0.27 万亿元，同比增长 13.1%①。

诞生于 2009 年的“双十一购物节”在促进经济双循环及疫情经济复苏过程中发挥了重要作用。与 2022 年同期的“双十一购物节”相比，2023 年“双十一购物节”企业市场中，天猫、京东仍占主要份额，拼多多及其他小微电商 B2C 企业发展潜力不容小觑（图 4）。

根据星图数据统计，2023 年“双十一购物节”当日（11.10~11.11）全网交易额达 2 776.5 亿元，同比下降 9.7%（图 5），产生包裹共 10.2 亿个，平均包裹单价达 272.21 元（图 6），同比上升 8.4%，约比 2019 年提高了 10.0%②。星图数据显示，从不同途径销售方式看，2023 年“双十一购物节”期间（10.31~11.11，京东起始时间为 10 月 23 日 20:00），直播电商销售额达 2 151 亿元，同比上升了 18.6%；新零售销售额达 236 亿元，同比上升了

① 商务部电子商务司负责人介绍 2023 年上半年网络零售市场发展情况. https://www.gov.cn/lianbo/fabu/202307/content_6893264.htm，2023-07-20.

② 双 11 平台战报增长另一面：有商家吐槽氛围感弱销售远不及以往. https://baijiahao.baidu.com/s?id=1782354277707727542&wfr=spider&for=pc，2023-11-12.

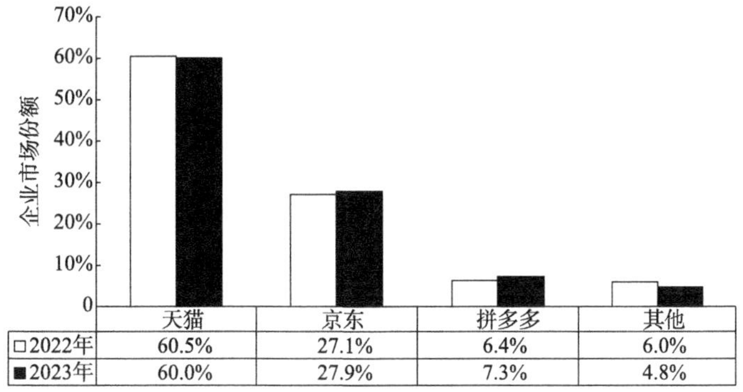

	天猫	京东	拼多多	其他
□2022年	60.5%	27.1%	6.4%	6.0%
■2023年	60.0%	27.9%	7.3%	4.8%

图 4　2022~2023 年“双十一购物节”相关 B2C 企业市场份额

资料来源：根据星图数据整理

8.3%①。从具体消费门类看，家用电器销售总额达 1 526 亿元，在总销售额中占比 15.7%，仍然保持第一，但同比下降了 2.6%，其中美的、海尔成为销售主流；美容护肤销售总额达 582 亿元，同比下降了 4.0%，欧莱雅、珀莱雅、兰蔻等品牌位居前列；电脑办公、食品饮料和运动户外销售额有不同程度的上涨，同比增速分别为 3.3%、7.5%和 7.2%。

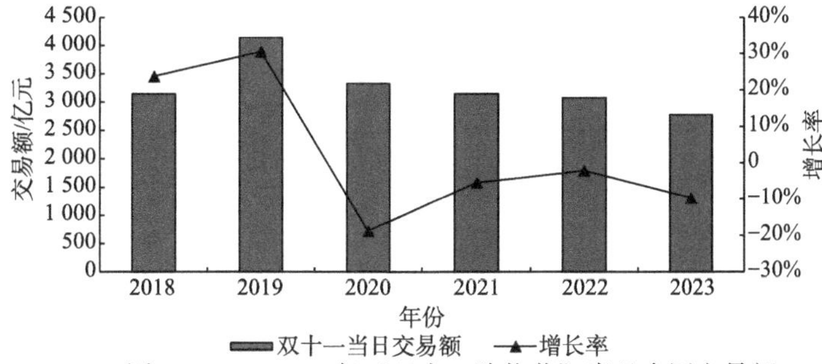

图 5　2018~2023 年“双十一购物节”当日全网交易额

资料来源：根据星图数据整理

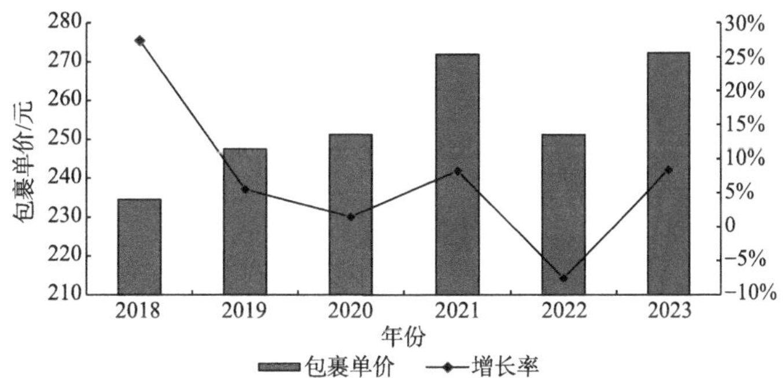

图 6　2018~2023 年“双十一购物节”平均包裹单价

资料来源：根据星图数据整理

① 2023 年双十一全网销售数据解读报告. https://mp.weixin.qq.com/s?__biz=MzA5NTEzMTYxMQ==&mid=2653959425&idx=1&sn=6853aacd63756a13f235023d6ea57a4a&chksm=8b8097b5bcf71ea3b6ec3433d94560f9b77e99f85bb0bafe118618cde09d8d88658910663bc4&token=261113391&lang=zh_CN#rd，2023-11-12.

（四）消费主体及消费偏好变化趋势

在电商经济的浪潮下，消费群体中“90 后”“00 后”的互联网消费主体地位进一步深化，并不断推动我国电商线上经济发展，推进国内国际双循环及消费转型。代际变迁下，年轻人的奢侈品消费及理财保障意识进一步增强，腾讯数据显示，奢侈品消费者中，约 90%在 30 岁前开始购买奢侈品，且预测 2023 年奢侈品市场新消费者平均年龄为 27.6 岁①。《中国居民养老财富管理发展报告（2023）》调查数据显示，Z 世代（<35 岁）对于长期自身养老理财逐步提前，40%的 Z 世代非常愿意参与个人养老金制度，超过 50%受访者的养老投资/理财主要偏好是银行存款，接近 90%的受访者已经进行养老财富储备②。Z 世代也更关注定制产品及个人健康，鞋包和医疗用品相关需求上升明显，2023 年天猫“618”定制鞋包与医疗仪器产品销量分别同比增长 65%和 41%（图 7），带动服装、医疗等多个行业增长③。2023 年的京东超市用户中，婴童食品的购买者以“90 后”和“95 后”为主，66.9%拥有本科以上学历；营养健康型消费者占比达到 69.4%④。2022 年中国母婴用品市场规模达 26 563 亿元（占 2022 年居民消费支出的 5.9%），同比增长 8.5%，其中婴童产品占比超 95%⑤。

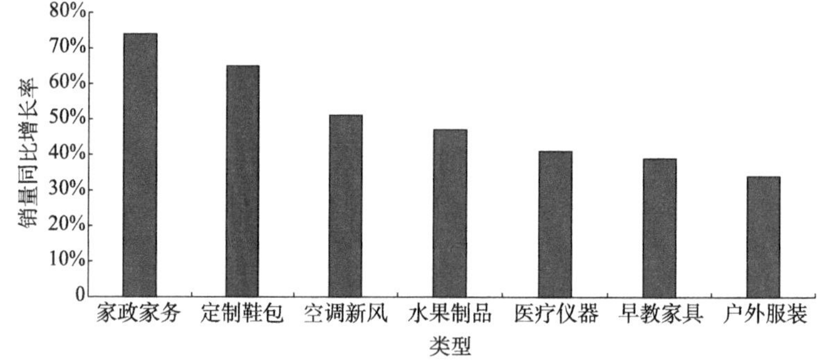

图 7　2023 年天猫“618”部分品类销量同比增长率

资料来源：根据天猫数据整理

消费者对国潮商品的热度持续不减。京东消费数据显示，2019~2022 年，国货商品的成交额增速比销量增速高出 1.2 倍，人均消费金额的增速超过 70%，国潮品牌种类逐步扩增，消费者在国货商品上的花销持续提升。2019~2022 年，户外配饰、运动背心、儿童衣柜、颈部护理、冲牙器等国货产品购物用户数同比增长超 500%⑥。国货产品购物

① 中国奢侈品市场数字化趋势洞察报告（2023 年版）. https://max.book118.com/html/2023/0629/8035017047005105.shtm，2023-06-29.

② 剖析居民养老痛点，探索金融实践路径. https://www.fidelity.com.cn/retirement-zone/retirement-survey/pension-wealth-management-development-report-2023/，2023-11-08.

③ 天猫 618，没跌，还涨了！http://news.sohu.com/a/693255465_121480167，2023-07-01.

④ 2023 婴童零辅食消费趋势发布：超 4 成用户购买为补微量元素、超 5 成用户更注重便携. https://news.sina.com.cn/shangxunfushen/2023-09-28/detail-imzpfvhk8253280.shtml，2023-09-28.

⑤ 2023 年中国母婴用品行业发展现状分析：高端、进口品牌产品越来越受欢迎. https://www.chyxx.com/industry/1162950.html，2023-11-09.

⑥ 京东 2023 中国品牌消费趋势显示：国潮产品种类扩充超 2 倍. https://baijiahao.baidu.com/s?id=1765498091343035665&wfr=spider&for=pc，2023-05-10.

用户数占比提升 Top5 细分品类为个人防护用品、感冒用药、家庭护理、抽纸、维生素等。国潮消费时代也折射出消费者的价值归属和社群认同，传递出我国经济快速复苏、民族品牌高质量发展的信号。

新冠疫情的影响和居民健康意识的增强，居民对健康和户外活动类产品的消费需求越来越高。据艾媒咨询的调研，2022 年中国保健品行业市场规模达 2 989 亿元，同比增长 10.4%，2023 年中国保健品市场规模有望达到 3 282 亿元，2027 年有望达到 4 237 亿元①。大润发国庆销量数据显示，在 2023 年中秋节、国庆节假期期间，帐篷与天幕的单日销量增长 4.3 倍，露营工具单日增长 3.2 倍，露营桌椅单日增长 6.4 倍②。据艾媒咨询的预测，2025 年中国露营经济核心市场规模将上升至 2 483.2 亿元，带动市场规模将达到 14 402.8 亿元③，“星空+露营”、“演艺+露营”和“烧烤+露营”等多维度体验产品也将逐步形成，为我国旅游消费注入源源不断的新活力。

新冠疫情冲击消退后，居民消费也更加理性务实，更倾向于选择性价比高的产品，具体表现如平价咖啡热销、主打性价比的拼多多商品交易总额持续高增、性价比高的“夕阳红”旅行团、老年食堂等越来越受到年轻群体的青睐。另外，提升家庭生活质量的消费占比增长明显，从调研情况来看，近 70%的受访者 2023 年上半年基本生活用品的消费增长，人们待在家里的时间更长了，更愿意从细节上打造舒适的家庭空间④。在大宗消费方面，消费者对品质需求易升难降，2023 年 1~9 月，30 万元以上价位的车型销售占比从 2022 年的 10.8%上行至 14.4%，5 万元和 5 万~10 万价位的汽车销售占比则从 2022 年的 24.4%回落至 18.7%，其中新能源乘用车中，销量仍主要集中在 15 万~20 万元级，1~9 月累计销量 193.3 万辆，同比增长 66.4%⑤。

三、最终消费结构的变化趋势

最终消费包括居民消费与政府消费两大部分，2011~2022 年我国居民消费支出占比在 69.5%~73.9%波动，2022 年居民消费支出占比为 69.8%，较 2021 年下降 0.9 个百分点。从城乡居民消费结构来看，2011~2021 年，农村居民消费占比整体呈小幅下降趋势，由 2011 年的 23.3%下降至 2021 年的 21.2%，2022 年以 0.4 个百分点的变化出现小幅回升；相应地，城镇居民消费占居民消费的比例从 2021 年的 78.8%小幅降低至 2022 年的 78.4%（表 1）。

---

① 艾媒咨询 | 2023-2024 年中国保健品行业研究及消费者洞察报告. https://www.iimedia.cn/c400/92974.html，2023-04-28.

② 行业资讯：国庆 8 亿人出行消费 7534 多亿元，钱都被谁挣了？https://mp.weixin.qq.com/s/nmVsObSFwbj3XUqvgsi6QA，2023-10-23.

③ 露营经济还能“红”多久？https://baijiahao.baidu.com/s?id=1764765951384884698&wfr=spider&for=pc，2023-05-02.

④ 2023 上半年消费观察：消费结构变化 家庭类消费量质齐升. https://baijiahao.baidu.com/s?id=1772924399296777253&wfr=spider&for=pc，2023-07-31.

⑤ 中汽协：9 月汽车产销量均创历史同期新高. http://finance.people.com.cn/n1/2023/1013/c1004-40094564.html，2023-10-13.

表 1　2011~2022 年我国最终消费比例结构的变化

年份	居民消费支出占比	政府消费支出占比	农村居民消费占居民消费的比例	城镇居民消费占居民消费的比例
2011	73.2%	26.8%	23.3%	76.7%
2012	73.2%	26.8%	22.8%	77.2%
2013	73.2%	26.8%	22.5%	77.5%
2014	73.9%	26.1%	22.4%	77.6%
2015	73.4%	26.6%	22.2%	77.8%
2016	73.4%	26.6%	21.9%	78.1%
2017	72.9%	27.1%	21.5%	78.5%
2018	72.5%	27.5%	21.4%	78.6%
2019	70.0%	30.0%	21.7%	78.3%
2020	69.5%	30.5%	21.5%	78.5%
2021	70.7%	29.3%	21.2%	78.8%
2022	69.8%	30.2%	21.6%	78.4%

资料来源：国家统计局

从城乡居民在八大类产品的消费支出结构来看，相对 2013 年，2023 年前三季度城镇居民食品烟酒类的消费占比下降了 1.1 个百分点，衣着的消费占比下降了 2.9 个百分点，医疗保健类的消费占比提高了 2.6 个百分点，教育文化娱乐的消费占比基本稳定，截至 2023 年前三季度，城镇居民教育文化娱乐类的消费占比为 10.8%。相对 2013 年，2023 年前三季度农村居民食品烟酒类的消费占比下降了 2.8 个百分点，交通和通信、医疗保健类的消费占比均提高了 2.1 个百分点，其余类别产品消费占比略有波动但总体稳定（图 8）。上述变化反映了我国居民消费结构的转型升级，尤其是在食品烟酒和衣着方面的消费下降。医疗保健方面的消费增加反映了居民消费观念的演变，随着生活水平不断提高，人们更加注重健康和生活品质，而农村居民对交通和通信、医疗保健消费的增加则体现出农村地区基础设施和医疗服务的改善。

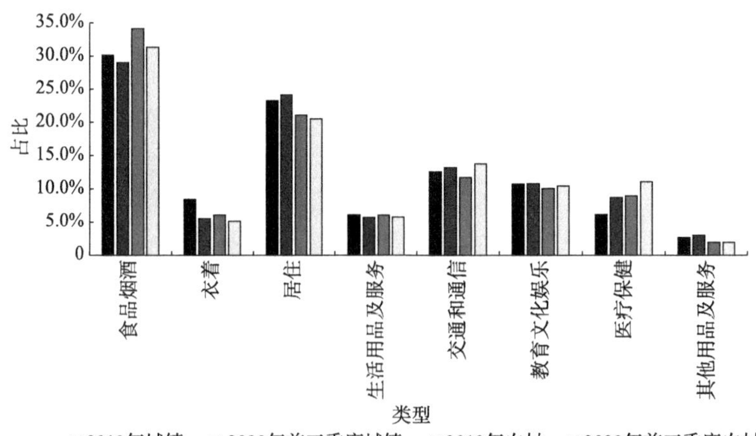

图 8　2013 年和 2023 年前三季度我国城镇与农村居民平均每人全年消费支出构成

资料来源：国家统计局

分季度来看，2023 年第一季度除衣着外，居民其他分类支出均高于 2022 年同期，第二、三季度居民各项支出较 2022 年均有提升。如图 9 所示，2023 年第二季度的教育文化娱乐增长幅度最大，同比增速达到 25.1%。随着一系列利好政策和举措落地生效，居民旅游消费需求加速释放。2023 年前三季度，国内旅游总人次 36.74 亿，比 2022 年同期增加 15.80 亿，同比增长 75.5%①。游客出游半径和目的地游憩半径双提升，300 千米以上的跨市、跨省游热度明显走高。总体而言，这些变化彰显了中国经济升级和结构调整的趋势，居民的消费结构正逐渐从传统的食品和衣着向教育文化娱乐、医疗保健、交通和通信等高端消费转变。

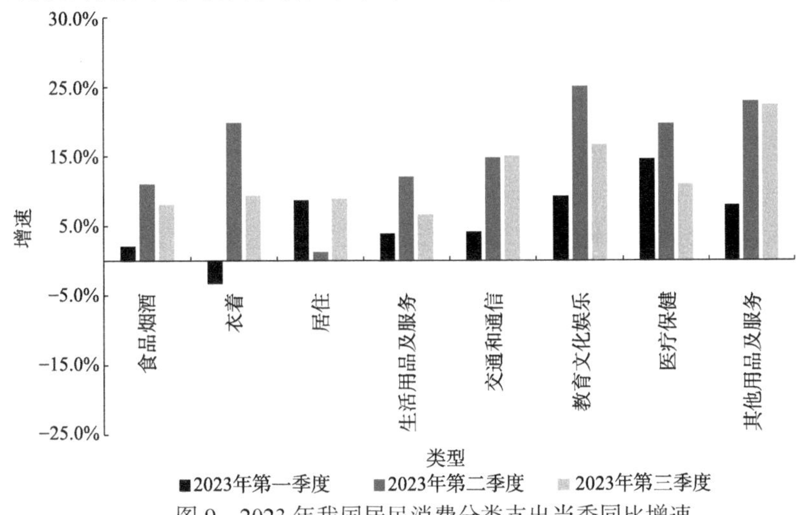

图 9　2023 年我国居民消费分类支出当季同比增速

资料来源：国家统计局

从政府消费来看，2011~2022 年我国政府消费占最终消费的比重整体呈波动中小幅增加的趋势，由 2011 年 26.8%波动增加至 2022 年的 30.2%，2019~2022 年 4 年的平均占比为 30.0%（表 1）。我国政府消费占比增加也是近年来我国实施积极的财政政策的体现。

面对经济复苏基础尚不牢固、需求减缩、供给冲击、预期减弱等巨大压力以及外部环境的不安定，财政部积极落实党中央和国务院的决策，精心组织和实施积极的财政政策，加强与其他如货币、产业等政策的紧密配合，推动经济整体复苏并促进高质量发展。2023 年，积极的财政政策进一步加力提效，体现了稳中求进的工作总基调，兼顾了需要与可能、当前与长远、发展与安全②。2023 年，税费优惠政策更是得到了进一步完善，“增值税小规模纳税人减免增值税政策”、“小微企业和个体工商户所得税优惠政策”等一系列降费政策出台，同时延续全年一次性奖金单独计税、换购住房个人所得税退税等优惠政策，使得减税降费逐渐从数量规模效应转向了侧重于针对性和有效性。这一过程充分发挥了税收在国家治理中的基础性、支柱性、保障性作用，更好地促进了经济发展，维护了社会公平，提升了人民生活水平③。

① 前三季度国内游总人次 36.74 亿. http://finance.people.com.cn/n1/2023/1029/c1004-40105555.html，2023-10-29.

② 财政部：积极财政政策进一步加力提效. https://www.gov.cn/xinwen/2023-03/02/content_5744062.htm，2023-03-02.

③ 中国税务报：近 5 年减税降费的“变”与“不变”. https://guangdong.chinatax.gov.cn/gdsw/mtsd/2022-03/30/content_25476e6c6598497486b6bb50fcb6deb3.shtml，2022-03-30.

2023 年前三季度，全国一般公共预算支出 197 897 亿元，同比增长 3.9%，较 2022 年同期 6.2%的同比增速有所下降。2023 年以来，财政部加力提效实施积极的财政政策，重点支出保障有力，为经济持续恢复向好、高质量发展扎实推进提供了有力支撑。总的来说，前三季度的预算执行效果良好，有效保障了财政的稳定性和可持续性，同时使地方政府债务风险得到了有效控制。从主要支出项目情况看：教育支出 29 643 亿元，同比增长 4.3%；科学技术支出 6 729 亿元，同比增长 3.3%；文化体育与传媒支出 2 598 亿元，同比增长 0.8%；社会保障和就业支出 30 795 亿元，同比增长 8.2%；卫生健康支出 16 793 亿元，同比增长 3.3%；节能环保支出 3 691 亿元，同比增长 1.7%；城乡社区支出 14 233 亿元，同比下降 0.9%；农林水支出 16 561 亿元，同比增长 3.9%；交通运输支出 8 674 亿元，同比下降 2.5%；债务付息支出 8 579 亿元，同比增长 4.4%。此外，因 2023 年我国多地遭受暴雨、洪涝、台风等灾害，地方灾后恢复重建任务比较重，国务院提出议案，经十四届全国人大常委会第六次会议审议通过，决定增发 1 万亿元国债。增发 1 万亿元国债将弥补短板、强化优势、惠及民生，更好带动消费和推动高质量发展。

四、消费的主要影响因素分析

（一）居民收入

收入是决定消费水平最直接、最主要的因素。2022 年，面对复杂严峻的国际环境和疫情散发多发等多重挑战，在以习近平同志为核心的党中央坚强领导下，各地区各部门高效统筹疫情防控和经济社会发展，切实抓好稳经济各项政策举措落实，国民经济总体保持恢复态势。全国居民人均可支配收入增长与经济增长基本同步。国家统计局数据显示，随着国内经济的稳定增长，我国城镇居民人均可支配收入也由 2011 年的 21 810 元增长到 2022 年的 49 283 元，具有 7.7%的名义年均增幅，2023 年前三季度全国城镇居民人均可支配收入 39 428 元，同比名义增长 5.2%，实际增长 4.7%；农村居民人均可支配收入 15 705 元，同比名义增长 7.6%，实际增长 7.3%。农村居民人均可支配收入名义和实际增速分别快于城镇居民 2.4 个和 2.6 个百分点（图 10）。2023 年前三季度，城乡居民人均可支配收入之比为 2.51，比 2022 年同期缩小 0.06，城乡居民收入相对差距继续缩小。国家统计局数据显示，全国居民人均可支配收入基尼系数在 2008 年达到最高点 0.491 后，2009 年至今呈现波动下降态势，2022 年降至 0.474，累计下降 0.017，仍高于 0.4 的收入分配差距的“警戒线”。此外，可支配收入是影响居民消费的决定性因素，目前收入分配问题仍约束居民消费增长。2023 年以来，居民收入占比偏低的收入分配格局尚未出现改善：一方面，居民人均可支配收入累计同比增速与 GDP 累计同比增速趋同；另一方面，居民可支配收入中位数累计名义同比增速低于 GDP 累计名义同比增速。

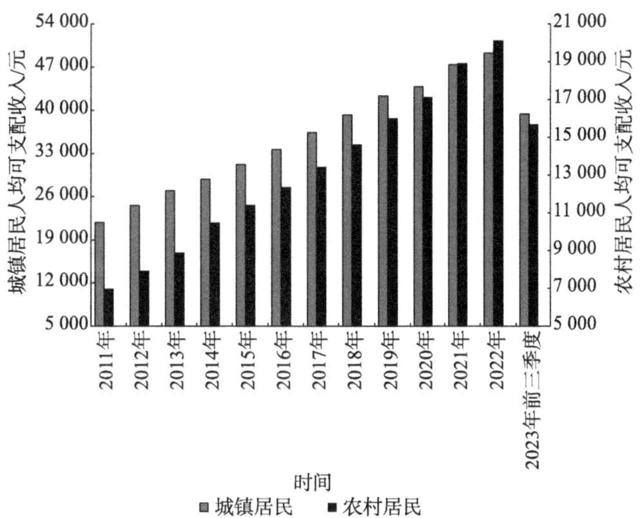

图 10　2011~2023 年前三季度我国城乡居民人均可支配收入

资料来源：国家统计局

（二）居民消费支出与消费意愿

2023 年前三季度全国城镇居民人均消费支出 24 315 元，比 2022 年同期名义增长 8.6%，实际增加 8.1%；农村居民人均消费支出 12 998 元，比 2022 年同期名义增长 9.3%，实际增长 9.0%（图 11）。分季度来看，2022 年下半年至 2023 年初，居民收入和支出同比增速出现下滑趋势，2023 年第二季度的支出同比增速较收入同比增速相对更高。2023 年前三季度我国居民人均可支配收入与消费支出当季同比增速较 2022 年明显上升，这表明了经济的复苏趋势（图 12）。

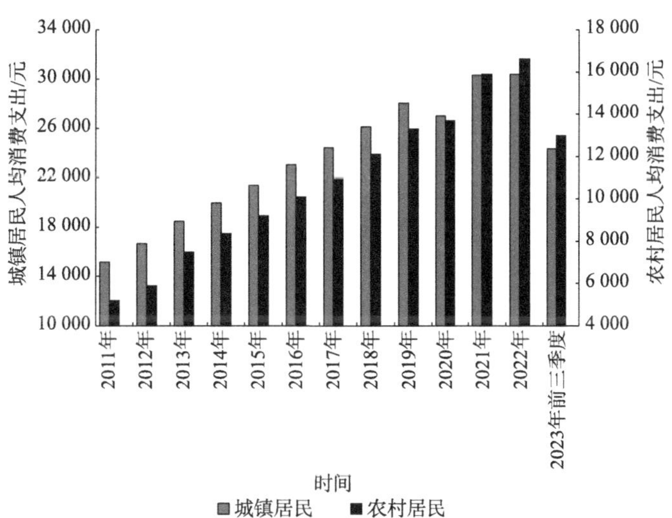

图 11　2011~2023 年前三季度我国城乡居民人均消费支出

资料来源：国家统计局

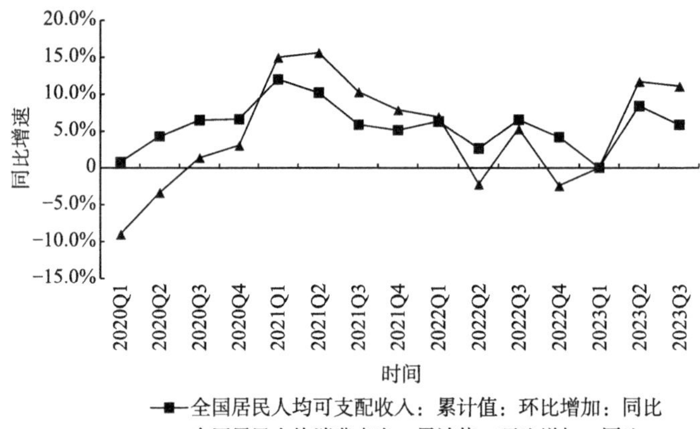

图 12　我国居民人均收入与消费支出当季同比增速

Q 表示季度

资料来源：国家统计局

（三）就业形势

我国就业形势总体稳定。2023 年 10 月，全国城镇调查失业率为 5.0%，与 2023 年 9 月持平。本地户籍劳动力调查失业率为 5.0%；外来户籍劳动力调查失业率为 4.9%，其中外来农业户籍劳动力调查失业率为 4.6%。31 个大城市城镇调查失业率为 5.0%，比 2023 年 9 月下降 0.2 个百分点。全国企业就业人员周平均工作时间为 48.7 小时。中国人民银行发布的《2023 年第二季度城镇储户问卷调查报告》显示，居民就业预期指数为 48.7%，比第一季度下降 3.6 个百分点①。

（四）消费者相关指数变化趋势

面对日趋复杂的国际国内环境，叠加收入预期等多重因素影响，2023 年以来，我国消费者三大指数处于较低水平，且存在波动趋势。2023 年 1~3 月我国消费者预期指数、消费者满意指数、消费者信心指数达同期最低值（图 13）。我国消费者未来消费预期、满意及信心程度有待提升，且理性消费及风险防范意识逐渐增强。《2023 年第二季度城镇储户问卷调查报告》显示，倾向于“更多储蓄”的居民占 58.0%，比第一季度增加 0.1 个百分点；居民收入感受指数、收入信心指数分别为 49.7%、48.5%，比第一季度下降 1.0 个、1.4 个百分点。

（五）居民债务

《中国统计年鉴》显示，住户部门贷款金额从 2011 年的 25 496 亿元上升到 2021 年的

① 2023 年第二季度城镇储户问卷调查报告. http://www.pbc.gov.cn/goutongjiaoliu/113456/113469/4975644/index.html，2023-06-29.

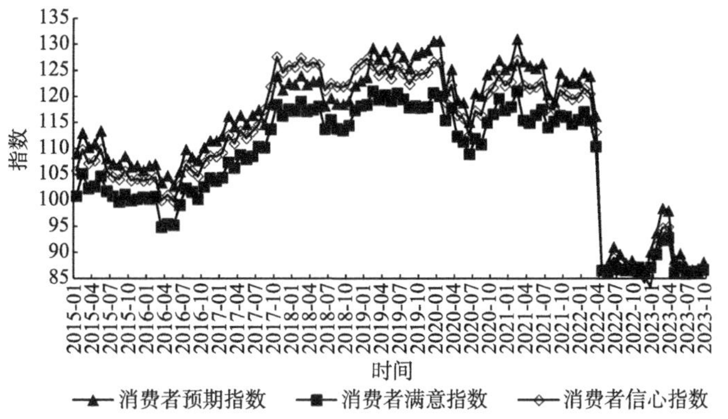

图 13　消费者预期指数、消费者满意指数、消费者信心指数

资料来源：国家统计局

84 775 亿元，11 年间增长了 2.3 倍（图 14），贷款金额占居民可支配收入的比例也从 13.0% 上升至 17.1%。2023 年前三季度住户部门贷款增加 3.85 万亿元，其中，短期贷款增加 1.75 万亿元，中长期贷款增加 2.10 万亿元；9 月，人民币贷款增加 2.31 万亿元，比 2022 年同期减少 1 764 亿元。2023 年第三季度末，个人住房贷款余额为 38.42 万亿元（约为 2013 年个人住房贷款余额 9.8 亿元的 3.9 倍），同比下降 1.2%，增速比 2022 年末低 2.4 个百分点。

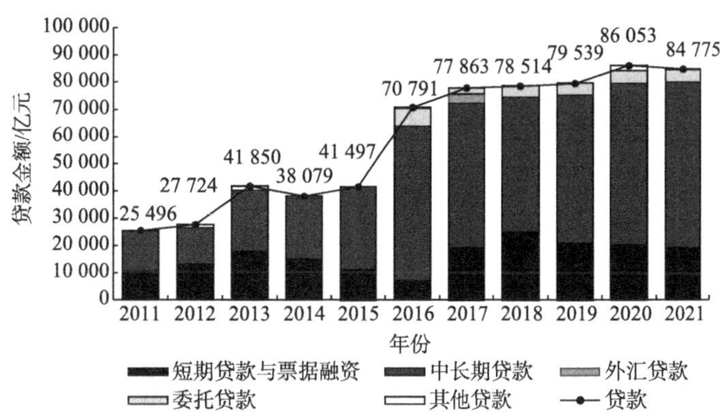

图 14　2011~2021 年我国住户部门贷款结构

资料来源：国家统计局

（六）人口老龄化，劳动力短缺

2022 年末，我国（不含港澳台地区数据）总人口为 141 175 万人，比 2021 年末减少 85 万人。其中，16~59 周岁人口为 87 556 万人，占总人口的 62.0%；60 周岁以上人口为 28 004 万人，占总人口的 19.8%，比 2021 年末增加 1 268 万人，占比提高了 0.9 个百分点，其中 65 周岁及以上人口增加 922 万人，占比提高了 0.7 个百分点，老龄化进一步加深。2022 年我国人口总量略有下降主要在于出生人口的减少，一是因为育龄妇女持续减少，2022 年 15~49 岁育龄妇女人数比 2021 年减少 400 多万人。二是因为生育水平继续下降。受生

育观念变化、婚育推迟等多方面因素影响，2022 年育龄妇女生育水平继续下降①。劳动力的持续减少已成为我国在相当长一段时间内面临的“新常态”，这一因素将制约我国的经济增长和居民收入的增长，进而影响消费。

（七）促消费政策措施

在 2007 年党的十七大时，我国就明确提出要加快转变经济发展方式，坚持扩大内需特别是消费需求的方针，促进经济增长主要依靠投资、出口拉动向依靠消费、投资、出口协调拉动转变。党的二十大报告再次强调，“要坚持以推动高质量发展为主题，把实施扩大内需战略同深化供给侧结构性改革有机结合起来，增强国内大循环内生动力和可靠性，提升国际循环质量和水平，加快建设现代化经济体系，着力提高全要素生产率，着力提升产业链供应链韧性和安全水平，着力推进城乡融合和区域协调发展”②。表 2 列出了 2020~2023 年我国主要促消费政策。

表 2　2020~2023 年我国主要促消费政策

发布日期	政策文件名称	内容简介
2020 年 9 月 21 日	《国务院办公厅关于以新业态新模式引领新型消费加快发展的意见》1）	提出要加强信息网络基础设施建设、完善商贸流通基础设施网络、大力推动智能化技术集成创新应用、安全有序推进数据商用、规划建设新型消费网络节点
2020 年 10 月 14 日	《近期扩内需促消费的工作方案》2）	提出要推动线下服务消费加速“触网”，充分释放线上经济潜力；在做好常态化疫情防控基础上，开辟服务消费新模式；实施促进实物消费政策，畅通供需更高水平良性循环；更好运用内外要素和资源，加大对制造业企业支持力度
2021 年 4 月 15 日	《国务院办公厅关于服务“六稳”“六保”进一步做好“放管服”改革有关工作的意见》3）	提出了坚持目标导向、综合施策的基本原则，要围绕稳定和扩大就业、培育市场主体、扩大有效投资、促进消费、稳外贸稳外资、保障基本民生等重点领域，以务实管用的政策和改革举措，增强企业和群众获得感
2021 年 8 月 20 日	《国务院办公厅关于加快农村寄递物流体系建设的意见》4）	为加快农村寄递物流体系建设，释放农村消费潜力，提出如下意见：强化农村邮政体系作用、健全末端共同配送体系、优化协同发展体系、构建冷链寄递体系
2021 年 8 月 27 日	《国务院关于印发“十四五”就业促进规划的通知》5）	提出要强化就业优先导向的宏观调控，深入实施扩大内需战略，持续促进消费、增加有效投资拉动就业，通过保市场主体保就业
2022 年 2 月 11 日	《国务院关于印发“十四五”推进农业农村现代化规划的通知》6）	提出要实施农村消费促进行动，鼓励有条件的地区开展农村家电更新行动、实施家具家装下乡补贴和新一轮汽车下乡，促进农村居民耐用消费品更新换代。要优化农村消费环境，加强农村市场建设，完善农村商贸服务网络
2022 年 3 月 25 日	《国务院关于落实〈政府工作报告〉重点工作分工的意见》7）	提出要多渠道促进居民增收，完善收入分配制度，提升消费能力，推动线上线下消费深度融合，促进生活服务消费恢复，发展消费新业态新模式。要提高产品和服务质量，强化消费者权益保护，着力适应群众需求、增强消费意愿

① 王萍萍：人口总量略有下降 城镇化水平继续提高. http://www.stats.gov.cn/xxgk/jd/sjjd2020/202301/t20230118_1892285.html，2023-01-18.

② 习近平：高举中国特色社会主义伟大旗帜 为全面建设社会主义现代化国家而团结奋斗——在中国共产党第二十次全国代表大会上的报告. http://www.qstheory.cn/yaowen/2022-10/25/c_1129079926.htm，2022-10-25.

续表

发布日期	政策文件名称	内容简介
2022 年 4 月 25 日	《国务院办公厅关于进一步释放消费潜力促进消费持续恢复的意见》8）	为了释放消费潜力，促进消费持续恢复，提出围绕保市场主体加大助企纾困力度、做好基本消费品保供稳价、加力促进健康养老托育等服务消费等共二十条意见
2022 年 12 月 15 日	《国务院办公厅关于印发"十四五"现代物流发展规划的通知》9）	提出强化现代物流对社会民生的服务保障，补齐农村物流设施和服务短板，推动快递服务基本实现直投到建制村，支撑扩大优质消费品供给
2023 年 6 月 19 日	《国务院办公厅关于进一步构建高质量充电基础设施体系的指导意见》10）	提出建设便捷高效的城际充电网络，建设有效覆盖的农村地区充电网络，积极推进居住区充电基础设施建设，大力推动公共区域充电基础设施建设等意见支撑新能源汽车产业发展，促进汽车等大宗消费
2023 年 7 月 31 日	《国务院办公厅转发国家发展改革委关于恢复和扩大消费措施的通知》11）	为充分发挥消费对经济发展的基础性作用，提出稳定大宗消费，扩大服务消费，促进农村消费，拓展新型消费，完善消费设施，优化消费环境共二十条措施
2023 年 9 月 29 日	《国务院办公厅印发〈关于释放旅游消费潜力 推动旅游业高质量发展的若干措施〉的通知》12）	为释放旅游消费潜力，从加大优质旅游产品和服务供给、激发旅游消费需求、加强入境旅游工作、提升行业综合能力、保障措施五个方面提出三十条措施
2023 年 10 月 11 日	《国务院关于推进普惠金融高质量发展的实施意见》13）	提出要健全金融消费者权益保护体系，强化消费者权益保护全流程管控，畅通金融消费者投诉渠道，推进金融消费者权益保护监管执法合作机制建设

1）国务院办公厅关于以新业态新模式引领新型消费加快发展的意见. http://www.gov.cn/zhengce/content/2020-09/21/content_5545394.htm，2020-09-21

2）关于印发《近期扩内需促消费的工作方案》的通知. http://www.gov.cn/zhengce/zhengceku/2020-10/29/content_5555891.htm，2020-10-29

3）国务院办公厅关于服务"六稳""六保"进一步做好"放管服"改革有关工作的意见. http://www.gov.cn/zhengce/zhengceku/2021-04/15/content_5599655.htm，2021-04-15

4）国务院办公厅关于加快农村寄递物流体系建设的意见. http://www.gov.cn/zhengce/zhengceku/2021-08/20/content_5632311.htm，2021-08-20

5）国务院办公厅关于印发"十四五"就业促进规划的通知. http://www.gov.cn/zhengce/zhengceku/2021-08/27/content_5633714.htm，2021-08-27

6）国务院关于印发"十四五"推进农业农村现代化规划的通知. http://www.gov.cn/zhengce/content/2022-02/11/content_5673082.htm，2022-02-11

7）国务院关于落实《政府工作报告》重点工作分工的意见. http://www.gov.cn/zhengce/content/2022-03/25/content_5681343.htm，2022-03-25

8）国务院办公厅关于进一步释放消费潜力促进消费持续恢复的意见. http://www.gov.cn/zhengce/content/2022-04/25/content_5687079.htm，2022-04-25

9）国务院办公厅关于印发"十四五"现代物流发展规划的通知. https://www.gov.cn/zhengce/zhengceku/2022-12/15/content_5732092.htm，2022-12-15

10）国务院办公厅关于进一步构建高质量充电基础设施体系的指导意见. https://www.gov.cn/zhengce/zhengceku/202306/content_6887168.htm，2023-06-19

11）国务院办公厅转发国家发展改革委关于恢复和扩大消费措施的通知. https://www.gov.cn/zhengce/zhengceku/202307/content_6895600.htm，2023-07-31

12）国务院办公厅印发《关于释放旅游消费潜力 推动旅游业高质量发展的若干措施》的通知. https://www.gov.cn/zhengce/zhengceku/202309/content_6907052.htm，2023-09-29

13）国务院关于推进普惠金融高质量发展的实施意见. https://www.gov.cn/zhengce/zhengceku/202310/content_6908496.htm，2023-10-11

2023 年 7 月 31 日，为深入实施扩大内需战略，充分发挥消费对经济发展的基础性作用，不断增强高质量发展的持久动力，国家发展和改革委员会会同有关部门共同研究制定了《关于恢复和扩大消费的措施》，围绕稳定大宗消费、扩大服务消费、促进农村消费、拓展新型消费、完善消费设施、优化消费环境等六个方面，提出 20 条具体政策举措。2023 年 9 月 29 日，国务院办公厅印发《关于释放旅游消费潜力 推动旅游业高质量发展的若干措施》从加大优质旅游产品和服务供给、激发旅游消费需求、加强入境旅游工作、提升行业综合能力、保障措施等方面推动旅游业高质量发展，释放旅游消费潜力。2023 年 10 月 11 日，《国务院关于推进普惠金融高质量发展的实施意见》提出要优化普惠金融重点领域产品服务，支持小微经营主体可持续发展，切实保护金融消费者合法权益。这些政策措施已发挥并将持续发挥扩大消费的重要作用。

（八）土地财政收入

在土地财政方面，这两年地产行业的不景气，严重拖累了地方的土地出让收入。数据显示，2023 年前三季度全国土地出让金同比下滑 20%，仅有天津、宁夏、江苏、北京、浙江分别实现 122%、79%、10%、3%、1%的同比正增长。从重点城市表现看，前三季度仅有北京、上海、杭州三城土拍成交金额超过千亿元，较往年相对偏少。广州、成都前三季度土地成交额分别为 946 亿元、919 亿元，位列第四、五位，前十的城市还有西安、南京、苏州、宁波、盐城。房地产行业进入周期性调整期，土地出让收入下滑是大势所趋，土地财政收入也随之受到影响[①]。

（九）其他因素

2023 年受新冠疫情影响的部分消费逐步回暖，市场活力逐步恢复。在释放新消费、培育新动力上，仍面临着消费供给、消费环境、管理机制等方面的瓶颈问题。

（1）消费需求升级，有效供给不足。当前我国居民消费需求已从“有没有”向“好不好”升级，品质型消费逐渐取代温饱型消费，成为人民群众美好生活需要的重要内容。需求侧的转型升级对供给侧提出了更高要求，由于一些领域依然存在优质供给不足、相关行政性规定掣肘、消费场景受阻等因素，城乡居民的消费意愿或多或少被抑制了，托幼、养老、文旅等高品质产品和服务需求难以得到满足，这必然会影响到消费新增长点的培育，拖累消费潜力的充分释放[②]。

（2）新型消费存在乱象，影响居民消费意愿。网络购物是新消费最重要的组成部分。但由于商家信用度不透明、缺乏中间质量检测机构、相关监管制度不完善，网络卖家受约束程度相对较低，消费者网购商品质量难以保障，一旦发生质量问题，消费者合法权益的维护存在较大困难[③]。

---

① 前三季度全国卖地收入下滑，仅 5 个省市实现正增长. https://baijiahao.baidu.com/s?id=1779354792948916946&wfr=spider&for=pc，2023-10-10.

② 人民财评：大力挖掘消费新增长点. http://opinion.people.com.cn/n1/2023/0215/c1003-32624134.html，2023-02-15.

③ 中国新消费的驱动因素及发展前景. http://paper.people.com.cn/rmlt/html/2023-03/01/content_25984611.htm，2023-03-01.

（3）农村消费扩容升级受到制约。农村消费是消费的重要组成部分，促进农村消费是扩内需、稳增长的重要驱动力量，但农村居民消费水平和消费结构仍较城镇居民有明显差距，表现为农村地区商业基础设施建设不够完善，实体零售店商品种类不够丰富，消费者选择相对较少，且售后服务不够规范，存在售后难的情况，同时农村消费市场管理水平相对落后，“三无”、山寨产品仍然可见[①]。

五、最终消费预测

基于对最终消费总额及其结构的变动趋势和主要影响因素的分析，本报告应用分项加合预测方法，结合专家经验，对我国最终消费进行了预测。预计 2023 年我国最终消费同比名义增速约为 5.3%、社会消费品零售总额增速约为 7.2%。

在就业形势趋好、居民消费意愿恢复向好、财政政策积极的情景下，预计 2024 年我国最终消费同比名义增速将为 5.1%。

在就业形势及居民消费意愿相比 2023 年略有恢复、财政政策积极的情景下，预计 2024 年我国最终消费同比名义增速将为 4.6%。

在收入增长略低、居民消费意愿与 2023 年持平、财政政策谨慎的情景下，预计 2024 年我国最终消费同比名义增速将为 4.2%。

① 激发农村消费更大活力. http://www.xinhuanet.com/2023-08/04/c_1129785558.htm，2023-08-04.

2023 年中国物价形势分析与 2024 年展望[①]

鲍　勤　郑阳阳　穆雨雨　骆晓强

报告摘要：2023 年以来，我国物价整体呈现出居民消费价格指数（consumer price index，CPI）波动下降、工业生产者出厂价格指数（producer price index for industrial products，PPI）先下降后上升的态势。受猪肉价格进入下跌周期影响，2023 年 CPI 持续低位运行，1~10 月上涨 0.4%，其中食品上涨 0.4%，非食品上涨 0.3%。受国际大宗商品价格及原材料价格下跌的影响，PPI 延续上年高速回落的态势，第三季度跌幅逐步缩小，10 月同比下降 2.6%。

2024 年，影响我国物价走势的因素主要有两个方面：一是原油和基本金属等国际大宗商品价格整体呈现高位震荡态势，且不能排除地缘政治冲突加剧导致价格飙升的可能，我国物价面临的输入性压力较大；二是国内需求疲弱导致物价上涨乏力，叠加猪肉价格温和波动、房地产市场低迷拖累房租价格上涨等，预计国内物价总体平稳。整体来看，2024 年我国物价将呈现 PPI 温和下降、CPI 温和上涨的态势。

根据我国物价指数分项之间的关联关系建立多元传导模型和混频动态因子模型，并充分考虑季节因子影响，对 2024 年物价指数的环比数据进行预测，并在此基础上加上翘尾因素预测物价的同比数据。主要预测结果显示：2024 年，我国 PPI 整体呈现前低后高态势，全年预计下跌 0.1%~1.2%，基准情景下为−0.6%，整体比 2023 年有所回升，其中翘尾因素影响为−1.0 个百分点；具体来看，上半年位于−1.9%~−0.9%，下半年有望转正并逐步抬升至−0.5%~0.5%。2024 年，我国 CPI 总体温和上涨，全年将上涨 0.4%~1.2%，基准情景下为 0.7%，其中翘尾因素影响−0.3 个百分点；第一季度 CPI 相对较低，之后有望维持温和上涨。综合定性与定量分析，建议密切监测价格走势，关注物价结构性问题，合理引导市场预期，提前出台相关政策，熨平因价格过度波动导致的风险。

一、2023 年中国物价形势分析

2023 年，我国经济温和稳定复苏，CPI 波动下降，PPI 和工业企业原料、燃料、动力购进价格指数（purchase price index of raw materials，fuel and power，PPIRM）整体呈先下降后上升的 U 形态势。受上年同期 PPI 和 PPIRM 对比基数较高影响，叠加上半年

① 本报告受国家自然科学基金项目（项目号：72073127）与中国科学院支持。

国际大宗商品和原油价格的波动下行，国内石油等能源燃料、化工原料等生产资料领域价格大幅回落，上半年的 PPI 和 PPIRM 持续下行，而第三季度国际原油减产导致价格回升，PPI 和 PPIRM 的跌幅开始缩窄，但预计全年均保持负增长。因猪肉供给增加，需求价格持续下跌，CPI 呈波动下行的态势。因此，2023 年以来整体呈现 PPI、PPIRM 跌幅先扩大后缩窄的 U 形态势、CPI 波动下行的局面（图 1）。

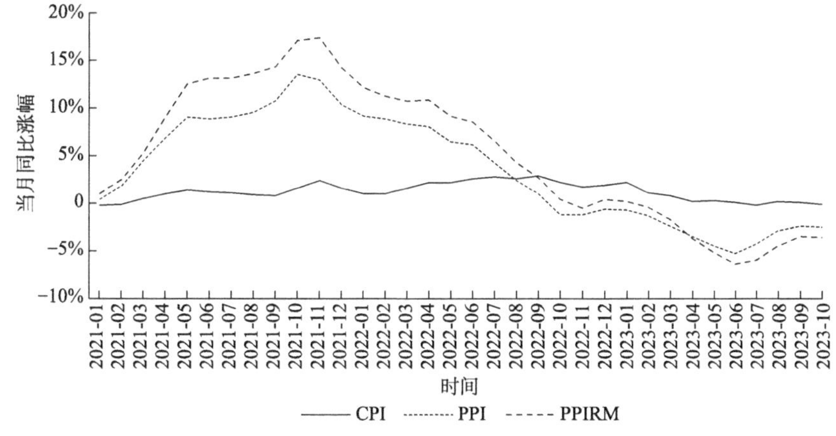

图 1　CPI、PPI 和 PPIRM 当月同比涨幅

资料来源：国家统计局。本报告中如无特殊说明，数据均来源于国家统计局

（一）食品价格涨幅回落，CPI 波动下行

2023 年我国 CPI 同比增速波动下行，截至 10 月，比上年同期增长 0.4%，涨幅较 2022 年下降 1.6 个百分点。其中食品价格累计同比增速为 0.4%，比 2022 年同期减少 2.1 个百分点，是影响 CPI 走势的主要因素；非食品价格上涨 0.3%，涨幅比 2022 年减少 1.6 个百分点。消费品价格下降 0.1%，涨幅比 2022 年下降 2.9 个百分点。分类别看，如图 2 所示，2023 年 1~10 月，食品烟酒、衣着、生活用品及服务类价格有小幅上涨，相比上年同期分别上涨 0.8%、0.9%、0.1%，居住类价格涨幅为 0，教育文化娱乐、医疗保健、其他用品及服务类价格上涨幅度较大，相比上年同期分别上涨 2%、1.1%、3.3%，而交通和通信类价格同比增速由正转负，下降 2.3%。

从月度同比涨幅来看，2023 年 1~10 月，受猪肉等食品价格同比增速大幅下降的影响，CPI 持续波动下行，由 1 月的 2.1%波动降至 7 月的−0.3%，略有反弹后降至 10 月的−0.2%。2023 年 10 月，食品价格同比下降 4.0%，非食品价格上涨 0.7%（图 3），消费品价格下降 1.1%，服务价格上涨 1.2%。分类别看，2023 年 10 月，食品烟酒、生活用品及服务、交通和通信类价格同比分别下降 2.1%、0.6%、0.9%，衣着、居住、教育文化娱乐、医疗保健、其他用品及服务价格同比分别上涨 1.1%、0.3%、2.3%、1.3%、3.6%。

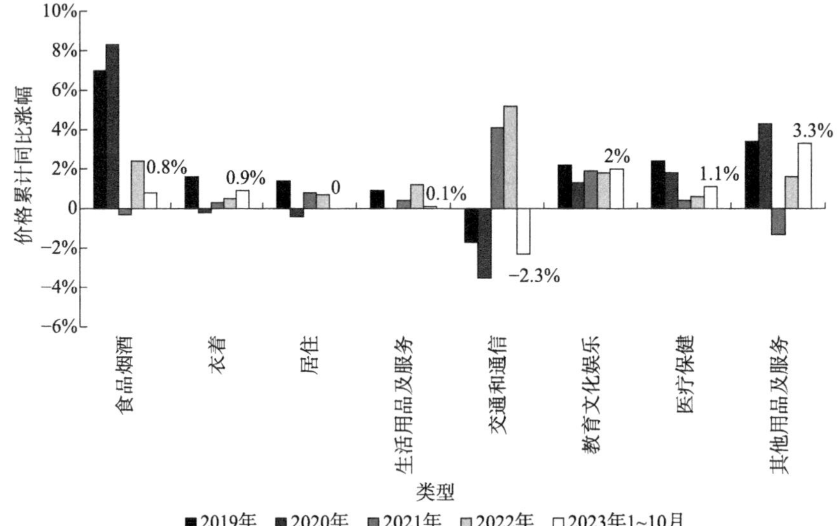

图 2　CPI 各类型价格累计同比涨幅

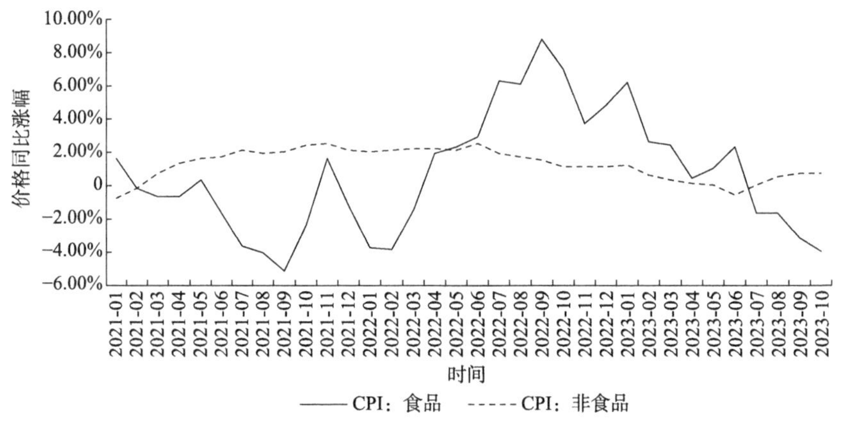

图 3　CPI 食品和非食品价格同比涨幅

2023 年我国 CPI 运行呈现出以下特征。

（1）食品价格是使 CPI 走势下降的重要因素。2023 年以来，食品类价格相比上年同期持续下降，其累计同比增速由 1 月的 6.2%降至 10 月的 0.4%，其中猪肉价格与上年同期相比涨幅不断缩小，并在 7 月由正转负，由 1 月的 11.8%跌至 10 月的−9.8%。2023 年 1~10 月，鲜菜价格下降 3.1%，鲜果价格上涨 5.7%，其他食品价格中，蛋类和食用油价格温和上升，分别上涨 2.1%和 1.8%，水产品、粮食和奶类价格基本稳定，涨幅较小。

从月度同比数据看，1~4 月猪肉价格同比为正，5 月由正转负且降幅不断增加（图 4）。10 月，食品烟酒类价格同比下降 2.1%，影响 CPI 下降约 0.61 个百分点。食品中，畜肉类价格下降 17.9%，影响 CPI 下降约 0.66 个百分点，其中猪肉价格下降 30.1%，影响 CPI 下降约 0.55 个百分点；蛋类价格下降 5.0%，影响 CPI 下降约 0.04 个百分点；鲜菜价格下降 3.8%，影响 CPI 下降约 0.08 个百分点；水产品价格下降 0.5%，影响 CPI 下降约 0.01

个百分点；鲜果价格上涨 2.2%，影响 CPI 上涨约 0.04 个百分点；粮食价格上涨 0.6%，影响 CPI 上涨约 0.01 个百分点。

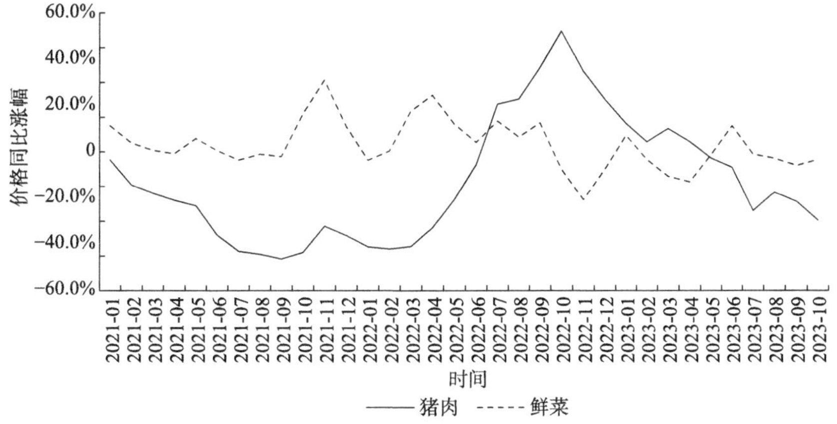

图 4　CPI 中猪肉和鲜菜价格同比涨幅

（2）非食品价格涨幅平稳。2023 年 1~10 月我国 CPI 中非食品价格比上年同期上涨 0.3%，涨幅比 2022 年同期下降 1.6 个百分点。前三季度，服务价格上涨 1.0%，影响 CPI 上涨约 0.39 个百分点，旅游出行带动的宾馆住宿、飞机票等交通运输服务价格大幅上涨，分别上涨 9.9%和 18.0%；截至 10 月，旅游类价格上涨 9.5%，比上年同期增加 6.4 个百分点。前三季度，能源价格同比下降 3.4%，其中，汽油、柴油价格分别下降 7.1%和 7.7%，影响 CPI 下降约 0.27 个百分点，带动工业消费品价格同比下降 0.9%。

从月度同比数据看，非食品价格在 1~6 月涨幅持续回落，6 月跌至−0.6%，7 月开始上涨，10 月升至 0.7%；上半年的能源价格下降明显，如图 5 所示，1~6 月中每月的交通工具用燃料同比跌幅不断增加，6 月同比增速为−17.6%，7 月后跌幅缩窄，10 月开始转正；相比 2022 年，水电燃料同比增速放缓，3~7 月持续为负，8 月后开始小幅上涨。

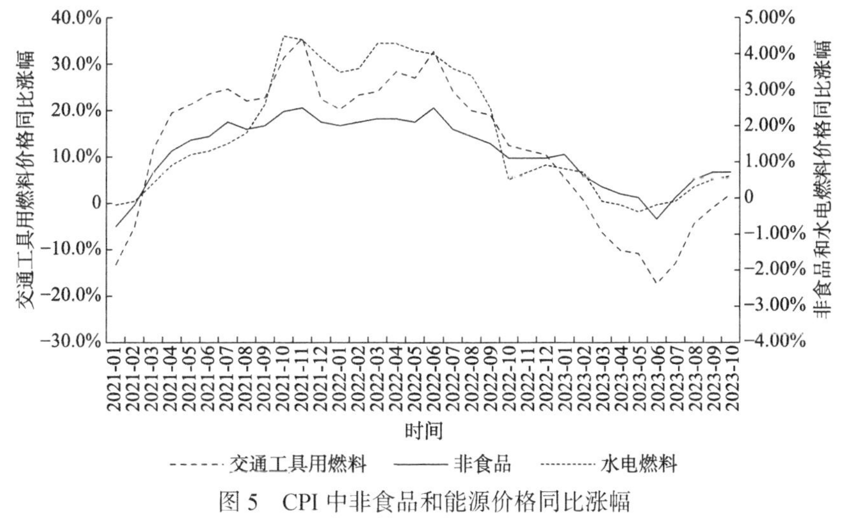

图 5　CPI 中非食品和能源价格同比涨幅

（3）随着服务消费持续恢复，服务价格逐步回升。2023 年 1~10 月服务价格上涨

1.0%，涨幅比 2022 年同期扩大 0.1 个百分点。具体来看，如图 6 所示，旅游价格相比 2020~2022 年有显著的大幅提升，上涨 9.5%，涨幅比上年同期扩大 6.4 个百分点；通信服务、租赁房房租价格分别下降 0.3%、0.3%；家庭服务、教育服务、交通工具使用和维修、邮递服务涨幅相对稳定，分别上涨 1.7%、1.3%、0.8%、0.1%。从月度同比数据看，如图 7 所示，2023 年服务价格涨幅波动上升，2023 年 10 月服务价格指数同比上涨 1.2%，涨幅比 2022 年同期增加 0.8 个百分点，其中旅游价格大幅上涨 11.0%，家庭服务、教育服务、医疗服务分别小幅上涨 1.9%、1.8%、1.2%，其他服务类价格略有上涨或下跌。

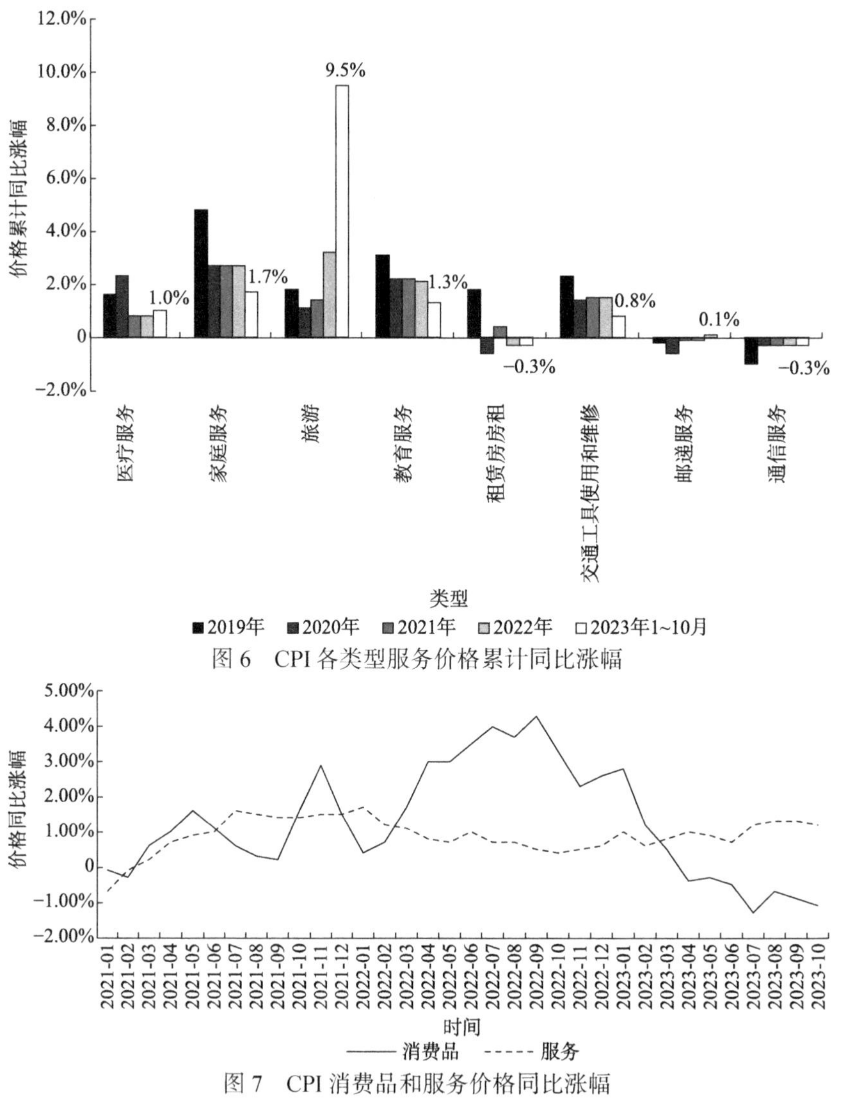

图 6　CPI 各类型服务价格累计同比涨幅

图 7　CPI 消费品和服务价格同比涨幅

（二）生产领域价格保持负增长，PPI 同比呈 U 形态势

2023 年，由于上半年的国际大宗商品价格持续回落，叠加上年同期对比基数较高影

响，生产资料价格进入负增长态势，第三季度由于国际原油、有色金属价格回升，PPI 跌幅有所减小。2023 年 1~10 月 PPI 下降 3.1%，较 2022 年涨幅下降 8.3 个百分点。其中，生产资料价格下降 4.0%，涨幅比 2022 年下降 10.4 个百分点；2023 年经济运行持续复苏，生活资料价格上涨 0.1%，涨幅比 2022 年下跌 1.3 个百分点。如图 8 所示，生产资料中，采掘业、原料业和加工业价格相比上年均有大幅下降，而生活资料中的食品、衣着、一般日用品类价格比上年同期均有小幅上涨，耐用消费品类价格小幅下跌。

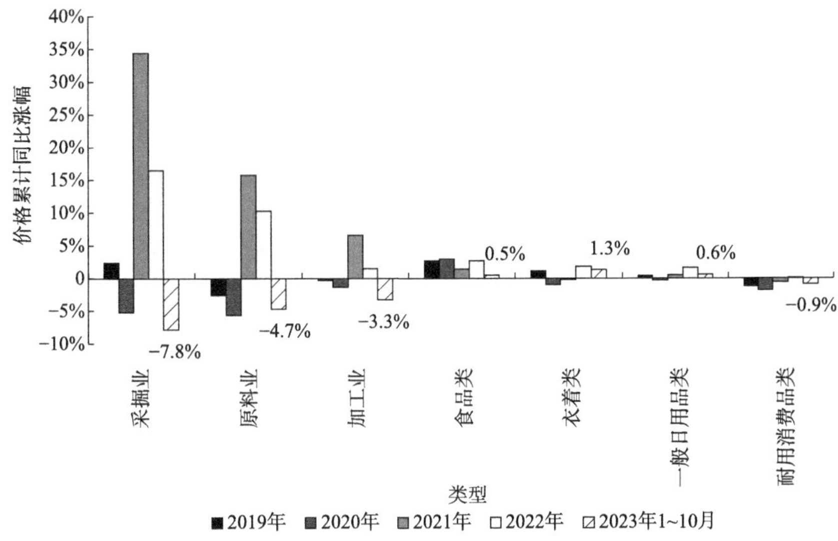

图 8　PPI 各类型价格累计同比涨幅

从月度同比数据看，2023 年上半年 PPI 同比延续上年高速回落的态势，由 1 月的−0.8%降至 6 月的−5.4%，7 月开始跌幅逐步缩小，10 月仍为−2.6%，比上年同期下降 1.3 个百分点。其中，生产资料价格同比持续为负，10 月同比下降 3.0 个百分点，生活资料价格同比由正转负，由 1 月的 1.5%波动降至 10 月的−0.9%（图 9）。

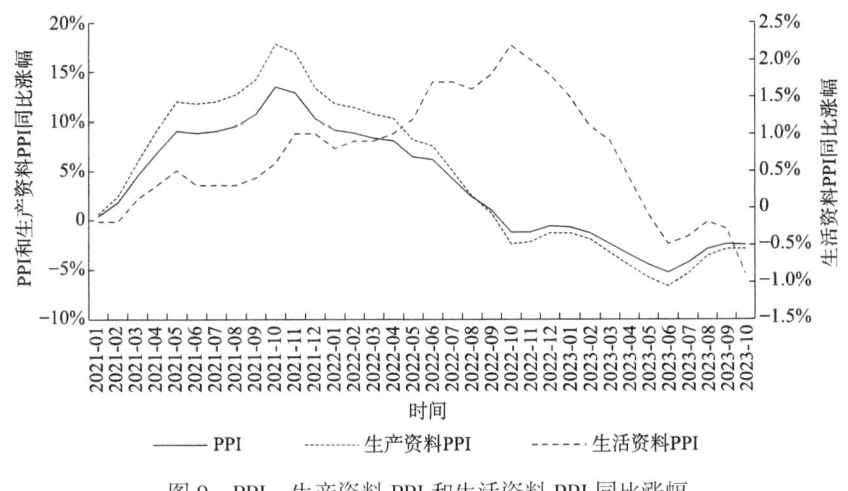

图 9　PPI、生产资料 PPI 和生活资料 PPI 同比涨幅

2023 年我国 PPI 运行呈现以下特征。

（1）生产资料价格呈负增长，跌幅先增后减。2023 年 1~10 月，PPI 中生产资料价格下降 4.0%，其中采掘工业、原材料工业和加工工业价格分别下降 4.0%、7.8%和 4.7%，比上年同期分别下降 28.6 个、17.1 个和 5.7 个百分点。分行业来看，生产资料各行业价格也多为下降态势。2023 年国际原油价格先跌后涨，以跌为主基调，带动国内石油相关行业价格呈现走势相似，整体下跌的局面。截至 10 月，石油和天然气开采业、石油煤炭及其他燃料加工业价格累计同比分别下降 11.6%、8.8%，较 2022 年同期分别下降 52.2 个和 35.8 个百分点。此外，化学原料及化学制品制造业下降 9.5%，降低 20.1 个百分点，黑色金属矿采选业下降 5.1%，相比上年降幅收窄，增加 10.9 个百分点。有色金属矿采选业累计同比增长 5.7%，涨幅比 2022 年同期下降 3.3 个百分点。从月度同比涨幅看，如图 10 所示，PPI 生产资料的各分项目均呈现明显下降趋势，10 月生产资料价格同比下降 3.0%，其中采掘业生产资料、原料业生产资料、加工业生产资料价格分别下降 6.2%、2.3%和 3.0%，跌幅与上年同期基本持平。

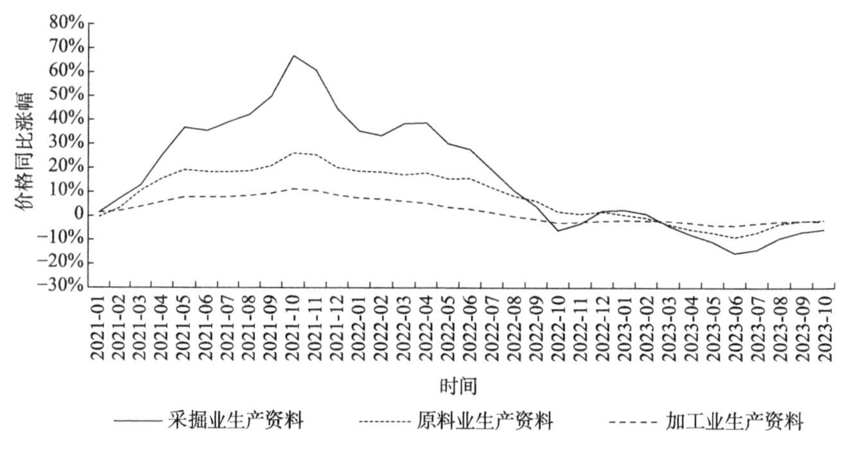

图 10　PPI 中生产资料各类型价格同比涨幅

（2）生活资料价格温和上涨。2023 年 1~10 月，PPI 中生活资料价格上涨 0.1%，涨幅比 2022 年减少 1.3 个百分点。其中，食品类、衣着类和一般日用品价格比上年同期分别上涨 0.5%、1.3%和 0.6%，耐用品类价格下降 0.9%。从月度同比涨幅看，如图 11 所示，2023 年生活资料价格波动下降，食品类、衣着类、耐用品类 PPI 同比下降显著，其中食品类在 6 月由正转负，而一般日用品类的 PPI 涨幅相对平稳。10 月食品类、耐用品类同比分别下降 1.2%和 2.0%，衣着类和一般日用品类均上升 0.4%。

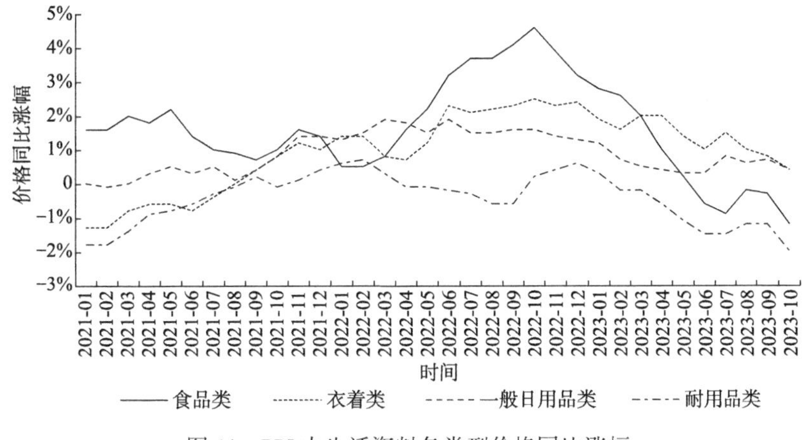

图 11　PPI 中生活资料各类型价格同比涨幅

（三）PPIRM 涨幅回落

2023 年 1~10 月我国 PPIRM 下降 3.6%，涨幅比 2022 年同期回落 11.1 个百分点。分项目来看（图 12），受 2022 年较大基数的影响，除黑色金属材料类外，各分类价格均扭转 2022 年高增长的态势，涨幅由正转负。其中燃料动力类、化工原料类、建筑材料及非金属矿类、纺织原料类降幅较大，分别降至 4.9%、8.8%、5.5%、3.5%，比 2022 年同期下降 29.3 个、17.9 个、10.7 个、10 个百分点；木材及纸浆类、有色金属材料及电线类、其他工业原材料及半成品类、农副产品类降幅相对较小，分别下降 2.4%、1.3%、1.3%、1.1%，相比 2022 年同期分别减少 7.0 个、8.6 个、3.9 个、5.6 个百分点；而黑色金属材料类价格保持 2022 年的下降趋势，累计同比下降 7.3%，比 2022 年同期降低 5.0 个百分点。

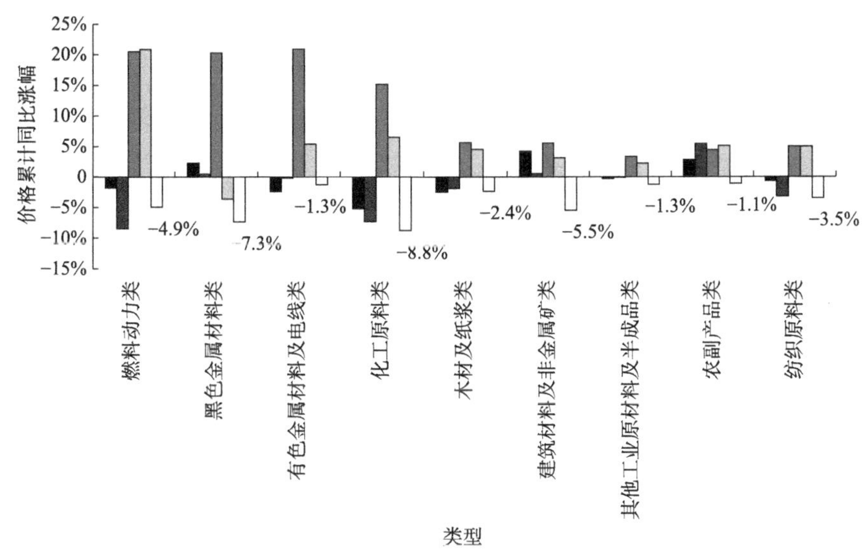

图 12　PPIRM 各类型价格累计同比涨幅

从月度同比涨幅看，2023 年 1~10 月我国 PPIRM 同比增速呈现先降后升的 U 形态势，由 1 月的 0.1%下降至 6 月的−6.5%，之后波动升至 10 月的−3.7%，全年除 1 月外均为负增长。分项目看，如图 13 和图 14 所示，下半年燃料动力类、黑色金属材料类、有色金属材料及电线类、化工原料类、纺织原料类均出现明显回升，但仅有色金属材料及电线类转负为正，其他类别继续保持负增长。10 月燃料动力类、黑色金属材料类、化工原料类、木材及纸浆类、建筑材料及非金属矿类、其他工业原材料及半成品类、农副产品类、纺织原料类分别下降 6.7%、2.1%、6.3%、7.1%、7.3%、2.0%、6.2%、0.7%，有色金属材料及电线类上涨 3.7%。

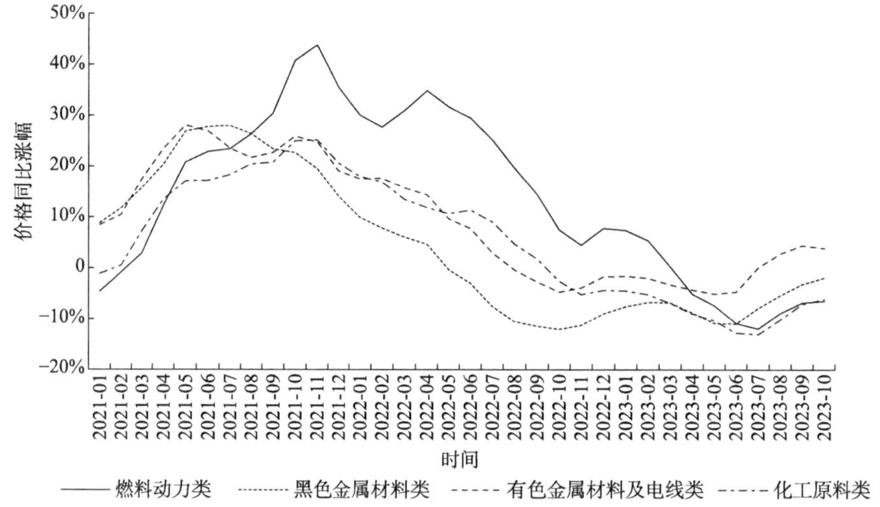

图 13　PPIRM 中各类型价格同比涨幅（一）

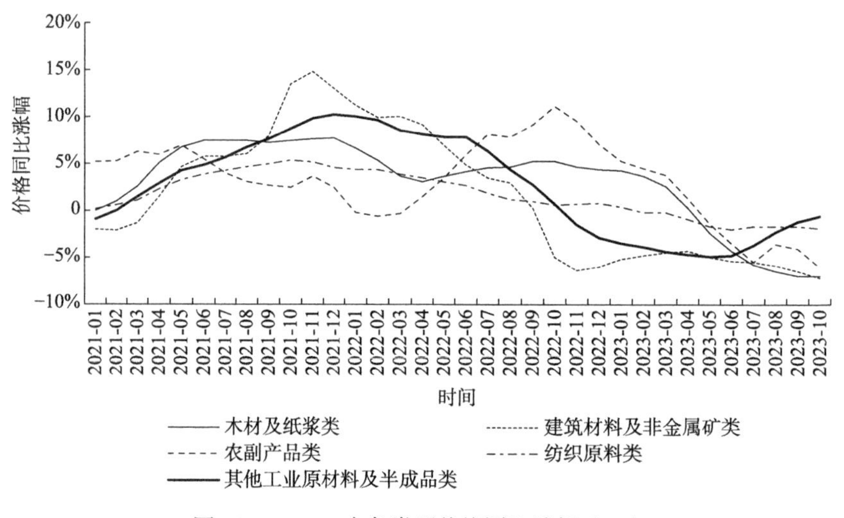

图 14　PPIRM 中各类型价格同比涨幅（二）

二、2024 年中国物价走势影响因素分析

（一）国际大宗商品价格走势

虽然我国在部分商品上已具有一定的国际影响力，但总体上我国仍是价格接受者，国际大宗商品价格的变动会通过贸易、市场预期等途径传导到国内，特别是国际原油价格和基本金属价格。因此，分析国际市场价格走势对研判 2024 年我国物价走势十分重要。

（1）在原油方面，2023 年全球经济增速回落，原油大体处于供求平衡状态，全年平均价格比 2022 年有明显下降。预计 2024 年原油价格总体呈宽幅波动态势，中枢价格有所抬升，但不能排除地缘政治冲突加剧和 OPEC（Organization of the Petroleum Exporting Countries，石油输出国组织）国家继续减产导致原油价格飙升的可能。

2023 年以来，全球经济增长趋稳，大宗商品贸易格局持续调整，俄乌冲突对商品价格的影响持续减弱，原油价格在 2023 年上半年出现小幅波动下降，而受 OPEC 国家和石油生产商减少石油供应的影响，第三季度的原油价格开始上涨，10 月有小幅下跌，如图 15 所示，2023 年 10 月布伦特原油均价为 91.06 美元/桶，与 2022 年同期相比降低 2.2%。10 月，中东冲突爆发，尽管短期来看对商品价格影响较小，但根据以往巴以战争对商品价格的影响来看，若冲突升级将带来石油等大宗商品价格飙升的风险。展望 2024 年，面对全球经济缓慢而不均衡的复苏态势，原油市场将面临较大的不确定性。尽管美联储的货币政策预期有所放松，可能会在一定程度上减轻全球经济衰退的风险，但地缘政治的不确定性，尤其是巴以冲突的持续升级和 OPEC 国家减少石油供应的情况，预计将对 2024 年的全球能源供应产生深远的影响。从国内成品油价格来看，如图 15 所示，其通常与国际原油价格保持一致。当前国内成品油价格由于国际原油减产而处于较高水平，尽管存在一定的价格优化空间，但考虑到国内成品油价格已处于不低水平，若国际原油价格继续上涨，将对国内市场造成较大的成本上涨压力。

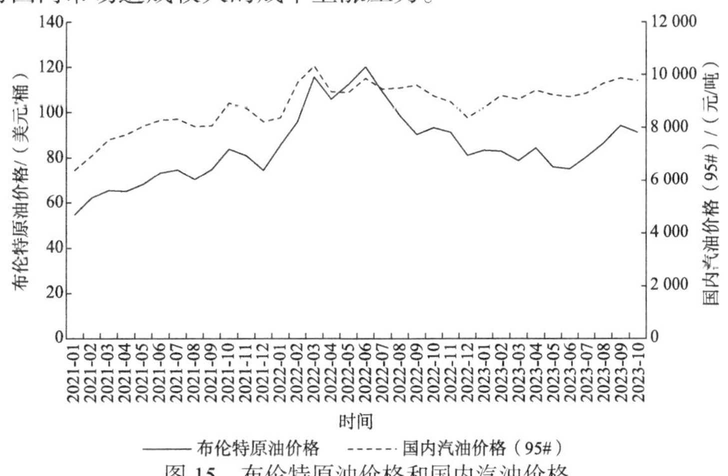

图 15　布伦特原油价格和国内汽油价格

资料来源：世界银行、Wind 数据库

（2）在基本金属方面，其价格整体波动态势与原油价格相同，但新能源发展增加了铜等基本金属的需求，预计 2024 年基本金属价格将总体稳定，整体低于 2023 年水平，但将在相对高位波动，不排除 2024 年下半年出现上涨。

2023 年，由于全球经济增速放缓，叠加我国重工业和房地产市场疲软，对基本金属的需求降低，自 1 月以来，国际铜铝价格小幅波动下降，如图 16 所示，2023 年，铜价由 1 月的 9 037.95 美元/吨降至 10 月的 7 937.18 美元/吨，铝价由 1 月的 2 501.82 美元/吨降至 10 月 2 192.21 美元/吨，受 2022 年 3~10 月铜价高位快速回落的影响，2023 年 10 月的铜价同比上涨 3.7%，铝价同比下降 2.8%。考虑到 2024 年各国开展能源转型，出台相应政策以应对全球能源危机，如加快扩大可再生能源装机规模、减少化石燃料依赖等，新能源发展将加大铜等基本金属的需求，但考虑到全球经济整体疲弱且基本金属供应充足，预计基本金属价格总体保持平稳。

图 16　铜和铝国际价格

资料来源：世界银行

（3）在粮食方面，预计 2024 年全球粮食价格整体将小幅回落，但存在许多不确定因素，价格波动风险较大。但由于我国粮食对外依赖度除大豆等个别产品外大多不高，国际粮价波动对国内价格的传导有限。

2023 年上半年国际农产品供应较为充足，缓解了极端天气和俄罗斯暂停执行黑海港口农产品外运协议对粮食市场的压力，且俄乌冲突对乌克兰的小麦、玉米等粮食的生产和运输并未造成较大影响，其产量相比 2022 年还有所提升。由于大米的最大出口国印度因厄尔尼诺现象减少水稻种植，且对大米出口实施禁令，大米价格攀升，9 月起有所下降（图 17）。2023 年 1~10 月，小麦、玉米价格相比上年同期分别下降 19.3%和 18.4%，大米价格上涨 24.6%。大豆受厄尔尼诺现象影响，产量有所增加，2023 年 1~10 月价格比同期下降 10.8%。由于持续的厄尔尼诺现象和印度大米的出口禁令，预计 2024 年大米价格将继续上涨，但粮食总体价格会因玉米、大豆、小麦的增产而有小幅下降。但若巴以冲突持续加剧，导致油价飙升，进而增加粮食的生产和运输成本，且受恶劣天气的持

续影响，粮食价格面临多重上行和下行风险，价格波动可能性较大。

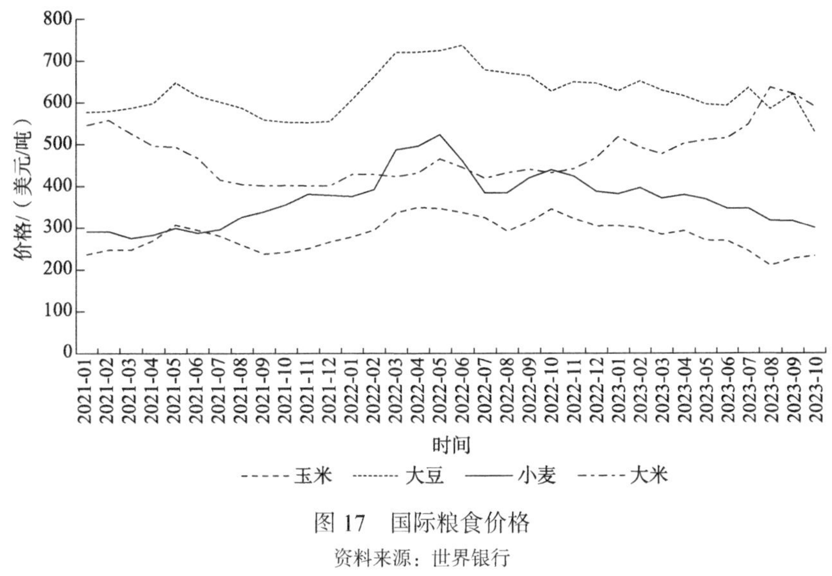

图 17　国际粮食价格

资料来源：世界银行

（二）国内供需形势

2024 年，预期我国经济仍将保持温和稳定复苏。2024 年国内经济对物价的影响将体现于供给层面和需求层面的共同拉动。供给方面，2023 年国际能源和粮食价格的回落降低了部分行业的生产成本，部分终端消费品的供应增多，预计 2024 年将向下游传导；另外，随着我国线下服务业稳定复苏，住宿、餐饮、批发零售等消费需求增速明显提升，预计 2024 年我国服务业需求将进一步提高。因此，预计 2024 年供需均将对 CPI 带来一定的拉动。但是，考虑到近年来国内就业压力相对较大，预计因工资价格上涨导致的服务业价格上涨有限；房地产市场低迷也限制了房租价格的提升；消费品领域的产能相对充裕，竞争激烈，也将制约价格过快上涨。2023 年，我国实施精准有力略宽松的货币政策，为刺激经济增长，前三季度央行两次降低存款准备金率，两次降低存款和贷款利率，以增加信贷规模和货币供应，为经济增长提供流动性支持，促进物价稳步回升。但受到国际大宗商品价格传导和猪周期下行趋势的影响，叠加美联储货币政策负面溢出效应，现阶段物价仍处于低位运行态势，预计 2024 年国家对货币政策的精准调控，叠加财政政策加强发力，将有利于物价稳步回升。

（三）国内重要价格波动领域分析

（1）猪肉价格总体将呈现温和波动态势。短期来看，如图 18 所示，2023 年上半年生猪价格缓慢下跌，7 月有较大涨幅，但随着 10 月、11 月生猪的集中出栏，猪肉市场供应增加使得价格开始降低。短期内，预计随着冬季对猪肉需求的增加，猪肉价格或将出现小幅季节性上涨，但充足的供给使得涨幅有限。中长期来看，能繁母猪数量的增多和母猪生产效率的提升将增加仔猪供给量，预计 2024 年上半年生猪出栏量仍然较高，第一季度由于春节效应会带动需求增加，但在过多供给下对价格下跌态势扭转的力度有限，预计猪肉价格仍有进一步下跌的风险。根据猪周期判断，如图 19 所示，猪肉进入新一轮周期下降阶段，考虑到目前的供求形势和猪肉消费习惯的变化，2024 年猪肉价格总体处于波动状态，使用周期方法模拟，大致呈现涨幅跌幅都不大的波动态势。

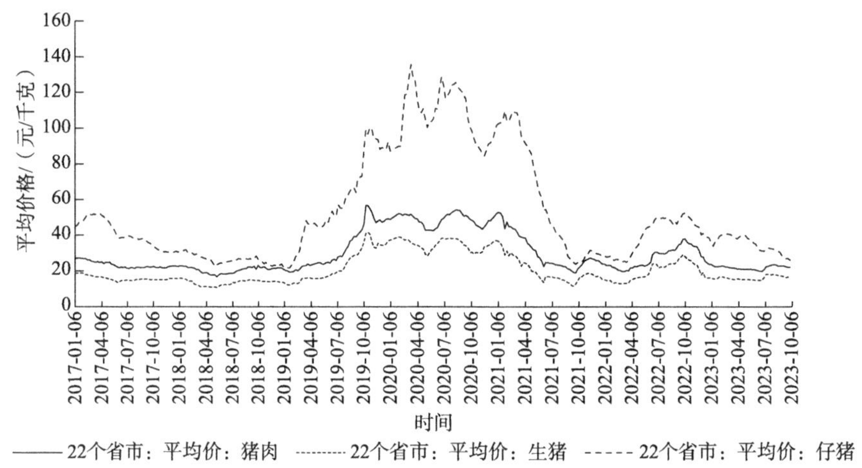

图 18　我国 22 个省市猪肉、生猪、仔猪平均价格变化

资料来源：Wind 数据库

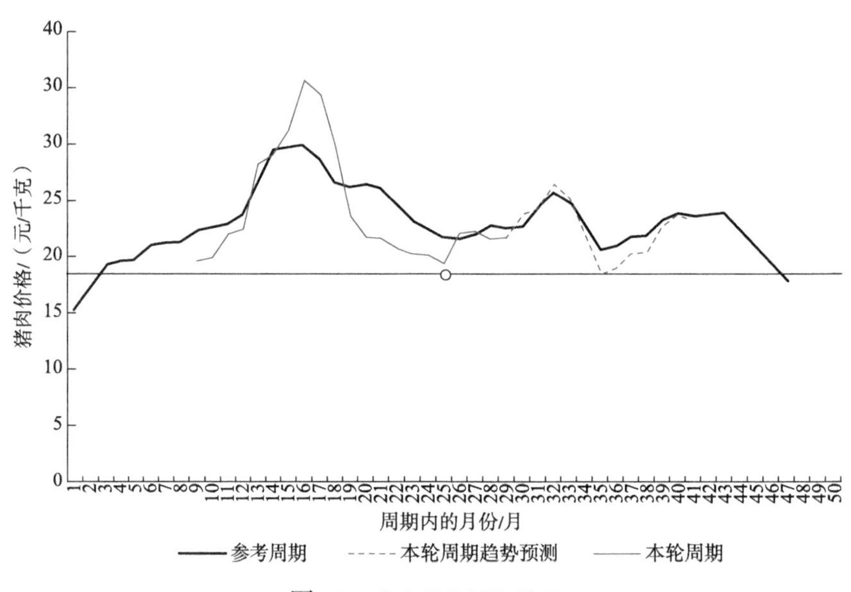

图 19　猪肉价格周期模拟

（2）服务价格有望持续上涨。2023 年，餐饮、旅游等服务业的强劲复苏带动我国经济稳步发展，前三季度的服务业增加值拉动 GDP 增长 3.3 个百分点。服务需求的释放带动服务价格有所回升，尤其是旅游价格上涨幅度较大，为 9.5%，带动 2023 年 1~10 月服务类价格上涨 1.0%。在服务价格中，房租价格下降 0.3%是一个明显拖累。展望 2024

年，随着线下经济的持续恢复，旅游、交通等需求的增加将进一步带动相关服务价格上涨。但是，考虑到房地产市场较为低迷，预计房租价格大概率还会继续拖累服务价格的涨幅，2024 年服务价格整体将保持温和上涨态势。

三、2024 年中国三大物价指数预测结果

本报告对 2024 年我国三大物价指数预测主要基于骆晓强等[①]提出的多元传导模型，并结合了混频动态因子模型等实时预测方法。通过对我国三大物价指数及其分项的分析，得到我国物价指数的传导路径如图 20 所示，其中，灰色标示的是三大物价指数中的主要波动源，实线单箭头表示自上而下的成本传导，虚线单箭头表示自下而上的需求传导。具体而言，自上而下的成本传导有：PPIRM 作为预测 PPI 生产资料的源头，PPI 生活资料作为依据预测 CPI 工业消费品价格的源头，PPIRM 化工原料作为预测 PPIRM 纺织原料的源头；自下而上的需求拉动传递主要有：PPI 生活资料拉动 PPIRM 其他工业原材料及半成品类，PPIRM 其他工业原材料及半成品拉动 PPIRM 化工原料。根据这一多元传导关系，对存在传导关系的细分物价指标建立 ARDL（autoregressive distributed lag model，自回归分布滞后模型），从源头进行三大物价指数的系统预测。

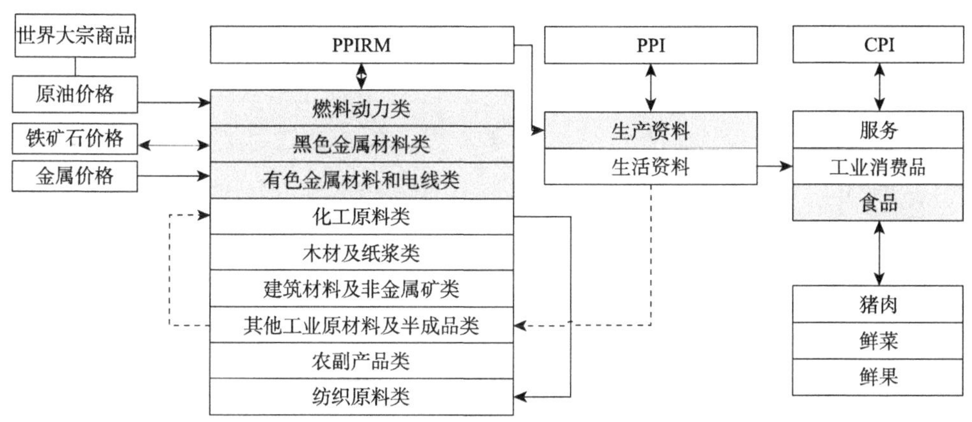

图 20　我国物价指数及分项之间的多元传导关系

根据物价指数的多元传导模型，在确定传导路径和价格波动源头后，从物价指数的细分项目的环比数据入手分别建立计量模型，其中，对价格波动源头的细分项目依据经济学理论构建 VAR（vector autoregressive model，向量自回归模型）进行预测，对存在传导关系的细分项目建立 ARDL 进行预测，对波动较小的分项目根据简洁原则建立 ARIMA

① 骆晓强，鲍勤，魏云捷，等. 基于多元传导模型的物价指数预测新方法——2018 年中国物价展望[J]. 管理评论，2018，（1）：3-13.

（autoregressive integrated moving average model，自回归差分移动平均模型），最后将细分项目预测值按权重加总得到整体环比数据的预测，并在此基础上结合翘尾因素计算得到同比数据的预测。同时，本报告进一步完善了这一多元传导模型，一方面，对 CPI 中猪肉、鲜菜、鲜果、服务等项目进行了严格的季节因素检验，加入了春节因子，采取了更为完善的季节调整方法进行预测，对猪肉价格预测模型进行了完善；另一方面，在 PPIRM 分项目预测中减少了部分不必要的外生变量，并对原油价格预测及其传导路径进行了完善，对原油价格变动的敏感性进行了估计；此外，也基于大规模数据使用混频动态因子模型等方法提取有效因子开展预测，基于完善后的多元传导价格预测模型，对 2024 年我国三大物价指数的预测结果如下。

（一）2024 年 PPIRM 预测

根据 2023 年各月的 PPIRM 环比指数（2023 年 11~12 月为预测值，下同），测算得到翘尾因素将促使 2024 年 PPIRM 下降约 1.2 个百分点。各月翘尾因素如图 21 所示，2024 年第一季度，翘尾因素对 PPIRM 的影响约为−3.1 个百分点，4 月起翘尾因素明显减弱，至 7 月基本转为正向拉动，2024 年整体呈现前低后高态势。

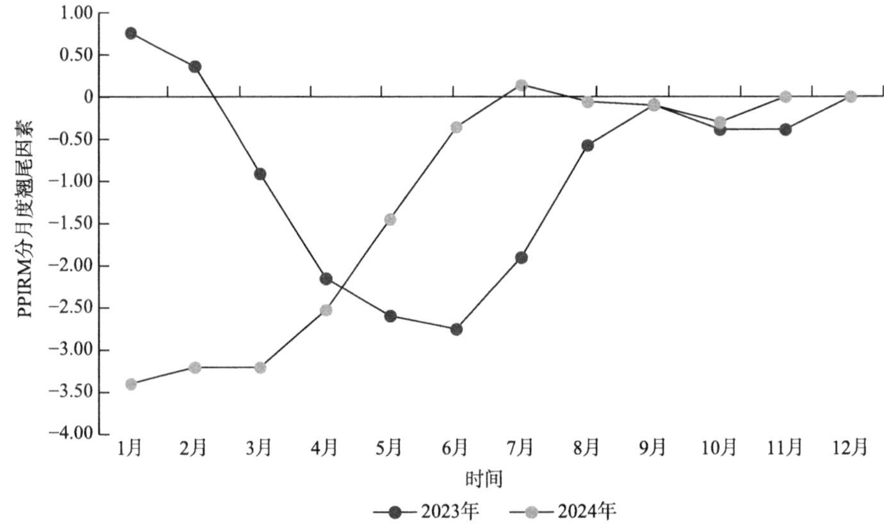

图 21　2023 年、2024 年 PPIRM 分月度翘尾因素

根据传导模型预测出 2024 年 PPIRM 各月的环比变动情况，根据环比与同比的关系，计算出各月同比数据，结果如图 22 所示。预测 2024 年 PPIRM 将回归常态化波动，全年将在−1.5%~0.8%，在基准情景下约为 0.3%，分月度来看，整体呈现前低后高态势，第一季度在−1.3%~−3.4%，之后持续回升，下半年有望转正。

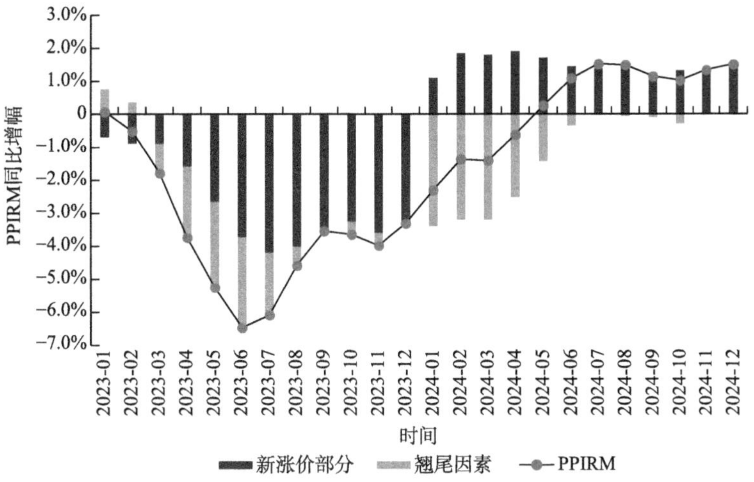

图 22 2024 年 PPIRM 月度同比预测数据（基准情景）

（二）2024 年 PPI 预测

根据 2023 年各月的 PPI 环比指数，测算得到翘尾因素对 2024 年 PPI 影响约为−1.0 个百分点。翘尾因素的月度分布如图 23 所示，2024 年整体呈现前低后稳态势。

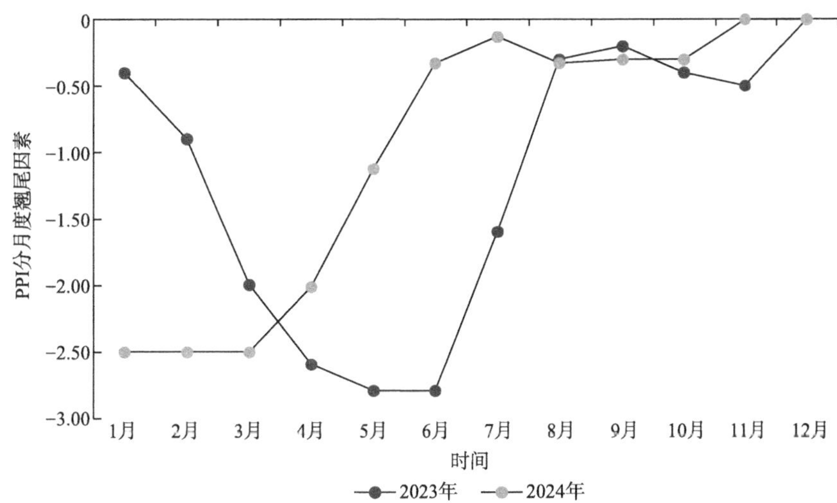

图 23 2023 年、2024 年 PPI 分月度翘尾因素

使用传导模型可以预测出 2024 年 PPI 月度环比涨幅，进而根据环比与同比的关系，可以计算出 PPI 月度同比指数，预测结果如图 24 所示，2024 年 PPI 整体呈现前低后高的态势。2024 年全年 PPI 将在−1.2%~−0.1%，在基准情景下约为−0.6%，其中上半年因基数较高，翘尾因素影响为负值较大，PPI 在−1.9%~−0.9%，下半年随着经济复苏和翘尾因素转正，PPI 逐步回升至−0.5%~0.5%。

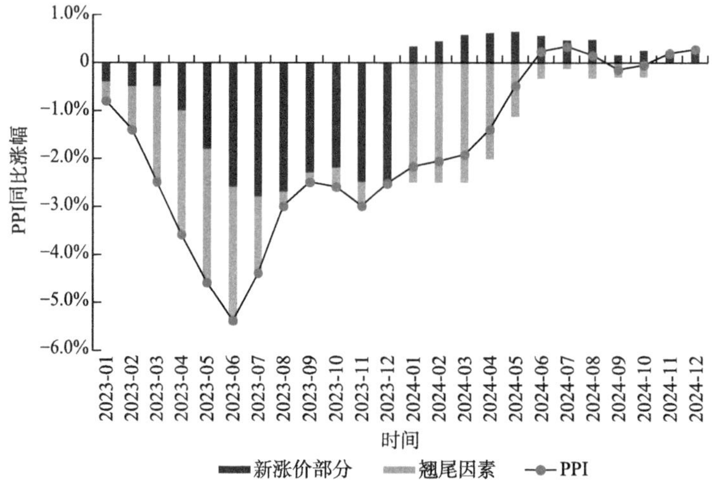

图 24　2024 年 PPI 月度同比预测数据（基准情景）

（三）2024 年 CPI 预测

根据 2023 年各月的 CPI 环比指数，测算得到翘尾因素对 2024 年 CPI 影响约为−0.3 个百分点。2024 年各月的翘尾因素如图 25 所示，其中，第一季度的翘尾因素为负，约为−0.7 个百分点；2024 年 6 月的翘尾因素约为 0.2 个百分点，是年内的最高点。

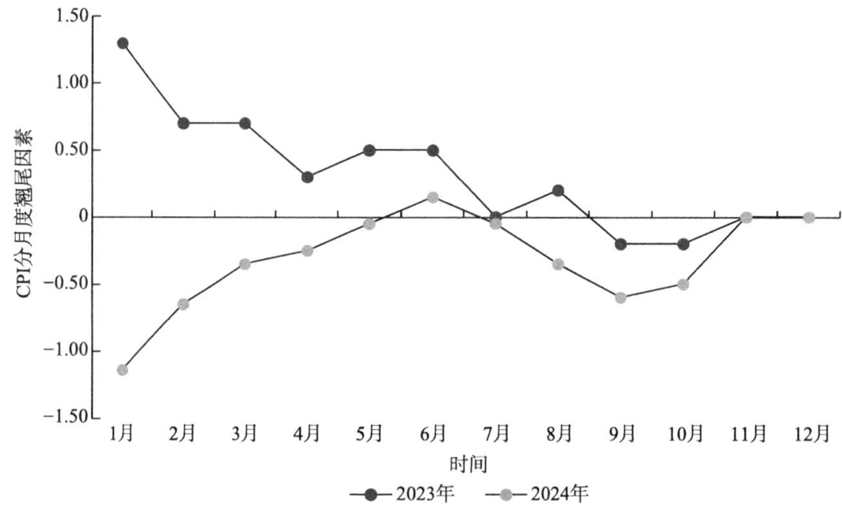

图 25　2023 年、2024 年 CPI 分月度翘尾因素

使用传导模型可以预测出 CPI 在 2024 年的月度环比涨幅，进而根据环比与同比的关系，可以计算出 CPI 月度同比涨幅，结果如图 26 所示。根据预测，2024 年全年 CPI 将上涨 0.4%~1.2%，在基准情景下将上涨 0.7%，整体来看，2024 年 CPI 呈现倒 U 形态势，年初受翘尾因素影响可能为负，之后随着翘尾因素转正和猪肉价格周期拉动，CPI 有望逐步转正，年内高点预计在 6 月，为 1.2%左右。

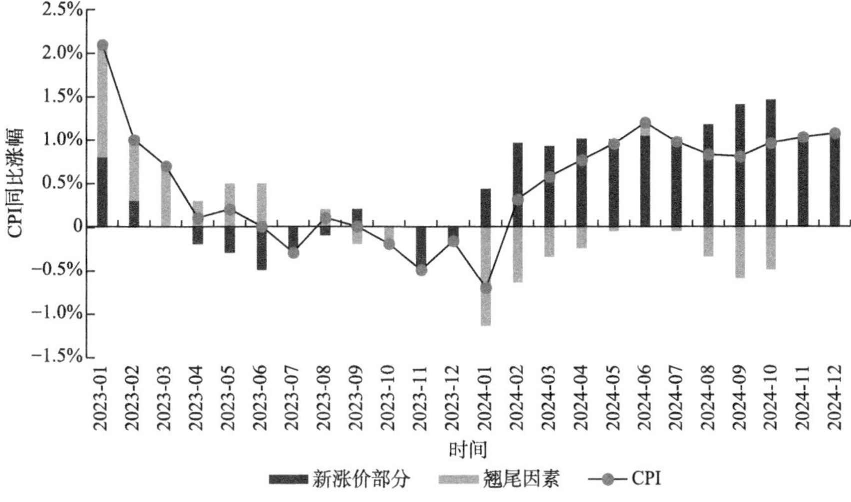

图 26　2024 年 CPI 月度同比预测数据（基准情景）

四、结论和政策建议

为更好地通过宏观调控政策熨平价格波动风险，助力宏观经济健康运行，提出以下政策建议。

（一）加强运用信息化手段监测价格走势与预警风险，合理引导市场预期

通过信息化平台建设，加强及时全面准确地监测分析国内外价格总水平和重要商品价格走势的能力。针对风险情景做好压力测试和应对预案，提升全面前瞻性调控的能力。加强针对重点民生商品的价格监测、预测和预警，研究完善价格异常波动应对预案。健全重要商品储备制度，丰富调控手段，提升调控能力，防范价格异常波动。逐步构建覆盖重要商品和服务的价格指数体系，合理引导市场预期。

（二）积极推进价格机制市场化建设与优化，降低价格波动风险

市场是实现资源优化配置和发现价格的重要机制，建议利用物价水平整体稳定的时期，进一步加强我国要素价格市场化改革。多措并举，积极推进人民币跨境结算和以人民币计价的大宗商品贸易结算与市场建设，减弱以美元计价的国际大宗商品价格波动对我国国内价格的传导效应。持续完善大宗商品的国家和商业储备制度，适时加大储备规模，增强通过市场化手段缓解供需矛盾和维护价格稳定的调控能力。

（三）以系统思维精准调控物价，确保物价整体稳定

价格是调节经济系统供给与需求的重要内生变量，确保物价整体稳定对于国民经济循环来说具有重要意义。应坚持系统思维，正确认识物价形势，合理统筹货币财政政策，确保物价水平整体基本稳定；同时精准施策，在物价整体稳定的情况下，着重发力解决好物价的结构性问题，助推经济系统内生循环建设。若局部地区、局部行业的部分商品或服务的价格以较大幅度较快地增长，将会对经济和社会产生重要冲击或增大我国面临的经济风险。应未雨绸缪，制定应急政策预案，高度关注部分重点行业和产品价格的快速上涨，及时出台政策合理引导市场预期。落实好调增的再贷款再贴现额度，实施好存续结构性货币政策工具，继续加大对普惠金融、绿色发展、科技创新、基础设施建设等国民经济重点领域和薄弱环节的支持力度，综合施策支持区域协调发展。

2023年中国财政形势分析与2024年展望

骆晓强

报告摘要：2023年，我国一般公共预算收入因上年实施大规模留抵退税基数较低出现增长，1~10月累计收入187 494亿元，同比增长8.1%。受房地产市场依然低迷影响，全国政府性基金预算收入出现下降，1~10月累计收入43 795亿元，同比下降16%。财政支出总体扩张。一般公共预算支出保持较快增长，1~10月累计支出215 734亿元，同比增长 4.6%。受土地出让收入下降影响，全国政府性基金预算支出出现下降，1~10月累计支出72 899亿元，同比下降15.1%。整体看，2023年财政平衡的压力依然较大。

2023年，我国积极财政政策力度加大。财政支出保持扩张，年初安排一般预算赤字3.88万亿元，2023年10月底增发2023年国债10 000亿元，全国财政赤字将由3.88万亿元增加到4.88万亿元，财政赤字率由3%提高到3.8%左右。新增地方政府专项债扩大到3.8万亿元。分批次延续、优化和完善了近70项税费优惠政策，重点支持制造业、小微企业和个体工商户的发展，前8个月，全国新增减税降费及退税缓费超过1.15万亿元。聚焦民生保障，兜底线、增福祉，落实落细就业优先政策。聚焦创新引领，强动能、优结构。把支持科技创新摆在优先位置，综合运用财政补贴、贷款贴息、税费优惠等措施，加快发展战略性新兴产业，支持中小企业数字化转型。防范和化解地方政府债务风险迈出坚实步伐。2023年财政扩张支持了经济恢复和发展。

展望2024年，财政运行有望随着经济好转而恢复正常，财政收入有望小幅增长，财政支出有望保持一定扩张力度，综合2024年经济状况，使用分税种模型预测，2024年全年财政收入预计在22.1万亿~22.5万亿元，比2023年预算数21.74万亿元增长2%~3%。财政收入对总量扩张的约束依然明显，迫切需要进一步优化支出结构和提高支出效率来缓解总量约束。

考虑到稳定经济增长的需要，建议2024年积极的财政政策适度扩张，适度扩大财政赤字和专项债规模，保障财政支出的力度。加大力度调整财政支出方向，优化财政支出结构，用加大结构调整来应对总量压力。着力改善财政政策实施方式，提高财政政策的乘数效应。防范和化解地方政府债务风险，防范金融风险向财政风险的传导，巩固财政运行基础，增强财政的可持续性。

一、2023 年中国财政运行情况

2023 年，我国经济持续复苏，但房地产市场依旧低迷。为巩固经济复苏势头，财政政策继续加大力度。财政总体在紧平衡状态运行。如表 1 所示，2023 年 1~10 月累计，受上年基数较低影响，全国一般公共预算收入 187 494 亿元，同比增长 8.1%；全国一般公共预算支出 215 734 亿元，同比增长 4.6%。受土地出让收入较大幅度下降影响，全国政府性基金预算收入 43 795 亿元，同比下降 16%；全国政府性基金预算支出 72 899 亿元，同比下降 15.1%。

表 1　2021~2023 年我国财政四本预算收支概况　　单位：亿元

项目	2021 年		2022 年		2023 年 1~10 月	
	收入	支出	收入	支出	收入	支出
一般公共预算	202 555	245 673	203 649	260 552	187 494	215 734
政府性基金预算	98 024	113 390	77 896	110 608	43 795	72 899
国有资本经营预算	5 170	2 622	5 696	3 395		
社会保险基金预算	96 877	86 694	102 448	90 603		

资料来源：2021 年和 2022 年数据为决算数据，分别来自 http://yss.mof.gov.cn/2021zyjs/和 http://yss.mof.gov.cn/2022zyjs/；2023 年 1~10 月数据为预算执行数，根据 https://gks.mof.gov.cn/tongjishuju/202311/t20231115_3916710.htm 网站数据整理；以下如无特殊说明，资料均来自以上网站

考虑到一般公共预算收支是我国政府财政收支的核心，下文主要分析一般公共预算收支情况。下文所称财政收入和支出专指一般公共预算收支，其概况如表 2 所示。需要说明的是，表 2 中财政收支差额为财政部公布数据，不等于财政收入减财政支出，按财政部定义，财政收支差额=收入总量×（全国一般公共预算收入+全国财政使用结转结余及调入资金）−支出总量×（全国一般公共预算支出+补充中央预算稳定调节基金）。

表 2　2019~2023 年全国一般公共预算收支概况

项目	2019 年	2020 年	2021 年	2022 年	2023 年 1~10 月
财政收入/亿元	190 390	182 914	202 555	203 649	187 494
财政支出/亿元	238 858	245 679	245 673	260 552	215 734
财政收支差额/亿元	−27 600	−37 600	−35 700	−33 700	48 800
收支差额占 GDP 比重	−2.8%	−3.7%	−3.1%	−2.8%	−3.8%

注：2023 年财政收支差额为预算数；收支差额占 GDP 比重为作者估算

2023 年我国一般公共预算运行表现出以下特点。

（一）财政收入出现回升

2023 年我国一般公共预算收入因上年实施增值税大规模留抵退税基数较低出现增

长，主要项目收入情况如表3所示。

表3 财政收入主要项目收入情况

主要项目	2020年/亿元	2021年/亿元	2022年/亿元	2023年1~10月	
				金额/亿元	同比增长
财政收入	182 914	202 555	203 649	187 494	8.1%
各项税收	154 312	172 736	166 620	157 841	10.7%
国内流转税	73 427	82 617	70 492	77 868	34.1%
国内增值税	56 791	63 520	48 718	59 676	51.8%
国内消费税	12 028	13 881	16 699	13 730	−4.8%
城市维护建设税	4 608	5 217	5 075	4 461	2.9%
进口环节税收	17 100	20 126	22 855	17 894	−6.6%
进口货物增值税、消费税	14 536	17 320	19 995	15 780	−6.0%
关税	2 564	2 806	2 860	2 114	−11.0%
出口货物退增值税、消费税	−13 629	−18 158	−16 258	−15 425	−3.8%
所得税	47 994	56 035	58 618	52 093	−5.0%
企业所得税	36 426	42 042	43 695	39 619	−6.3%
个人所得税	11 568	13 993	14 923	12 474	−0.5%
土地和房地产相关税种收入	19 687	20 793	19 216	15 735	−3.9%
车辆交通工具有关税收	4 530	4 596	3 523	3 231	7.5%
印花税	3 087	4 076	4 390	3 495	−10.1%
资源环境税收	2 116	2 650	3 784	2 950	−11.0%
非税收入	28 602	29 819	37 029	29 653	−3.8%
专项收入	7 123	8 118	8 452	7 013	−2.2%
行政事业性收费收入	3 839	4 155	4 215	3 381	−7.6%
罚没收入	3 114	3 712	4 284	3 173	−12.2%
国有资本经营收入	1 939	988	2 512	1 180	−29.7%
国有资源（资产）有偿使用收入	9 934	10 081	14 579	12 486	3.3%
其他收入	2 652	2 764	2 987	2 419	−7.2%

注：土地和房地产相关税种收入包括房产税、城镇土地使用税、土地增值税、耕地占用税和契税；车辆交通工具有关税收包括车船税、船舶吨税、车辆购置税；资源环境税收包括资源税、环境保护税和烟叶税。本表数据进行了舍入修约，因此各分项加总得到的数据和大项数据可能存在偏差，增长率数值也可能存在偏差

（1）国内增值税因上年基数较低出现较大幅度增长，其他主体税种出现不同程度下降。2023年1~10月，全国税收收入157 841亿元，同比增长10.7%。分税种看，因上年实施大规模增值税留抵退税基数较低，国内增值税59 676亿元，同比增长51.8%，是税收收入增长的主要原因。国内消费税13 730亿元，同比下降4.8%；城市维护建设税4 461亿元，同比增长2.9%。企业所得税39 619亿元，同比下降6.3%，个人所得税12 474亿元，同比下降0.5%。与进出口走势总体一致，进口货物增值税、消费税15 780亿元，同比下降6.0%；出口货物退增值税、消费税15 425亿元，同比下降3.8%。受房地产市场较为低迷影响，土地和房地产相关税收总体下降，其中，契税4 865亿元，同比增长2.2%；

土地增值税 4 737 亿元，同比下降 15.2%；房产税 3 333 亿元，同比增长 10.1%；耕地占用税 927 亿元，同比下降 14.9%；城镇土地使用税 1 873 亿元，同比下降 1.5%。受车辆购置税优惠政策到期退出影响，车辆购置税 2 265 亿元，同比增长 9.2%。与股市交易量交易相一致并受减半征收影响，印花税 3 495 亿元，同比下降 10.1%。其中，证券交易印花税 1 616 亿元，同比下降 31.4%。从月度同比增幅看，税收收入在第二季度因基数较低有较大幅度增长，第三季度出现下降，第四季度有企稳回升态势。

（2）非税收入出现下降。2023 年 1~10 月，非税收入 29 653 亿元，比上年同期下降 3.8%。其中，专项收入下降 2.2%，行政事业性收费收入下降 7.6%，罚没收入下降 12.2%，国有资本经营收入下降 29.7%，国有资源（资产）有偿使用收入增长 3.3%。税收收入增长而非税收入下降，使 2023 年 1~10 月非税收入占财政收入的比重下降到 15.8%，恢复正常。

（3）地方财政收入出现明显分化。2023 年 1~10 月，中央一般公共预算收入 85 870 亿元，同比增长 7.3%；地方一般公共预算本级收入 101 624 亿元，同比增长 8.8%。分省来看，大多数省市财政收入实现了增长，仅有山西省因资源价格下降较多影响较大，财政收入下降 0.8%。在我国 31 个省（区、市）中，有 14 个省市财政收入增幅在 10%以上，其中西藏、吉林、四川、贵州、新疆、云南财政收入增幅超过 15%。仍有部分地方财政收入增幅较低，如江西、陕西、广西、河北等财政收入增幅低于 5%。

（二）财政支出保持较快增长

2023 年 1~10 月累计，全国一般公共预算支出 215 734 亿元，同比增长 4.6%。分中央和地方看，中央一般公共预算本级支出 30 271 亿元，同比增长 6.8%；地方一般公共预算支出 185 463 亿元，同比增长 4.2%。

从主要支出项目情况看（表 4），重点支出得到较好保障：教育支出 32 224 亿元，同比增长 5%；社会保障和就业支出 33 223 亿元，同比增长 8.7%；卫生健康支出 18 050 亿元，同比增长 2.9%；农林水支出 18 031 亿元，同比增长 4.7%；交通运输支出 9 406 亿元，同比下降 1.2%；债务付息支出 9 707 亿元，同比增长 4.1%；科学技术支出 7 344 亿元，同比增长 4.5%；文化旅游体育与传媒支出 2 868 亿元，同比增长 2.1%；节能环保支出 4 037 亿元，同比增长 3.1%；城乡社区支出 15 447 亿元，同比增长 0.1%。

表 4　财政支出主要项目

主要项目	2020 年/亿元	2021 年/亿元	2022 年/亿元	2023 年 1~10 月	
				金额/亿元	同比增长
一、一般公共服务支出	20 061	19 880	20 879	16 859	0.5%
二、外交支出	515	493	490	440	17.1%
三、国防支出	12 919	13 787	14 752	14 356	10.8%
四、公共安全支出	13 863	13 781	14 420	11 745	2.4%
五、教育支出	36 360	37 469	39 448	32 224	5.0%

续表

主要项目	2020 年/亿元	2021 年/亿元	2022 年/亿元	2023 年 1~10 月	
				金额/亿元	同比增长
六、科学技术支出	9 018	9 670	10 032	7 344	4.5%
七、文化旅游体育与传媒支出	4 246	3 985	3 913	2 868	2.1%
八、社会保障和就业支出	32 569	33 788	36 609	33 223	8.7%
九、卫生健康支出	19 216	19 143	22 537	18 050	2.9%
十、节能环保支出	6 333	5 525	5 413	4 037	3.1%
十一、城乡社区支出	19 946	19 454	19 425	15 447	0.1%
十二、农林水支出	23 948	22 035	22 500	18 031	4.7%
十三、交通运输支出	12 198	11 421	12 044	9 406	−1.2%
十四、资源勘探信息等支出	6 067	6 587	7 410	6 422	5.2%
十五、商业服务业等支出	1 569	1 574	1 832	1 498	5.6%
十六、金融支出	1 277	1 561	1 463	1 346	41.6%
十七、援助其他地区支出	449	468	418	413	0.6%
十八、国土海洋气象等支出	2 334	2 283	2 453	1 993	6.9%
十九、住房保障支出	7 106	7 096	7 499	6 530	7.8%
二十、粮油物资储备支出	2 117	1 773	1 892	930	−15.5%
二十一、灾害防治及应急管理支出	1 941	2 011	2 245	1 648	0.6%
二十二、债务付息支出	9 813	10 447	11 353	9 707	4.1%
二十三、债务发行费用支出	77	65	65	54	16.9%
二十四、其他支出	1 737	1 376	1 461	1 163	3.0%
支出合计	245 679	245 673	260 552	215 734	4.6%

注：因 2021 年科目表变动，一些科目 2021 年与 2020 年存在口径不同，2021 年的增长率按照同口径数据计算。主要支出项目数据为原始数据经舍入修约后得到，支出合计和增长率数据由原始数据计算所得

从我国财政支出结构的变化趋势看，2023 年 1~10 月社会保障和就业支出、卫生健康支出和债务付息支出等项目在财政支出中的占比继续上升，反映了人口老龄化及政府债务负担的上升。

二、2023 年中国积极财政政策实施情况

2023 年我国继续实施积极的财政政策，加强与货币、产业等政策密切配合，大力提升政策效能，努力推动经济总体回升向好、促进高质量发展。

（一）财政扩张力度继续提高

财政扩张有所扩大。2023 年初安排一般预算赤字 3.88 万亿元，根据灾后恢复重建和防灾减灾救灾工作需要，并统筹考虑财政可承受能力，2023 年 10 月底增发 2023 年国债

1 万亿元，全国财政赤字将由 3.88 万亿元增加到 4.88 万亿元，预计财政赤字率由 3%提高到 3.8%左右。2023 年一般公共预算年初安排支出 21.75 万亿元，比 2022 年决算扩大 1.5 万亿元左右，加上 10 月底新增 1 万亿元国债有一半在 2023 年使用，支出扩张近 2 万亿元。同时，新增地方政府专项债由上年的 3.65 万亿元扩大到 3.8 万亿元，也增加了 1 500 亿元规模。总体来看，2023 年的财政支出和债务安排有效统筹财政资源，加大了扩张力度，有力支持了稳定宏观经济大盘。

（二）延续、优化和完善税费优惠政策

一是保持税费优惠政策的衔接协调。对增值税小规模纳税人适用 3%征收率的应税销售收入，减按 1%征收；对月销售额 10 万元及以下小规模纳税人免征增值税。对生产、生活性服务业纳税人分别实施 5%、10%的增值税加计抵减政策。对小微企业和个体工商户减征所得税。将物流企业自有或承租的大宗商品仓储设施用地减半征收城镇土地使用税，以及残疾人就业保障金减征优惠政策等自 2023 年 1 月 1 日起延长五年至 2027 年底，着力保就业保民生。

二是延续优化新能源汽车车辆购置税减免政策。会同相关部门将 2023 年底到期的新能源汽车车辆购置税减免政策延续至 2027 年 12 月 31 日。其中，2024~2025 年全额免征，2026~2027 年减半征收。同时，对新能源乘用车减免车辆购置税设定减免限额，对购置日期在 2024~2025 年享受全额免征的新能源汽车乘用车设定 3 万元的减免税限额，对购置日期在 2026~2027 年享受减半征收的新能源乘用车设定 1.5 万元的减免税限额，巩固和扩大新能源汽车产业发展优势。

三是阶段性免征国家电影事业发展专项资金。自 2023 年 5 月 1 日至 2023 年 10 月 31 日，免征国家电影事业发展专项资金，支持电影行业发展。

四是支持制造业发展。将符合条件的行业企业研发费用税前扣除比例从 75%提高到 100%。出台先进制造业增值税加计抵减政策，自 2023 年 1 月 1 日至 2027 年 12 月 31 日，允许先进制造业企业按照当期可抵扣进项税额加计 5%抵减应纳增值税税额。

五是提高个人所得税专项扣除标准。提高 3 岁以下婴幼儿照护、子女教育、赡养老人个人所得税专项附加扣除，自 2023 年 1 月 1 日起，将 3 岁以下婴幼儿照护、子女教育专项附加扣除标准由现行每孩每月 1 000 元提高到 2 000 元；将赡养老人专项附加扣除标准由每月 2 000 元提高到 3 000 元。

截至 8 月，全国新增减税降费及退税缓费超过 1.15 万亿元。

（三）加快科技投入，激励企业创新

一是提升科技投入效能，持续加大基础研究支持力度，加快实施重大科技项目，不断壮大国家战略科技力量。

二是支持推动中小企业数字化转型，组织开展中小企业数字化转型城市试点工作。中央财政对试点城市给予 1 亿~1.5 亿元定额奖励，助力专精特新中小企业高质量发展。

三是支持提升产业基础能力和产业链水平。统筹运用专项资金、政府采购、首台（套）保险补偿、政府投资基金等政策，支持战略急需基础产品攻关，夯实产业基础能力，大力发展先进制造业集群，促进传统产业改造升级和新一代信息技术、高端装备、新材料等战略性新兴产业发展壮大。

（四）增加民生投入，切实兜牢民生底线

一是大力实施就业优先战略。延续实施阶段性降低失业保险、工伤保险费政策至 2024 年底。2023 年继续实施失业保险稳岗返还政策，中小微企业按不超过企业及其职工上年度实际缴纳失业保险费的 60%返还，大型企业按不超过 30%返还。保障重点群体就业，招用毕业年度或离校 2 年内未就业高校毕业生、登记失业的 16~24 岁青年等重点群体的企业，按规定给予一次性吸纳就业补贴或一次性扩岗补助。对符合条件的高校毕业生（含大学生村官和留学回国学生）等十类重点就业群体以及吸纳上述群体就业的小微企业，实施创业担保贷款贴息政策。

二是稳步提高社会保障水平。适当提高退休人员基本养老金和城乡基础养老金标准，继续提高优抚对象抚恤和生活补助标准。实施低保扩围、失业救助补助、价格补贴联动机制等政策，加强社会救助。

三是大力实施乡村振兴战略，推动城乡区域协调发展。多措并举促进粮食增产丰收，支持全面推进乡村振兴迈出坚实步伐，推动区域平衡协调发展。

（五）切实化解地方政府债务风险

落实中央政治局会议提出的有效防范和化解地方债务风险，制定实施一揽子化解债务方案。截至 11 月 28 日，共有 29 个省（区、市）合计发行约 1.37 万亿元特殊再融资债券（根据中国债券信息网数据整理），偿还政府欠款以及置换政府部分隐性债务，实现展期降息，缓释风险。同时，财政部发布《关于地方政府隐性债务问责典型案例的通报》，通报了 2022 年以来查处的 8 起隐性债务问责典型案例，涉及 22 个市县，涉及新增隐性债务近 460 亿元，表明坚决遏制新增隐性债务，进一步严肃财经纪律的决心。

三、2024 年中国财政运行面临的形势

当前我国经济仍在恢复之中，经济运行趋势决定财政运行状况。

（一）财政收支仍处于紧平衡状态

2023 年经济恢复充满曲折，财政收入总体不强。扣除基数因素，一般公共预算收入

还略有下降，政府性基金收入仍在大幅下降。展望 2024 年，经济继续回升，工业跟随库存周期的见底回升预计将有所好转，出口随着中美关系缓和将有所改善，房地产行业的降幅随政策效果的显现趋于收窄，CPI 和 PPI 也有望逐步转正，这些都有利于财政收入回到一个正常水平。但考虑到经济复苏的内生动力依然不足，经济增长回升的力度依然有限；房地产面临的趋势性变化，很难有大的增长；CPI 和 PPI 的恢复也较温和，作为经济运行结果的财政收入的涨幅也不会太高。特别是土地出让收入还难有起色。

财政支出方面，人口老龄化带来的养老、医疗卫生支出继续增加，债务负担加大带来的利息支出增加，同时，高质量发展要求的科技创新、节能环保支出增加，人民群众对美好生活的向往、对提高公共服务水平的要求等，意味着新增财政支出的需求依然很多。财政一般性支出经过几年压缩，可压缩空间也明显减小。财政支出总体需求依然较多。

总体上，2024 年财政收支仍处于紧平衡状态。

（二）财政总量扩张受限，财政政策的效率仍待提高

一是财政配置资源规模不小，收入对总量扩张的约束越来越明显。2023 年我国一般公共预算支出占 GDP 的比重达到 22%，加上政府性基金支出、国有资本经营预算支出、社会保险基金支出，全口径的财政支出规模（包括土地收支）占 GDP 的规模超过 35%。而 2023 年我国税收占 GDP 的比重仅为 15%左右，市场减税降费的呼声依然很高，房地产调整使政府性基金收入规模明显受压，人口老龄化还使社会保险费收入增长放缓，财政收入总规模难以扩大，财政收入规模对支出扩张的约束越来越明显。

二是财政支出方向和结构仍有待优化，财政资源配置效率和使用效率均亟须提高。从财政支出方向看，投资项目仍是大头，但政府投资成本高、效果差的情况日益显现，政府对消费和居民增收的支持仍待加强。表现在支出结构上，经济性支出比重依然较高，政府对经济事务的参与依然较高，部分公共服务领域依然存在不足，一些领域缺钱、一些领域钱花不出去的现象并存。从财政资源配置效率看，资金错配、资金使用效率不高、资金浪费现象仍不少见。财政乘数随居民边际消费倾向的下降明显下降，可能已经明显低于 1。

三是整体风险可控，但个别地方财政风险也突出，风险还有向财政集中积聚的苗头。整体上我国财政基础较为稳固，政府债务占 GDP 的比重还在合理范围内，利息负担也在可承受的范围内。但我国政府债务分散到各级地方政府，在地方经济分化的情况下，可能出现个别高负债的地区经济增速低于融资成本的情况，不排除发生个别风险事件的可能。特别是地方专项债务严重依靠土地出让收入来付息，土地出让收入趋势性下降，而随债务余额的增加利息支出还不断上升，保障付息的能力不断下降，个别地方面临较多挑战。与此同时，经济社会风险还有向财政集中积聚的苗头，房地产风险保交楼的需要、金融风险的处置、社会稳定的维护等需要财政“买单”的越来越多，各类风险还有向财政风险集聚传导的苗头。

四、2024 年财政收支预测和财政政策建议

（一）2024 年财政收支预测

综合 2024 年经济增速预测及经济结构变化，使用分税种模型预测，2024 年一般公共预算财政收入恢复到趋势水平，有望实现较快增长，全年财政收入规模预计为 22.1 万亿~22.4 万亿元，比 2023 年预算收入增长在 2%~3%。

按照稳健的原则判断，财政支出刚性短期很难改变，社会保障、医疗卫生等与人口老龄化相关领域的支出需求依然较旺，乡村振兴、稳增长、科技创新等任务也需要财政支出支持，一般公共预算财政支出预计将继续扩张，财政支出规模预计继续小幅扩张。

（二）2024 年财政政策建议

1. 适当扩大财政政策扩张力度

考虑到经济预期和信心仍有待恢复，建议实施跨周期调节，适当加大总量扩张力度，保持一定的财政刺激力度，保证经济增速稳定在合理范围内。一般公共预算赤字规模可以稳定或者超过 3%左右的水平，加大财政资金统筹力度，支持财政总量继续扩张。

2. 加大力度调整优化财政支出结构

建议加大用结构调整来应对收支总量矛盾的力度，加大力度调整财政支出方向。大力减少无效的政府投资的资金投入，将节约的资金直接用于增加居民的转移支付，如较大幅度提高城乡居民基本养老保险全国基础养老金最低标准。同时，政府带头过紧日子，进一步退出一般竞争性领域，有保有压，调整优化支出结构；循序渐进、量力而行改善民生，立足于保基本、兜底线、促公平，多做雪中送炭，不搞锦上添花；加大社会保障、医疗卫生、农业发展、环境保护等领域的顶层设计，花钱买机制，增加资金配置效率。加大农业、科技等领域财政资金整合力度，更好地发挥资金效率。进一步改革财政支出方式，减少财政资金使用过程中的“跑冒滴漏”，多使用市场化方式带动民营资本、民营主体的参与，提高资金使用效率。

3. 继续防范和化解地方政府隐性债务风险

建议加快建立中央控制、地方自律、金融机构担责、市场约束的责权利相对称的地方政府债务管理体制机制。继续加大对违法违规融资担保行为的查处问责力度，终身问责、倒查责任，坚决遏制隐性债务增量，堵住“后门”。继续强化预算法的法律约束效力，切实提高地方政府的自律，夯实地方控制新增债务、处置债务存量的责任，严厉处罚违反预算法违规借债行为。在化解地方政府债务中，金融机构也应承担无视审慎经营

原则的责任，承担部分损失。完善地方政府债券信息披露和信用评级制度，健全地方政府债务风险评估和预警机制，加大市场对地方政府债务融资的约束。积极支持金融风险的化解，建立完善风险防火墙，防范金融风险向财政传导。

2023 年中国货币政策分析与 2024 年展望

郭 琨 乔柯南

报告摘要：2023 年，中国人民银行货币政策坚持以习近平新时代中国特色社会主义思想为指导，贯彻落实“稳字当头，稳中求进”的方针，密切关注金融系统流动性、宏观经济动态和国内外复杂经济形势，灵活运用多种货币政策工具，维护了市场流动性的合理充裕。为巩固回升向好的宏观经济基础，央行实施了包括“降准降息”在内的多项操作，创新型货币政策工具与传统工具相配合，实现了流动性的精准调控。同时，央行坚定不移地推进利率市场化改革，通过引导市场利率稳中有降，为实体经济的持续健康发展提供了坚实的金融支持。2023 年，央行实施的主要货币政策操作包括：两次降低存款准备金率，释放长期流动性超万亿元；下调金融机构外汇存款准备金率，有效释放外汇流动性；下调逆回购中标利率、常备借贷便利利率和中期借贷便利利率，引导实际利率稳中有降；继续推进利率市场化改革，帮助中小微企业降低融资成本，助力信贷需求稳步回升。

从货币政策传导的中间目标来看，2023 年中国金融体系保持平稳运行，市场流动性合理充裕，信贷结构持续优化，有效地支持了中国实体经济的高质量发展。广义货币供应量 M2 同比增速相对疫情期间有所回落，但依旧维持在相对较高的水平，货币乘数继续保持稳中有升的趋势。社会融资规模存量同比增速有所回升，间接融资方式仍旧是实体经济获取资金支持的主要渠道。信贷结构方面，结构性货币政策实现了精准支持中国经济高质量发展阶段的重点领域和关键性行业，信贷结构实现了持续优化。

展望 2024 年，中国货币政策将继续面临全球经济下行压力加大、经济政治形势不确定性增加、外需增速下降、国内经济结构转型发展的多重压力，同时还需要将金融系统的风险控制在合理的范围内，对货币政策的科学性、时效性、精准性都提出了较大的挑战。基于“十四五”期间的经济发展目标和 2023 年中央金融工作会议精神，2024 年中国货币政策将在宏观审慎调控框架下，积极发挥支持经济高质量发展和中国式现代化建设的作用，维持经济系统的适度流动性，更多利用结构性货币政策工具和组合型政策工具，加强对关键行业和关键经济主体的扶持力度，加强全面监管以防范金融系统的局部风险和系统性风险。

一、2023 年中国货币政策回顾

2023 年，中国人民银行货币政策坚持以习近平新时代中国特色社会主义思想为指导，

贯彻落实“稳字当头，稳中求进”的方针，密切监测金融系统流动性、宏观经济动态和国内外复杂经济形势，灵活运用多种货币政策工具，维护了市场流动性的合理充裕。为巩固回升向好的宏观经济基础，央行开展了包括“降准降息”在内的多项操作，创新型货币政策工具与传统工具相配合，实现了流动性的精准调控。同时，央行坚定不移地推进利率市场化改革，通过引导市场利率稳中有降，为实体经济的持续健康发展提供了坚实的金融支持。

（一）央行资产负债表分析

2023 年 1~10 月，央行（货币当局）的总资产规模相较于 2022 年略有扩大（图 1）。从资产端分析，央行资产负债表显示，在国外资产、政府债权、其他存款性公司债权、其他金融性公司债权和其他资产中，国外资产占比最高，其次是其他存款性公司债权，而其他金融性公司债权的占比最低。截至 2023 年 9 月末，央行持有国外资产约 23.09 万亿元人民币，占总资产约 54.04%，与 2022 年末相比，占比基本持平。其中，外汇占款约为 21.81 万亿元人民币，规模略有增加；黄金约为 0.39 万亿元人民币，其他国外资产约为 0.90 万亿元人民币。在国外资产中，外汇占款占主导地位，但依然位于历史较低水平（图 2）。央行持有的其他存款性公司债权规模约为 15.82 万亿元人民币，在央行总资产中占比约为 37.01%，占比较 2022 年末上升 2.67 个百分点。

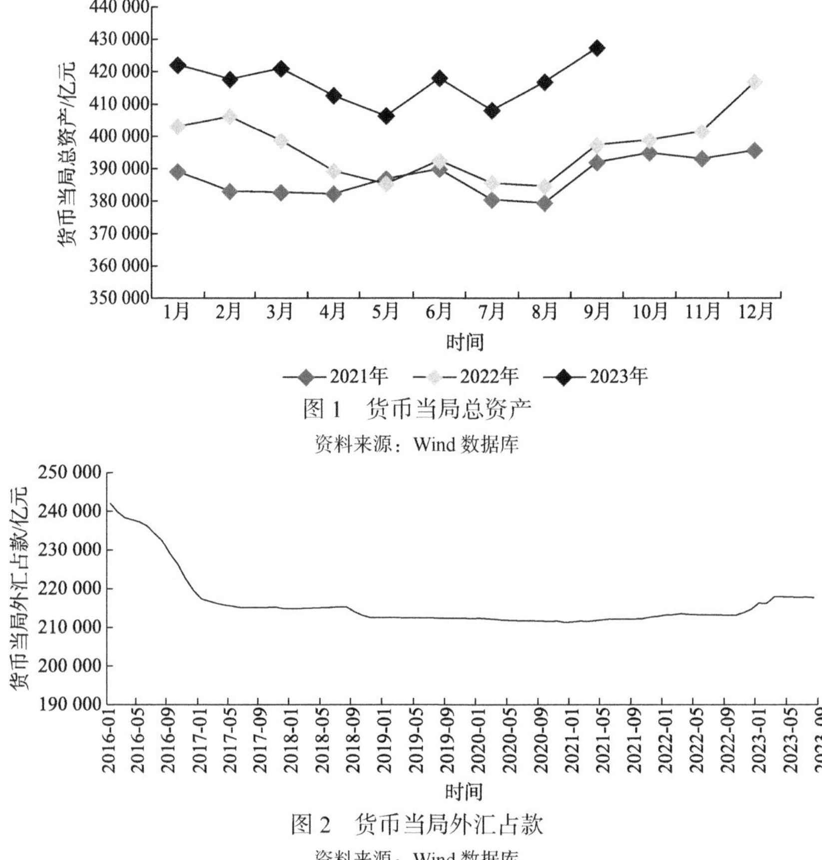

图 1　货币当局总资产

资料来源：Wind 数据库

图 2　货币当局外汇占款

资料来源：Wind 数据库

央行资产负债表的负债端显示，在储备货币、不计入储备货币的金融性公司存款、债券发行、国外负债、政府存款、自有资金和其他负债中，储备货币占比最高，其次是政府存款。截至 2023 年 9 月末，储备货币总规模约为 36.39 万亿元人民币，约占央行总负债 85.16%。其中，货币发行约 11.45 万亿元人民币，较 2022 年同期上涨 10.02%；其他金融性公司存款约 22.47 万亿元人民币，同比上涨 3.90%；非金融机构存款约 2.48 万亿元人民币，同比上涨 15.01%。2023 年全年，其他金融性公司存款规模和 2022 年基本持平（图 3）；货币发行规模增速温和适度，运行趋势与往年相似（图 4）。

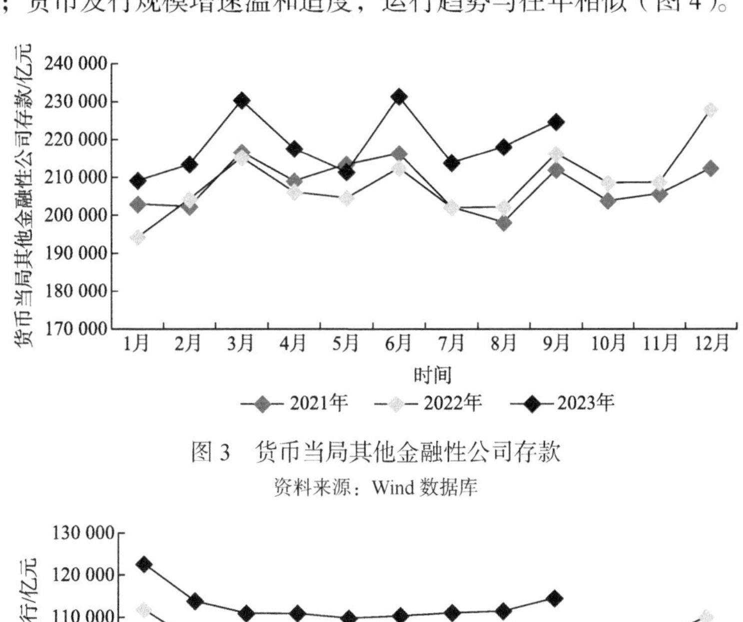

图 3　货币当局其他金融性公司存款

资料来源：Wind 数据库

图 4　货币当局货币发行

资料来源：Wind 数据库

（二）货币政策操作

1. 公开市场操作松弛有度，引导市场利率稳中有降

公开市场操作是央行常用的货币政策工具之一，用以调节基础货币供给、引导实际利率稳定运行。2023 年以来，央行紧密监测金融系统的流动性、宏观经济运行以及复杂多变的国际环境，持续开展灵活而精准的公开市场操作，坚持以稳为主、稳中有进的战略方针，有效维护了市场流动性的合理充裕、引导了市场利率适度下行（图 5 和图 6）。

截至 2023 年 10 月末，全年累计开展 7 天逆回购操作 25.08 万亿元，以及 14 天逆回购操作 3.91 万亿元；累计实现货币净投放 9 650 亿元，比上年同期上升 7 550 亿元。例如，9 月 15 日至 28 日，考虑到金融机构面临的季末资金压力，央行共计开展 7 天逆回购操作 1.17 万亿元和 14 天逆回购操作 2.15 万亿元，及时为市场提供了季末流动性支持，同时也有效维护了“十一假期”期间的流动性平稳。中标利率方面，2023 年 1 月至 10 月，7 天期逆回购中标利率从年初的 2.00%下降到 1.80%；14 天期逆回购中标利率也从 2.15%下降到 1.95%。市场短期实际利率通常围绕公开市场操作利率波动，本轮降息充分体现了央行推进利率市场化改革、引导实际利率稳中有降、降低实体经济融资成本的决心。

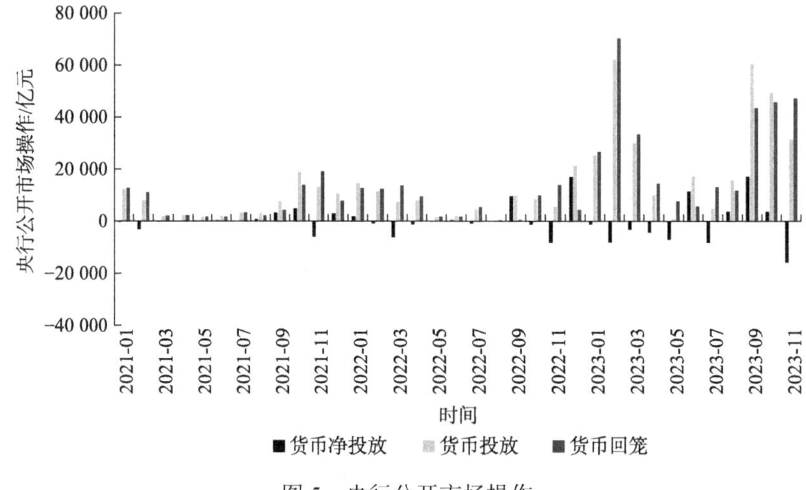

图 5　央行公开市场操作

资料来源：Wind 数据库

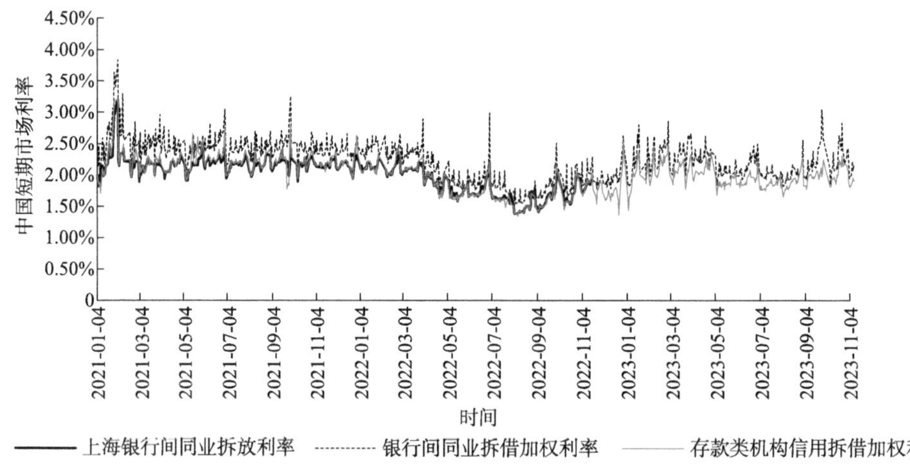

图 6　中国短期市场利率走势

资料来源：Wind 数据库

2. 两次下调存款准备金率，有效释放流动性

调节存款准备金率是货币当局常用的总量型货币政策工具。2023 年 3 月 27 日，为

保持金融系统流动性合理充裕，提高服务实体经济水平，央行下调金融机构存款准备金率 0.25 个百分点（不含已执行 5%存款准备金率的金融机构）。此次降准是全面降准，预计向银行体系释放中长期流动性约 5 500 亿元。本次准备金率调整合理适度，下调后金融机构加权平均准备金率约为 7.6%。2023 年 9 月 15 日，为进一步巩固实体经济向好基础，保持市场流动性合理充裕，央行再次下调金融机构存款准备金率 0.25 个百分点（不含已执行 5%存款准备金率的金融机构）。这是本年度第二次全面降准，本次下调后金融机构加权平均准备金率约为 7.4%，预计将释放中长期流动性约 5 000 亿元。此外，为提升金融机构外汇资金运用能力，央行决定同时下调金融机构外汇存款准备金率 2 个百分点，由现行的 6%下调至 4%。此次降息将有效释放外汇流动性，缓解人民币贬值压力。央行两次降息，流动性释放总量温和适度，体现了央行持续施行稳健货币政策的决心。

3. 灵活运用创新型政策工具，精准管理流动性

作为传统货币政策工具的补充，央行借鉴国际经验，推出了多种创新型货币政策工具，旨在更灵活、精准地向金融体系注入流动性。为了应对金融机构短期大额流动性需求，2013 年央行设立了常备借贷便利。常备借贷便利利率通常被视为利率走廊的上限，其主要服务对象包括大型商业银行和政策性银行，期限一般为 1~3 个月。2023 年 1~10 月，央行累计开展常备借贷便利操作 248.54 亿元，比上年同期增长 126.72 亿元；期末余额 34.6 亿元，较上年同期增加 29.6 亿元。截至 2023 年 10 月末，隔夜、7 天及 1 个月常备借贷便利利率分别为 2.65%、2.80%和 3.15%，均较上年年底下降了 0.2%。同时，中期借贷便利作为央行推出的另一个重要创新型政策工具，主要用于中期基础货币的投放，期限通常为 3、6、12 个月。中期借贷便利面向符合宏观审慎要求的大型商业银行和政策性银行，采用招标方式开展。2023 年 1~10 月，央行累计开展中期借贷便利操作 4.18 万亿元，期限均为 1 年，较上年同期增长约 1.13 万亿元；期末余额约为 5.68 万亿元，较上年同期增长约 1.13 万亿元。截至 2023 年 10 月底，1 年期中期借贷便利利率为 2.50%，较上年年底下降了 0.25%。

4. 深化利率市场化改革，为经济发展注入新动力

2023 年，央行持续推进利率市场化改革，为我国经济和金融发展提供了更为坚实的政策支撑。经过不懈的努力，贷款市场报价利率已经逐渐成为金融机构设定贷款利率的重要基准。随着贷款市场报价利率报价机制的进一步深化，贷款利率的隐性下限被彻底打破，显著降低了中小微企业的融资成本，为它们的长期稳健发展提供了更加良好的金融环境。截至 2023 年 10 月末，1 年期贷款市场报价利率为 3.45%，较上年同期下降了 0.20%；5 年期以上贷款市场报价利率为 4.20%，较上年同期下降了 0.10%（图 7）。贷款市场报价利率稳中有降，充分反映了央行的一系列货币政策在实际贷款利率上的有效传导，体现了央行对经济走势的精准把握和有力支持。此次贷款市场报价利率的下降为市场注入了新的活力，尤其在提振中小微企业和个人住房贷款信心方面发挥了积极作用。因此，这一调整不仅有助于降低企业融资成本，更加激发了市场的投资热情，巩固了实体经济的持续向好基础。

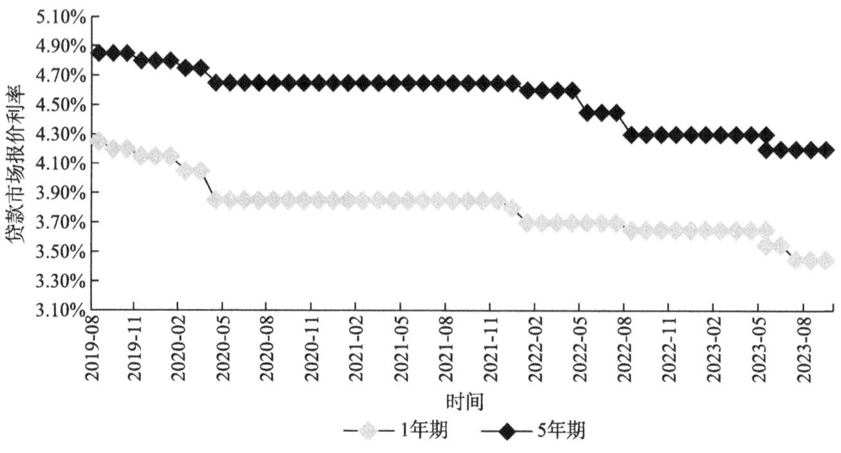

图 7　贷款市场报价利率

资料来源：Wind 数据库

二、2023 年中国货币政策重要指标分析

总体来看，2023 年中国货币政策保持了稳健，同时表现出较强的前瞻性、有效性和可持续性，能够根据形势变化合理把握政策的节奏与力度，有效地为经济回升向好创造了良好的货币金融环境，强化了对中国式现代化建设重点领域的支持，为实体经济发展提供了更高质量的推动作用。

从货币政策的实施效果来看，在经济增长方面，2023 年中国国民经济呈现稳步回暖的态势，第一季度 GDP 同比增长 4.5%，环比 2022 年第四季度增长 2.3%；第二季度在各类政策的综合作用下，市场信心进一步恢复，经济复苏速度加快，GDP 同比增长 6.3%，第三季度同比增长依旧维持在 4.9%的较高水平。在物价水平方面，2023 年中国居民消费价格保持稳定，截至 10 月全国居民消费价格（CPI）同比增长率为 0.4%。工业品价格在经历了两年的大幅上涨后在 2023 年有所回落，截至 10 月，全国工业生产者出厂价格（PPI）同比增长率为−3.1%，持续 10 个月增速为负，全国工业生产者购进价格（PPIRM）截至 10 月同比增长率为−3.6%，自 2023 年 2 月以来始终保持负增长（图 8）。在就业方面，2023 年中国就业形势逐步回暖，截至 2023 年 10 月，全国城镇调查失业率平均为 5.0%，随着经济的复苏和生产经营活动恢复正常，失业率较 2022 年同期的 5.6%有所下降，与此同时，全国居民人均可支配收入快速回升，截至 2023 年第三季度，全国居民人均可支配收入累计同比名义增长 5.9%。在外循环方面，2023 年中国国际收支持续保持平衡发展，贸易结构基本保持平稳，前三季度经常账户顺差 2 089 亿美元，进出口贸易在经历了 2022 年的快速增长后，由于基数较大，出口总值和进口总值均有所回落，截至 2023 年 9 月，累计同比增长率分别为−6.2%和−7.5%；前三季度来华直接投资净流出 118 亿美元，是我国 1998 年有该统计以来首次出现净流出

的情况，这一方面是由于在大国科技竞争和贸易摩擦下，外商企业未来在华经营存在较大政策风险，另一方面则是由于外商企业自身经营利润的下降。人民币汇率 2023 年在合理均衡水平上保持基本稳定，尽管从中美双边汇率来看，在中美利差加大和中国经济增速放缓的双重影响下，人民币对美元有所贬值，但对其他主要货币呈现升值趋势，人民币对一篮子货币保持了基本稳定。

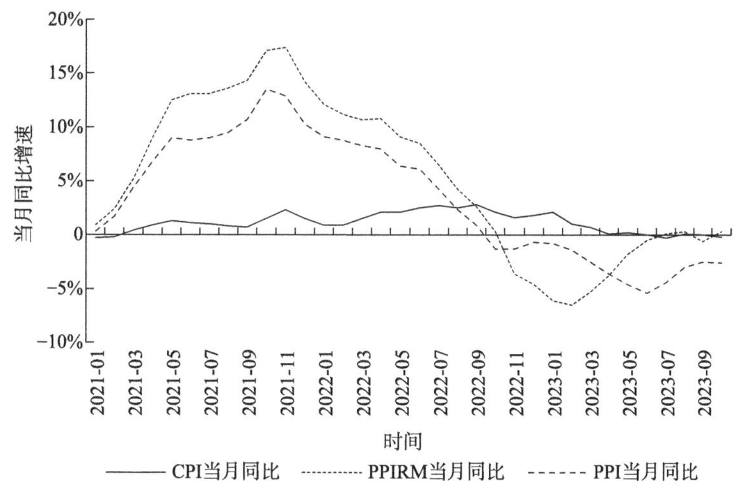

图 8　物价水平同比增速

资料来源：国家统计局

从货币政策的中间目标来看，2023 年中国金融体系在面对来自国际经济政治不确定性加剧的冲击下依旧保持平稳运行，市场流动性始终维持在合理充裕的水平，在结构性货币政策工具持续发力下，市场融资结构不断优化，有效地支持了中国经济高质量发展的重点领域和关键环节。下面从三个方面展开详细分析。

（一）货币供应量和货币乘数

2023 年，中国广义货币供应量 M2 同比增速有所回落，但依旧维持在相对较高的水平（图 9），9 月同比增速为 10.3%，较 2022 年同期增速下降 1.8 个百分点。同时，狭义货币供应量 M1 在 2023 年各月的同比增速同步呈现出显著的下降趋势，但仍旧维持正增长，第三季度同比稳定在 2%左右。从货币乘数来看，2023 年中国的货币乘数整体继续保持稳中有升的趋势，9 月货币乘数为 7.96，较 2022 年同期的 7.68 有较大的提升。以上趋势体现出在 2023 年，中国货币当局为了应对来自内部经济发展压力和外部国际政治形势造成的影响，始终保持适度的宏观流动性，保持货币政策的整体稳健性，有效支持了经济社会的发展。

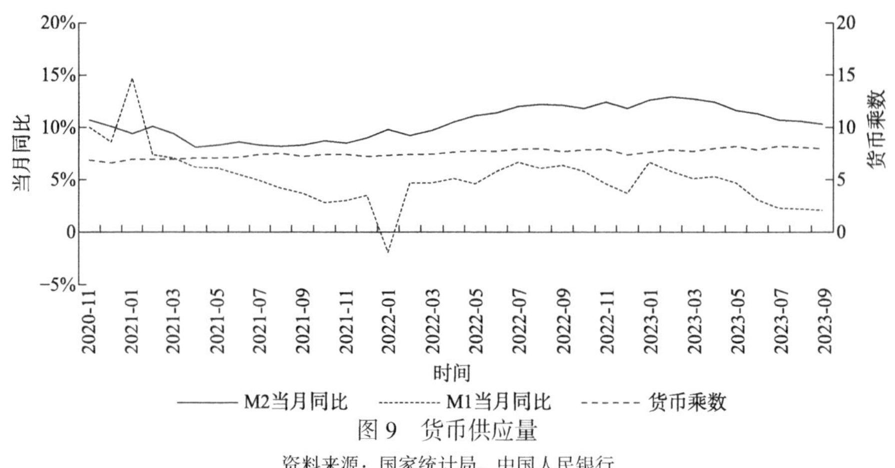

图 9　货币供应量

资料来源：国家统计局、中国人民银行

（二）社会融资规模

社会融资规模是比广义货币供应量口径更宽、能更加全面地反映经济系统从金融体系中所获流动性规模的指标。根据中国人民银行的统计，截至 2023 年 10 月，中国社会融资规模存量为 374.17 万亿元，同比增长 9.3%。从 2021~2023 年社会融资规模存量同比增速来看（图 10），2023 年社会融资规模存量同比增速整体较疫情期间有所回落，全年保持较为稳定的态势，同比增速稳定在 9%~10%，这与中国实行稳健货币政策的目标相一致。从结构上看，截至 2023 年 9 月末，对实体经济发放的人民币贷款余额为 233.26 万亿元，同比增长 10.7%，占同期社会融资规模存量的 61.5%，比 2022 年同期高 0.8 个百分点；企业债券余额为 31.44 万亿元，同比下降 0.7%；非金融企业境内股票余额为 11.34 万亿元，同比增长 8.9%。人民币贷款的比例依旧占比过半并且呈现上升趋势，间接融资仍旧是实体经济各主体获得金融支持的主要渠道，企业发行债券和股票等直接融资渠道整体规模依旧较小。但从货币政策的传导效率来讲，当前以间接融资为主的社会融资结构更有利于货币政策直接传导机制的见效。

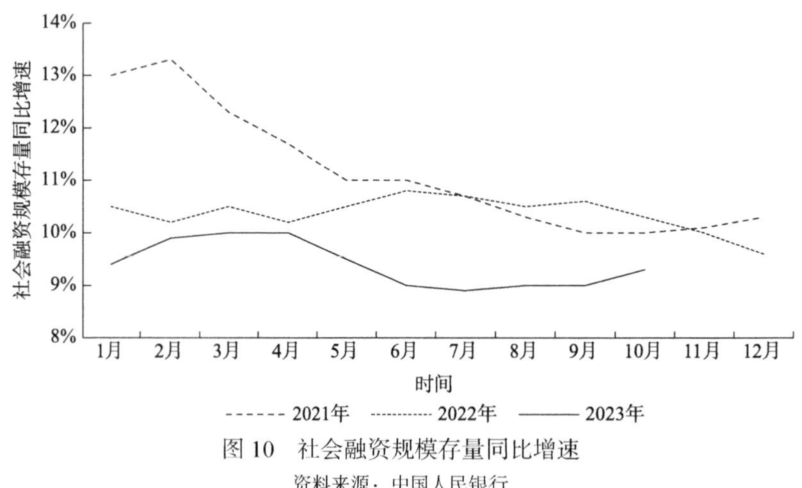

图 10　社会融资规模存量同比增速

资料来源：中国人民银行

（三）宏观杠杆率

2023 年，中国的宏观杠杆率有所回升。根据国家资产负债表研究中心的测算（图 11），截至 2023 年第一季度，宏观杠杆率为 281.8%，较 2022 年末累计上涨 8.7 个百分点。分部门来看，中国居民部门杠杆率相对保持长期稳定，截至 2023 年第一季度，居民部门杠杆率为 63.3%，较 2021 年末上升了 0.9 个百分点；政府部门杠杆率水平较高，随着各地区新型基础设施投入力度加大，地方政府杠杆率的提升拉高了整体政府部门的杠杆率水平，截至 2023 年第一季度，政府部门杠杆率为 51.5%，较 2022 年末小幅上涨。非金融企业部门杠杆率在 2023 年也呈现出快速上升趋势，截至第一季度，非金融企业部门杠杆率为 167.0%，较 2022 年末上升 6.1 个百分点，涨幅在各部门中居首位，体现了在货币政策稳健运行下，结构性货币政策正在发挥更为重要的作用，货币政策和金融体系对于实体经济的支撑作用愈发凸显。

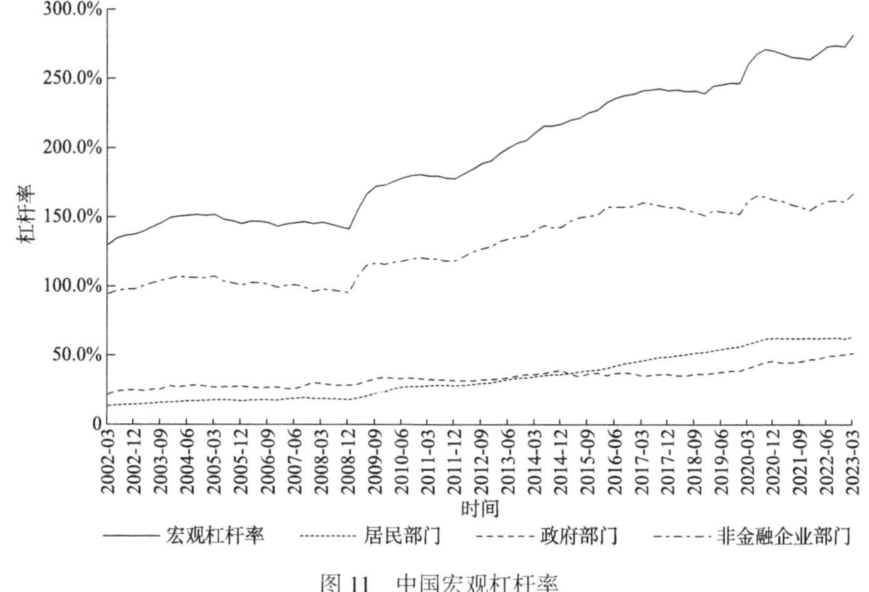

图 11　中国宏观杠杆率

资料来源：国家资产负债表研究中心

（四）信贷结构

从信贷结构上看，结构性货币政策实现了精准支持中国经济高质量发展阶段的重点领域和关键性行业，信贷结构实现了持续优化。2023 年，本外币工业中长期贷款余额同比增速维持在历史高位，有效支撑了我国制造业的高质量发展，2023 年第三季度本外币工业中长期贷款余额达到 21.1 万亿元，同比增长 30.9%，增速比各项贷款高出 7.6 个百分点。与此同时，尽管 2022 年底房地产政策就有所转向，但房地产人民币贷款余额的同比增幅在 2023 年已经呈现下滑趋势，2023 年第三季度末房地产人民币贷款同比增长 −0.2%（图 12）。

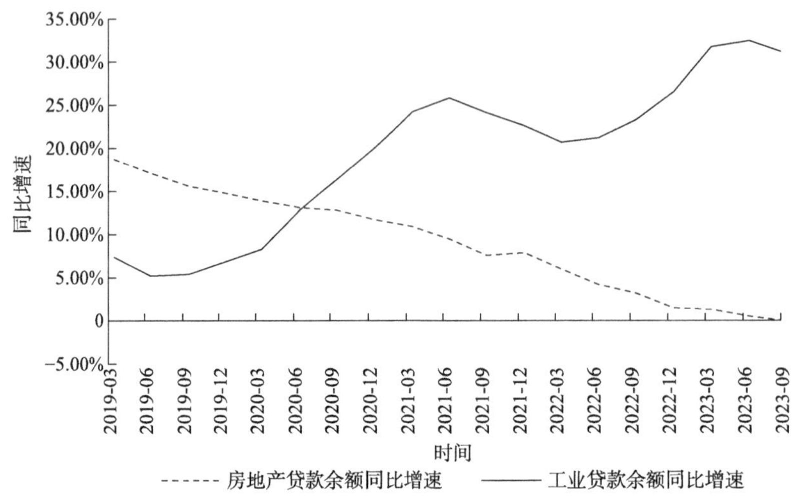

图 12　房地产贷款余额和工业贷款余额同比增速

资料来源：国家统计局、中国人民银行

2023 年，普惠金融作为促进共同富裕的重要手段和中央金融工作会议明确提出的重点发展领域，得到快速发展，在支持中小微企业发展和乡村振兴方面都起到了不可替代的作用。截至 2023 年第三季度末，普惠小微贷款余额 28.74 万亿元，同比增长率达到 24.1%，对小微企业恢复正常经营的信心起到了至关重要的作用；农户生产经营贷款余额 9.15 万亿元，同比增长 17.8%；普惠贷款支持科创企业的力度进一步加大，截至第三季度末，获得贷款支持的科技型中小企业 21.28 万家，本外币贷款余额 2.42 万亿元，同比增长 22.6%，比同期各项贷款增速高 12.4 个百分点，也体现了科技金融作为未来发展重点的结构性变化趋势。

近年来，中国的绿色金融快速发展，在 2023 年 11 月的中央金融工作会议中，绿色金融也被认为是未来重点发展的领域之一。截至 2023 年第三季度末，本外币绿色贷款余额 28.58 万亿元，同比增长 36.8%，高于各项贷款增速 26.6 个百分点。其中，投向具有直接和间接碳减排效益项目的贷款分别为 9.96 万亿元和 9.14 万亿元，分用途看，基础设施绿色升级产业、清洁能源产业和节能环保产业贷款同比增长分别为 32.8%、36.2%和 42.3%，有效支持了经济的低碳绿色转型。

三、2024 年中国货币政策调控面临的基本形势分析

从国际形势上看，2024 年发达经济体通货膨胀居高不下的状况仍将在一定时间内持续。美联储加息给部分国家的货币带来的贬值压力并不会随其加息完成而终止，加之地缘政治冲突的加剧，全球经济活动普遍放缓，持续衰退的风险将进一步放大。首先，欧美国家通货膨胀率水平在实施加息政策后，并未明显降低，特别是欧洲经济的滞胀特征或将长时间持续，预计 2024 年欧美、日本等主要发达国家和地区货币政策的收紧仍将持

续。在地缘政治风险加剧、以中美为代表的大国博弈背景下，全球经济不确定性大幅增加，能源、矿产等战略性大宗商品价格波动性将有所加强，为中国输入性通货膨胀带来较大的不确定性。其次，随着美国长期国债收益率的上升，主要国家货币与美元的利差或将进一步加大，叠加本币贬值风险，国际收支状况将进一步恶化，或将有更多国家发生债务危机，这将在一定程度上影响中国的进出口状况和金融系统风险。最后，在俄乌冲突和巴以冲突叠加的情景下，全球政治环境的不确定性进一步加剧，贸易摩擦、科技竞争在 2024 年并不会较快缓解，加之中国对关键能源、矿产资源等大宗商品的国际依赖度较高，某些关键技术尚未能完全实现自主可控，2024 年供应链和产业链风险仍旧存在，对相关行业的违约率将造成一定的压力。

从国内形势上看，部分行业在当前经济高质量发展要求下仍旧面临较高的转型风险，疫情对经济社会的负向影响，特别是对各类经济主体信心的打击当前仍旧处于恢复期，这都将在 2024 年仍旧给经济社会发展带来一定的压力。第一，随着数据要素流通的不断规范和数字资产价值的不断显现，各行业数字化和智能化水平将进一步提升，但大国间科技竞争导致的技术管制在 2024 年或将给这一经济增长动力带来较大的不确定性因素，特别是对尖端科技所需关键矿产与核心技术的管制，或将阻滞我国高附加值产业的发展。第二，尽管 2023 年我国出台了一系列举措支持民营企业和中小微企业的发展，但在经济仍处于复苏期的情况下，2024 年中小微企业获取投资和项目困难的问题仍旧需要一定时间才能恢复，或将给普惠小微贷款的违约率带来一定的上升压力。第三，随着 2023 年房地产政策方面有所转向，房地产投资或将在 2024 年继续回升，在保障房价稳定的同时重新成为拉动上下游多个行业发展的重要增长点。第四，内需方面，居民消费在经历 2023 年疫情结束的报复性上涨后，2024 年居民消费情况仍旧会受到就业压力和收入不确定性的影响；外需方面，中国外贸受外部经济环境和政治环境影响较大，2024 年出口增速将有所下降。第五，人民币汇率在 2024 年或将进一步加大市场化和国际化的力度，随着美元加息过程的结束，人民币对美元短期单边贬值压力将逐渐减弱，人民币对一篮子货币将呈现较为稳定的升值趋势，人民币汇率的弹性将进一步增加，跨境资金流动风险也将控制在一定范围内。

四、2024 年中国货币政策展望

2024 年中国货币政策仍旧面临全球经济下行压力加大、经济政治形势不确定性提高、外需增速下降、国内经济结构转型发展的多重压力，同时还需要将金融系统的风险控制在合理的范围内，对货币政策的科学性、时效性、精准性都提出了较大的挑战。鉴于对 2024 年中国货币政策调控面临的内外部基本形势的判断及党的二十大报告对中国经济社会发展提出的总体目标、“十四五”期间的经济发展目标和 2023 年中央金融工作会议精神，2024 年中国货币政策将进一步保持 2023 年的整体基调，在货币政策和宏观审慎政策双支柱调控框架下，进一步增强货币政策传导机制，积极发挥货币政策支持经济高质量发展和中国式现代化建设的作用，在整体上保持经济系统流动性维持在适度水平，更多利用结构性货币政策工具和组合型政策工具，加强对关键行业和关键经济主体的扶持力度，加强全面监管以防范金融系统的局部风险和系统性风险。

整体上，货币政策将延续 2023 年的整体力度，确保经济体系的流动性合理可控，继续保持货币信贷和社会融资规模的增速与名义经济增速的基本匹配。2024 年，中国经济增长面临的内外部不确定性仍旧较大，因此假定三种可能的情景。一是乐观情景，全球经济和政策环境保持相对平稳，大国间博弈对抗有所减缓，国内经济主体信心快速恢复，房地产行业逐渐回暖；二是基准情景，全球经济仍旧持续衰退趋势，美国等西方国家继续维持当前贸易管制，国内经济主体逐渐恢复经济上涨预期，房地产行业在部分地区回暖；三是悲观情景，全球经济衰退加剧，地缘政治风险也进一步提高，美国等西方国家加大对我国贸易管制和科技封锁，产业链转移叠加转型风险对我国产业造成较大冲击。在乐观情景下，中国货币政策或将在 2024 年有所收紧，预计中国广义货币 M2 和社会融资规模增速都会有一定程度的回落，宏观杠杆率，特别是非金融企业部门的杠杆率将随之有所回调，居民部门的杠杆率或将有所上升，同时，在发达国家普遍收紧货币政策的背景下，乐观情景下整体降准的概率较低，基准利率下调空间不大；在基准情景下，中国货币政策或将持续 2023 年的整体水平，预计中国广义货币 M2 和社会融资规模增速会保持在 2023 年的水平，宏观杠杆率将会在当前较高的水平的基础上有小幅回调，预计 2024 年将降准 1~2 次，同时配合财政政策等其他措施进一步加大政策落地的时效性和政策传导效率；在悲观情景下，中国货币政策或将进一步在总量上增强政策力度，同时注重对内外部冲击影响较大的经济主体实施更为精准的结构化货币政策工具，预计中国广义货币 M2 和社会融资规模的增速更进一步提高，宏观杠杆率保持稳定，降准和降息的频率也将有所增加，或将根据内外部冲击情况进行跨周期的调节，与此同时，由于在悲观情景下流动性和杠杆率有所提高，需要针对市场风险进行密切的监测，防范局部风险和系统性风险的快速提高。

从货币政策具体操作来看，2024 年结构性货币政策工具的运用将进一步加大，货币政策的精准性和科学性将持续提高，实现对经济高质量发展重点领域的支撑和对弱势经济主体的精准支持。中国的结构性货币政策工具是人民银行引导金融机构信贷投向，发挥精准滴灌、杠杆撬动作用的重要货币政策工具，可以支持金融机构加大对特定领域和行业的信贷投放，同时降低相关企业的融资成本。2024 年，货币政策在结构上也将有增有减，持续改善对科技创新、绿色、小微企业和“三农”领域的金融服务。在科技创新领域，将不仅继续增强对科技型中小企业的贷款支持力度，同时也将大力发挥科创板、创业板和北京证券交易所服务“硬科技”、科技创新、“专精特新”企业的作用，逐渐恢复风险投资行业的信心，完善多层次的金融支持服务体系；在小微企业和“三农”领域，将继续发挥支农支小再贷款和再贴现工具的精准支持效果，实现货币政策支持金融普惠发展，为共同富裕提供重要保障；在绿色发展领域，为了实现可持续发展，支持经济社会绿色低碳转型发展的结构性货币政策工具多样化也将进一步增加，同时绿色金融标准体系建设也将持续推进，绿色金融信息管理系统将在规避“洗绿”“漂绿”行为方面发挥重要作用。但与此同时，亦需警惕结构性货币政策工具所支持的农业和小微企业对象可能面临的较大经营风险，贷款违约风险相对较高的特点，需要在精准支持的同时注重违约风险的管理和防范，密切关注普惠小微贷款行业集中度和区域集中度较高的问题，对违约风险进行实时监测与预警，并提前设计合理的不良贷款处置机制；在支持绿色产业发展的同时关注对棕色行业的挤出效应，防范棕色行业的违约率上升带来的系统性风险，同时使用可持续金融或转型金融工具支持棕色行业的绿色低碳转型。

2024 年，人民币汇率的市场化和国际化将持续推进。尽管 2024 年人民币汇率仍旧会面临来自发达国家加息过程的影响，但其压力预计较 2023 年有所减轻，美元回流对于中国影响较小，人民币对美元汇率会在 2024 年恢复到维持双向波动的常态，市场化程度会进一步增强。与此同时，人民币国际化水平将持续提高，在“一带一路”倡议的持续推动下，加之中国西部陆海新通道的建设打通了内循环和外循环的核心通道，人民币跨境结算的规模和占比都在不断提高，人民币在区域的国际化水平不断加强，人民币多边汇率也将在 2024 年保持稳定。但随着人民币汇率市场化程度的不断提高，相关经济主体必须加强对汇率风险的监测和对冲，积极利用人民币互换等衍生金融工具对应收账款、应付账款等与汇率相关的收支、资产、负债进行积极的动态风险管理。

2023年中国国际收支形势分析与2024年展望[①]

鲍　勤　于　嫣　穆雨雨

报告摘要：2023年，全球经济在疫情后呈现缓慢复苏态势，但面临多重挑战，特别是发达经济体通胀水平仍然较高、货币政策持续收紧，加大了银行业面临的风险，同时，巴以冲突等地缘政治事件加大了全球经济面临的不确定性。2024年，预计发达经济体通胀水平将有所下降，但地缘政治风险显著加大，或将对全球大宗商品市场、国际贸易等带来冲击。

展望2024年，预计我国经济整体将呈现温和复苏的态势，国际收支将总体保持平稳。具体来看，2024年，预计我国货物贸易规模仍将保持增长态势，但也面临着由美欧等发达经济体需求下降和全球产业链再调整再布局进程带来的不确定性，根据预测，在基准情景下，国际收支口径的货物贸易贷方和借方都将保持增长，分别为24.0万亿元和19.6万亿元，增速分别为6.7%和5.4%，货物贸易顺差约为4.4万亿元；在悲观情景下，若全球经济发生较大规模的经济衰退，预计我国货物贸易贷方和借方增速将显著放缓，分别为20.9万亿元和16.7万亿元，增速分别为−1.9%和1.7%，货物贸易顺差为4.2万亿元。服务贸易方面，预计2024年全球服务业将持续复苏，我国服务贸易仍将保持逆差，在基准情景下，预计2024年服务贸易逆差约为1.04万亿元，其中，服务贸易贷方和借方分别为2.27万亿元和3.31万亿元。跨境资金流动方面，根据中国科学院预测科学研究中心构建的中国跨境资金流动预警指标体系，预计2024年上半年我国跨境资金流动将呈现净流出态势，资本外流压力仍然存在。为充分应对复杂严峻的国际经济形势，确保我国国际收支和宏观经济金融系统稳定，持续提升人民币国际化水平，提出两方面政策建议，包括加强跨境资金流动监测预警，应对外部经济政策冲击，以及推动以人民币为主导的高水平对外开放，以应对国际经济形势的复杂性和挑战。

一、2024年国际经济形势展望

2023年，世界经济呈现疫情后的缓慢复苏态势。一方面，受美联储持续加息影响，美国国债利率位于高位，美国银行业多次暴发危机，金融风险加大，对全球资本和金融市场带来外溢效应；另一方面，俄乌冲突尚未结束，巴以冲突等地缘政治事件频发，加

① 本报告受国家自然科学基金项目（项目号：72073127）与中国科学院支持。

大了全球经济发展面临的不确定性。在发达经济体通胀水平仍然较高、货币政策持续收紧的背景下，主要国际机构大多认为全球增长显著放缓。根据世界银行 2023 年 6 月发布的《全球经济展望》①，全球经济增长将从 2022 年的 3.1%放缓至 2023 年的 2.1%；其中，预计 2023 年发达经济体的增幅将从 2022 年的 2.6%大幅下降至 0.7%，比 1 月的预测上调 0.2 个百分点。经济合作与发展组织 2023 年 9 月中发布报告②，预测 2023 年全球 GDP 增长将保持在 3%的水平；其中，2023 年 G20 国家和地区整体经济增长 3.1%。根据国际货币基金组织 2023 年 10 月发布的《世界经济展望》报告③，全球经济增长率预计将从 2022 年的 3.5%下降至 2023 年的 3.0%；其中，发达经济体增速仅为 1.5%，远低于 3.8%的历史（2000~2019 年）平均水平。

展望 2024 年，全球经济形势面临着确定性和不确定性。发达经济体总体通胀水平持续下降是 2024 年的确定性事件。欧洲中央银行如期暂停加息，美联储或维持利率不变，从数据来看，2023 年 1~9 月，欧盟调和 CPI 累计增长 3.4%，美国 CPI 累计增长 3.7%。2023 年 9 月，欧盟调和 CPI 同比增长 4.9%，为 2023 年以来最低值，美国 CPI 同比增长 3.7%；从环比来看，9 月，欧盟调和 CPI 环比增长 0.3%，美国 CPI 环比增长 0.2%，为 2023 年以来的最低值。G20 经济体的通胀水平如图 1 所示，其中阿根廷和土耳其最高，累计增长 102.5%和 49.9%，其余经济体中，除印度（6.0%）、俄罗斯（4.6%）和德国（4.6%）外，其他经济体 2023 年 1~9 月 CPI 累计增长均接近 3.0%这一通常作为货币政策目标的水平。

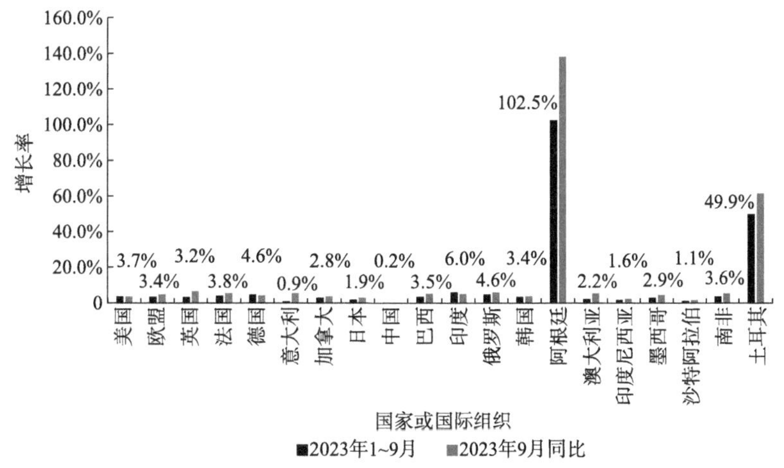

图 1　G20 经济体 2023 年通货膨胀情况

全球经济在 2024 年面临的重大不确定性主要源自地缘政治动荡加剧。政治环境的基本稳定是经济发展的重要基础，2023 年秋巴以爆发新一轮冲突，显著加大了全球经济面

① World Bank. Global Economic Prospects. https://www.worldbank.org/en/publication/global-economic-prospects.

② OECD. OECD Economic Outlook，Interim Report September 2023: Confronting Inflation and Low Growth. https://www.oecd-ilibrary.org/sites/1f628002-en/index.html?itemId=/content/publication/1f628002-en.

③ International Monetary Fund. World Economic Outlook. https://www.imf.org/zh/Publications/WEO/Issues/2023/10/10/world-economic-outlook-october-2023.

临的风险。一是油价走高推升通胀的风险。巴以冲突扰动原油供给端，带来油价上行风险，中东地缘政治紧张局势升级或加大大宗商品市场价格波动。二是通胀风险带来货币政策的不确定性。近两年美联储和欧央行等为了抑制通胀不断加息，若油价推动通胀再次上涨，或将令部分央行再次启动加息，金融市场的进一步紧缩将加剧信用风险，影响金融稳定。三是地缘政治局势的不确定性加大对全球贸易的冲击。巴以冲突再次表明全球地缘政治的紧张关系，在一个更加不确定和易于发生冲突的世界中，国际合作水平将会倒退，全球经济呈现碎片化趋势，不利于国际贸易。根据联合国商品贸易统计数据库的统计，以色列的主要出口产品包括电子元器件、贵金属、医药品、机械制品、化工产品等。其中全球可替代性较弱的芯片、钾肥和药品等以色列强势产业对全球供应链的冲击最大。

综上所述，预计 2024 年全球经济总体仅能实现较弱的复苏，且并不排除出现一定规模经济衰退的可能性，同时，预计总体通胀水平持续下移。参考三大国际机构对 2024 年全球经济的预测来看：世界银行在 6 月报告中预测 2024 年全球经济增速为 2.4%，其中，发达经济体为 1.2%，新兴市场和发展中经济体为 3.9%；经济合作与发展组织在 9 月报告中预测 2024 年全球经济增速为 2.7%，比 6 月下调 0.2 个百分点，其中，对美国经济增速预期为 1.3%，上调 0.3 个百分点，对欧洲地区经济增速预期仅为 1.1%，比 6 月下调 0.4 个百分点；国际货币基金组织在 10 月报告中预测 2024 年全球经济增速为 2.9%，其中，发达经济体为 1.4%，新兴市场和发展中经济体为 4.0%。

二、2023 年中国国际收支主要账户分析和 2024 年展望

国际收支是一个国家与外部经济体之间经济往来的集中反映。在国际收支平衡表中，经常账户包括货物、服务、初次收入和二次收入，用贷方表示资金流入我国，用借方表示资金流出我国，资本和金融账户包括资本账户和金融账户，后者包括非储备性质的金融账户（包括直接投资、证券投资、金融衍生工具和其他投资）和储备资产。为了便于和我国宏观经济统计数据相比较，本报告采用人民币计价的国际收支数据进行分析。

2023 年，全球经济随着疫情的结束持续缓慢恢复，但巴以冲突等地缘政治事件显著加大了全球经济复苏面临的挑战，需求增长不及预期。在复杂严峻的外部环境下，我国经济持续回升向好，高质量发展稳步推进，积极因素不断积累，继续支撑我国国际收支保持基本平衡。根据国家外汇管理局公布的 2023 年前三季度国际收支平衡表的粗算数据[①]，2023 年我国国际收支账户总体呈现基本平衡的良好格局。经常账户方面，2023 年前三季度，我国经常账户顺差 14 618 亿元，相比 2022 年同期减少 5 980 亿元；经常账户顺差与同期 GDP（2023 年前三季度 GDP：913 027 亿元）之比为 1.6%，位于合理区间。其中，货物贸易顺差 32 012 亿元，相比 2022 年同期降低 2 568 亿元；服务贸易逆差

① 国家外汇管理局网站. http://www.safe.gov.cn/safe/2022/1104/21687.html.

11 876 亿元，相比 2022 年同期增长 7 513 亿元；初次收入逆差 6 275 亿元，相比 2022 年同期减少 4 435 亿元；二次收入顺差 757 亿元，相比 2022 年同期降低 334 亿元。资本和金融账户方面，2023 年前三季度，资本和金融账户逆差 13 290 亿元（包含 2023 年第三季度的净误差与遗漏），其中直接投资逆差 9 052 亿元，与 2022 年同期相比直接投资转顺为逆（2022 年前三季度直接投资顺差 2 878 亿元）。展望 2024 年，以下分别从货物贸易、服务贸易和直接投资三个部分进行分析。

（一）货物贸易保持较高水平顺差

2023 年，我国货物贸易总体呈现顺差格局。根据国家外汇管理局公布的我国国际货物和服务贸易月度数据，2023 年 1~9 月，我国货物贸易顺差累计 31 851.72 亿元，与 2022 年同期相比减少 6.8%，为 2016 年以来同期首次下降，但仍为历史同期较高水平。货物贸易差额的大小受到货物贸易贷方和借方两个方面的影响，如图 2 和图 3 所示，2023 年 1~9 月，我国货物贸易贷方累计 163 889.96 亿元，相比 2022 年同期降低 2.0%；同期，我国货物贸易借方累计 132 038.24 亿元，相比 2022 年同期降低 0.8%。从货物出口来看，得益于全球消费电子需求的恢复，机电产品、劳动密集型产品的出口降幅收窄明显，其中汽车出口仍维持高增速。1~10 月海关统计出口累计 195 500 亿元，同比增长 0.4%，其中，机电产品出口 114 300 亿元，同比增长 2.8%，占出口总值的 58.5%，汽车及汽车底盘出口增长 88.5%；从出口区域来看，对欧盟出口降幅明显收窄，对出口的拖累减弱；对美国出口仍是重要拖累项。对东盟出口小幅增长 0.6%，对欧盟出口下降 5.0%，对美国出口下降 9.9%。从货物贸易进口来看，由于国内需求较为疲弱，进口呈小幅下降状态，1~10 月海关统计进口累计 147 700 亿元，同比下降 0.5%。

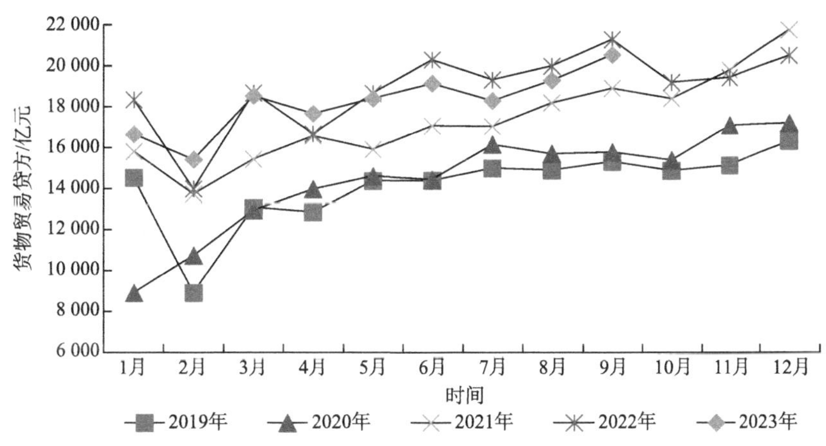

图 2　我国国际货物贸易贷方

资料来源：http://www.safe.gov.cn/safe/zghyhfwmy/index.html

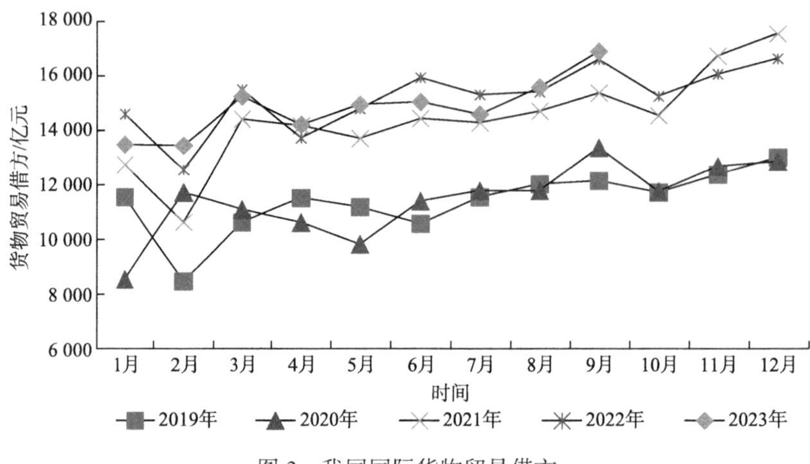

图 3　我国国际货物贸易借方

资料来源：http://www.safe.gov.cn/safe/zghyhfwmy/index.html

展望 2024 年，我国货物贸易发展面临较大不确定性。在不利因素方面，主要原因包括外部需求疲软、全球金融条件收紧以及高通胀对经济活动的拖累。随着 2024 年全球经济持续弱复苏，同时受俄乌冲突影响，主要大宗商品市场可能出现割裂，进一步加剧贸易市场的不确定性。此外，巴以冲突等地缘政治紧张局势也可能对我国的贸易环境产生负面影响。这些地缘政治紧张局势可能导致区域不稳定，加剧贸易合作的不确定性，从而在全球经济格局中雪上加霜。根据世界贸易组织 2023 年 10 月发布的全球贸易预测结果[①]，2023 年世界商品贸易量预计将增长 0.8%，不到 4 月预测的 1.7%的一半，并明显低于其对 GDP 增速的预测（2.6%）；预计 2024 年的贸易增长率为 3.3%。从积极因素来看，2023 年 6 月，随着《区域全面经济伙伴关系协定》对菲律宾正式生效，也标志着该协定对 15 个签署国全面生效，全球最大自由贸易区开启发展新篇章。《区域全面经济伙伴关系协定》区域总人口、GDP 总值、货物贸易金额均占全球比重约 30%。目前这个全球人口最多、经贸规模最大、最具发展潜力的自由贸易区已进入全面实施的新阶段。以泰国为例，泰国驻华大使馆表示，《区域全面经济伙伴关系协定》于 2023 年 1 月 1 日在泰国生效，通过相关统计发现，泰国和 14 个《区域全面经济伙伴关系协定》国家总的贸易额 2023 年增加了大约 7%，占泰国总贸易额的 55%。在这一协定推进下，我国区域贸易发展迅速，我国与东盟国家的外贸快速增长，预计 2024 年这一态势将持续得到快速发展。

综合考虑各方面因素影响，预计 2024 年我国货物贸易总体规模将持平，其中，货物贸易贷方和借方将保持小幅增长；货物贸易的商品结构、区域结构等结构性变化将持续深化；货物贸易整体将继续维持顺差格局。基于中国科学院预测科学研究中心课题组建立的宏观经济预测模型，预测 2023 年第四季度，我国国际收支口径的货物贸易贷方 6.07 万亿元，货物贸易借方 4.75 万亿元，2023 年全年我国国际收支口径的货物贸易顺差 4.56 万亿元，比 2022 年减少约 100 亿元。在全球经济不发生大规模衰退、我国经济持续恢复、人民币汇

① World Trade Organization. Trade growth to slow sharply in 2023 as global economy faces strong headwinds. https://www.wto.org/english/news_e/pres22_e/pr909_e.htm.

率保持基本稳定的基准情景假设下，预计 2024 年，我国国际收支口径的货物贸易顺差约为 4.4 万亿元，比 2023 年略有缩窄，其中，货物贸易贷方约为 24.0 万亿元，增速 6.7%；货物贸易借方约为 19.6 万亿元，增速 5.4%。在乐观情景下，即假设巴以冲突尽快得到妥善解决、欧洲经济复苏超出预期，经济信心明显恢复，经济循环有效修复，各项宏观经济调控政策传导畅通，国内经济稳定复苏，预计 2024 年，我国国际收支口径的货物贸易顺差约为 4.6 万亿元，其中，货物贸易贷方约为 24.4 万亿元，增速 8.4%；货物贸易借方约为 19.8 万亿元，增速 5.8%。在悲观情景下，假设全球经济出现较大规模的经济衰退，国际资本和金融市场波动加剧，预计 2024 年，我国国际收支口径的货物贸易顺差约为 4.2 万亿元，其中，货物贸易出口约为 20.9 万亿元，增速−1.9%；货物贸易进口约为 16.7 万亿元，增速 1.7%。

（二）服务贸易收支稳步恢复

2023 年，全球在疫情进入尾声的背景下持续放开经济，疫情对国际旅行的负向冲击有所缓解，受此影响，我国服务贸易的最大逆差项目——旅行项目的差额进一步恢复，服务贸易整体逆差规模大幅上涨。根据国家外汇管理局公布的我国国际货物和服务贸易数据，2023 年 1~9 月，我国服务贸易逆差累计 11 730.99 亿元，约为 2022 年同期的 2.5 倍，为 2016~2019 年均值（13 464.1 亿元）的 87.1%，服务贸易稳步恢复中。从具体构成来看，如图 4 所示，随着疫情结束经济持续放开，我国服务贸易差额各项目出现变化：与未发生疫情的 2019 年同期对比，2023 年 1~9 月，我国运输项目逆差 4 382.86 亿元，约为 2019 年同期（3 020.7 亿元）的 1.5 倍，主要是由于国际运输市场供需结构逐步向疫情前恢复；旅行项目逆差 9 112.99 亿元，为 2022 年同期（5 289.00 亿元）的 1.7 倍，为 2019 年同期（11 543.6 亿元）的 78.9%，主要是由于个人跨境旅行呈现恢复态势，旅行支出和收入均呈现增长趋势，但仍低于疫情前水平；类似地，我国服务贸易顺差项目中加工服务以及维护和维修呈现增长趋势，但仍低于疫情前水平，服务贸易顺差项目中建设持续增长，并且顺差规模已恢复至疫情前水平。另外，与线上交易相关的服务贸易项目的差额则与 2019 年同期相比有所扩大。例如，保险和养老金服务逆差（464.32 亿元）为 2019 年同期（301 亿元）的 1.5 倍，知识产权使用费逆差（1 657.98 亿元）为 2019 年同期（1 454 亿元）的 1.1 倍；电信、计算机和信息服务顺差（924 亿元）为 2019 年同期（351 亿元）的 2.6 倍，其他商业服务顺差（2 003.07 亿元）为 2019 年同期（966 亿元）的 2.1 倍。

服务贸易差额的大小受到服务贸易贷方和服务贸易借方两个项目变化的影响。从服务贸易贷方和借方来看，如图 5 和图 6 所示，2023 年 1~9 月，我国服务贸易贷方累计 16 725.75 亿元，相比 2022 年同期减少 9.9%，其中，运输项目贷方 4 575.61 亿元，比 2022 年同期减少 40.6%，其他商业服务项目贷方 5 077.17 亿元，比 2022 年同期增长 11.2%，电信、计算机和信息服务贷方 3 029.25 亿元，比 2022 年同期增长 8.3%，建设项目贷方 729.15 亿元，比 2022 年同期增加 8.2%，旅行项目贷方 713.64 亿元，比 2022 年增加 52.0%。2023 年 1~9 月，我国服务贸易借方累计 28 456.73 亿元，相比 2022 年同期增长 22.5%，其中，运输项目借方 8 958.47 亿元，比 2022 年同期增长 6.6%，旅行项目借方 9 826.62 亿元，比 2022 年同期增长 70.6%，主要是个人跨境旅行呈现恢复态势，其他商务服务项

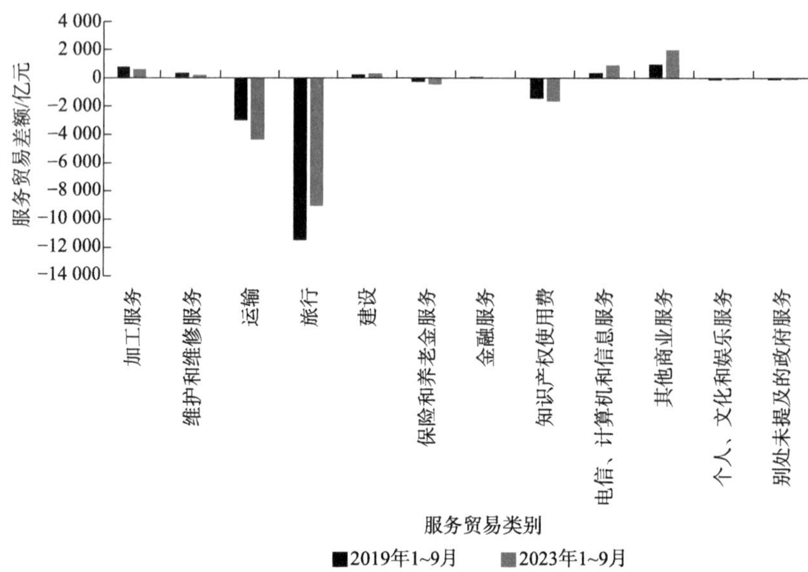

图 4　我国国际服务贸易差额分类别对比

资料来源：http://www.safe.gov.cn/safe/zghyhfwmy/index.html

目借方 3 074.10 亿元，比 2022 年同期增长 19.5%，知识产权使用费借方 2 261.52 亿元，与 2022 年同期相比几乎持平，电信、计算机和信息服务借方 2 105.26 亿元，比 2022 年同期增长 9.6%。整体来看，2023 年我国服务贸易贷方减少速度低于借方增长速度是导致 2023 年我国服务贸易逆差规模快速扩大的重要原因，这主要是由于随着疫情影响减退，经济持续开放，各项服务贸易呈恢复态势。一方面，随着疫情管控结束，个人跨境旅行呈现良好的恢复态势，旅游项目贷方大幅增长，借方急剧增长；另一方面，疫情激发了数字经济和线上经济的发展，与此相关的服务贸易项目都出现了不同程度的提升，这也对我国服务贸易格局产生了重要的影响。随着我国制造业与服务业深度融合以及服务业的数字化转型升级，我国服务贸易发展将会继续提档升级，计算机信息服务等新兴生产性服务业正在为服务贸易注入新的增长动能。

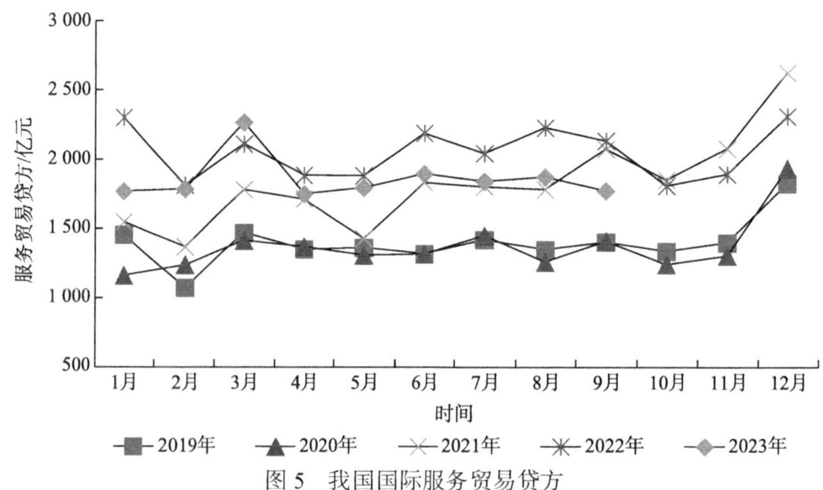

图 5　我国国际服务贸易贷方

资料来源：http://www.safe.gov.cn/safe/zghyhfwmy/index.html

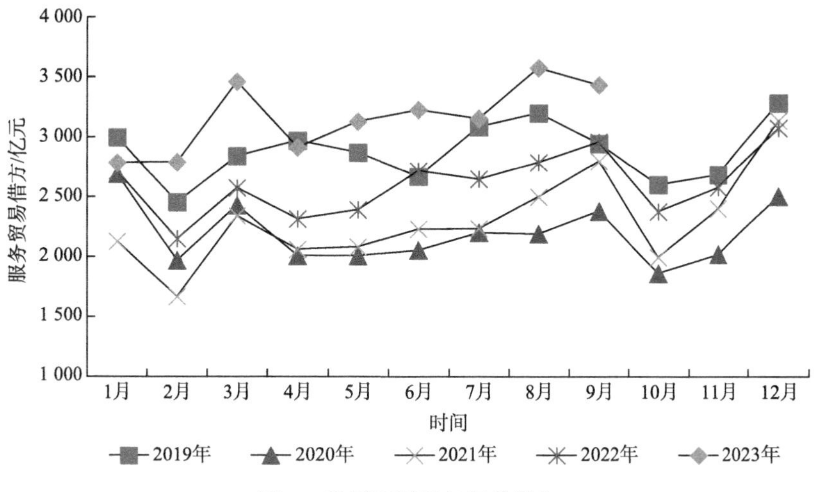

图 6　我国国际服务贸易借方

资料来源：http://www.safe.gov.cn/safe/zghyhfwmy/index.html

展望 2024 年，全球经济形势和后疫情时代背景下我国经济的恢复进程仍是影响我国服务贸易发展的重要因素之一，具体来看：第一，由于个人跨境旅行呈现恢复态势，旅行支出和收入均呈现增长趋势，有望恢复至疫情前水平。第二，受疫情影响，跨境的数字经济与线上服务业仍将持续快速发展。截至 2023 年 9 月，电信、计算机和信息服务的贸易规模已占我国服务贸易总规模的 7.9%，预计 2024 年这一发展态势仍将持续。第三，2023 年，我国运输项目快速增长的态势有所恢复，预计 2024 年伴随全球外贸的缓慢恢复，我国运输项目仍将维持逆差态势。综合考虑各方面因素影响，在国际经济社会活动缓慢渐进式恢复的假设下，预测 2024 年我国服务贸易结构将持续优化，线下经济服务贸易活动规模将持续扩大。具体来看，基于中国科学院预测科学研究中心课题组建立的宏观经济预测模型，预测 2023 年第四季度，我国服务贸易贷方约 0.58 万亿元，借方约 0.92 万亿元，服务贸易逆差约 0.34 万亿元，2023 年全年，服务贸易逆差约 1.12 万亿元，其中，服务贸易贷方约 2.25 万亿元，服务贸易借方约 3.37 万亿元。在全球经济不发生大规模衰退、我国经济持续恢复的基准情景假设下，预计 2024 年，我国服务贸易逆差约为 1.04 万亿元，其中，服务贸易贷方约为 2.27 万亿元，服务贸易借方约为 3.31 万亿元；预计 2024 年我国服务贸易结构将持续优化，电信、计算机和信息服务业等顺差项目的贸易规模和贸易顺差将实现双增。

（三）直接投资转顺为逆

2023 年我国直接投资总体呈现流入下降的态势。根据国家外汇管理局公布的数据，如图 7 所示，2023 年前三季度我国直接投资净流出 9 052 亿元。其中，从外国在华直接投资方面来看，2023 年前三季度，我国直接投资负债规模为 1 023 亿元，相比 2022 年同期缩减 9 366 亿元，减少幅度为 90.2%；从我国对外直接投资方面来看，2023 年前三季度，我国直接投资资产规模 10 076 亿元，与 2022 年同期相比增加 2 565 亿元，增幅达

34.1%。中国直接投资呈现净流出态势主要有三个方面原因：一是外商直接投资企业利润下降导致再投资下降；二是美联储持续加息背景下，美元债务利率水平显著提升，外资企业借美债投资我国经济的动力不足；三是受大国博弈等国际关系因素影响，美国对外投资审查机制、友岸制造、近岸制造等的推出在一定程度影响对华投资。2023 年 8 月 9 日，美国设立对外投资审查机制，限制美国主体投资中国半导体和微电子、量子信息技术和人工智能等领域，这些限制均在一定程度上制约外商对华投资。但是，随着“一带一路”的持续推进，我国直接投资结构持续调整，通过进一步加强与共建国家合作，相关直接投资继续加码。2023 年前 7 个月，我国对外非金融类直接投资同比增长 18.1%，其中对“一带一路”共建国家非金融类直接投资同比增长达到 23.2%。在“一带一路”十周年催化下，预计我国对“一带一路”投资将进一步加强。展望 2024 年，直接投资流出持续但相对可控，整体资本流出压力会有所减轻，在乐观情景下，预计我国直接投资将有望实现净流入。

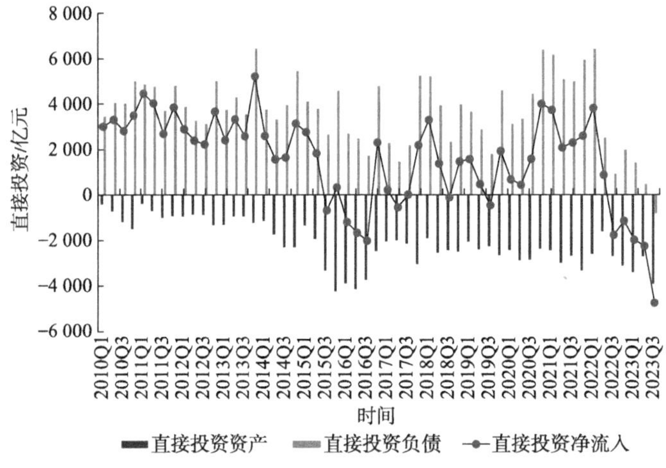

图 7　我国直接投资资产、负债与直接投资净流入

Q 表示季度

资料来源：http://www.safe.gov.cn/safe/zggjtztcb/index.html

三、2024 年中国跨境资金流动展望

国际收支平衡表基于复式记账原则和权责发生制记录国际经济贸易往来，实际的跨境资本流动需要基于收付实现制原则记录。我国境内银行代客涉外收入支出数据可以体现实际的跨境资本流动情况，具体项目和国际收支平衡表相似。由于跨境资金收付能够更加直接地反映国际收支对于我国跨境资本流动和人民币汇率的影响，这一部分主要基于跨境资金收付数据和结售汇数据分析我国 2023 年的跨境资金流动状况，并结合中国科学院预测科学研究中心建立的中国跨境资金流动监测预警指标体系，对 2024 年我国跨境资金流动状况进行展望。

2023 年，在新冠疫情导致全球经济衰退三年多后、发达经济体经济缓慢复苏、我国经济社会发展全面向好的背景下，我国外汇市场整体运行平稳，跨境资金流动和结售汇均保持平稳，整体呈现逆差格局。具体来看，2023 年以来，我国的跨境资金流动主要呈现以下特点。一是银行结售汇总体呈现逆差格局。根据国家外汇管理局公布的数据，2023 年 1~9 月，我国银行结汇 117 060.65 亿元，比 2022 年同期降低 11.5%；银行售汇 119 682.62 亿元，比 2022 年同期降低 4.0%；结售汇逆差 2 621.98 亿元。二是跨境资金总体呈现净流出，跨境资金流动保持活跃。从银行代客涉外收付款数据来看，2023 年 1~9 月，我国银行代客涉外收入 322 179.02 亿元，比 2022 年同期增长 2.1%；银行代客涉外支出 326 834.81 亿元，比 2022 年同期增长 5.0%；银行涉外收付款逆差 4 655.79 亿元。三是售汇率小幅下降，企业跨境融资保持平稳。2023 年 1~9 月，从银行代客售汇与银行代客涉外支出的比例这一衡量售汇意愿的指标来看，经常项目和货物贸易这两个科目下分别为 52.6%和 52.5%，分别比 2022 年同期下降 2.2 个和 3.4 个百分点。四是跨境融资逐步趋稳，从外资融资来看，截至 2023 年 6 月末，我国企业等市场主体境内外汇贷款余额 2 749 亿美元，较 2022 年末增加 37 亿美元。进口海外代付、远期信用证等跨境贸易融资余额 674 亿美元，较 2022 年末下降 94 亿美元。五是结汇率稳中有降，企业外汇存款余额基本稳定。2023 年 1~9 月，从银行代客结汇与银行代客涉外收入的比例这一衡量结汇意愿的指标来看，经常项目和货物贸易这两个科目下分别为 53.8%和 53.4%，分别比 2022 年同期下降 1.3 个和 2.2 个百分点。截至 2023 年 10 月末，我国外汇储备规模为 31 012 亿美元，较 9 月末下降 138 亿美元，降幅为 0.44%，较 2022 年同期（30 524 亿美元）增长 1.6%，较 2022 年底（31 277 亿美元）下降 0.8%。2023 年，受主要经济体货币政策预期、地缘政治等因素影响，美元指数上涨，全球金融资产价格总体下跌。主要受汇率折算和资产价格变化等因素综合作用，10 月外汇储备规模下降。我国经济保持恢复向好态势，经济发展的基本面没有改变，有利于外汇储备规模继续保持基本稳定。

展望 2024 年，我国跨境资本流动有望保持总体平衡的态势，人民币资产在全球范围内具有稳定的投资回报和分散化投资价值，国内经济持续回升向好进一步提升外资配置人民币资产信心，人民币资产的避险属性逐步增强。随着国内各项政策精准发力、落地落实，积极因素不断积累，经济基本面对外汇市场的支撑作用将进一步巩固。同时，近年来我国外汇市场深度、广度持续拓展，参与主体更趋成熟，交易行为更加理性，抵御外部冲击的能力总体增强。在内外部环境持续改善下，我国外汇市场和跨境资金流动有望继续保持平稳运行态势。

根据中国科学院预测科学研究中心构建的中国跨境资金流动预警指标体系，从表征当前我国跨境资金流动状况的一致合成指数来看，如图 8 所示，根据截至 2023 年 10 月的数据计算，2023 年我国跨境资金整体呈现流出态势，2023 年 10 月，一致合成指数 76.26。从具有 3~5 个月预警期的先行合成指数来看，2023 年 10 月，先行合成指数为 92.33，与 9 月相比持平略升 0.10，说明我国跨境资金的流出压力仍然较大。预期 2024 年上半年，我国跨境资金流动将呈现净流出态势，但预计这一态势或将随着美联储加息步伐放缓而有所好转。

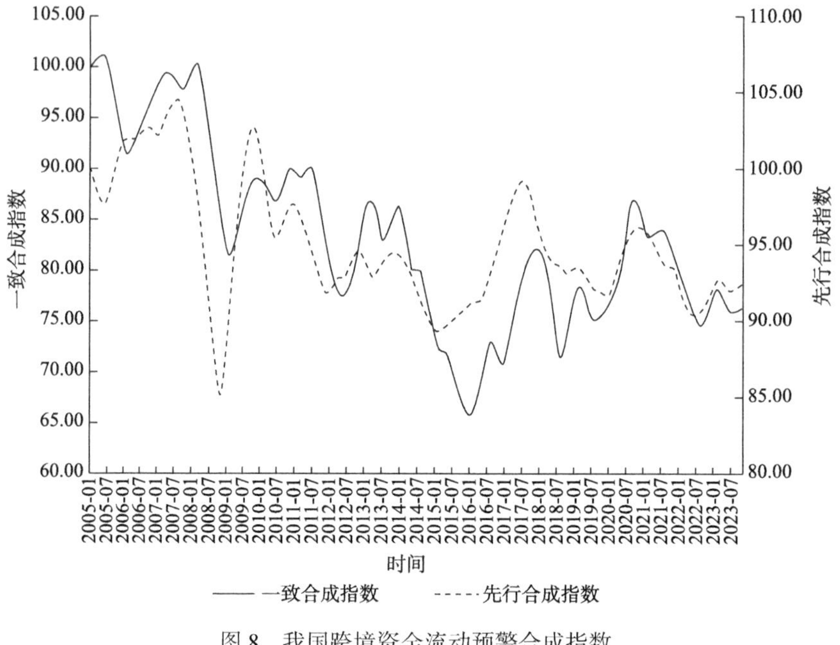

图 8　我国跨境资金流动预警合成指数

四、政 策 建 议

为了充分应对复杂严峻的国际经济形势，确保我国国际收支和宏观经济金融系统的稳定，提出以下政策建议。

一是新形势下加强我国跨境资金流动监测预警，坚持底线思维，密切关注国际市场，及时预研预判国际收支变化，降低外部经济政策对我国带来的不利冲击。在国际地缘政治冲突和美国货币政策都存在较大不确定性的背景下，全球经济形势复杂严峻，国际资本和金融市场波动加剧，跨境资金流动将更加频繁。若短期出现我国经济增长不及预期、个别企业出现偿债危机等事件，或诱发投机资本流出，加大人民币贬值压力。因此，我国有必要防范跨境资本较大幅度、较高频率的流入或流出对我国经济带来的不利冲击。

二是积极推进以人民币为主导的高水平对外开放。以互利、共赢、合作的姿态，积极发挥我国在世界经济增长中的火车头作用，激发国际经济与我国经济的良性双向反馈，推进建立以人民币作为主要结算货币的经贸合作关系。积极利用已经签订的《区域全面经济伙伴关系协定》等，扩大朋友圈，拓展深化贸易关系，构建开放型世界经济。促进外部循环建设，积极推进人民币跨境结算和人民币作为储备货币在区域经济伙伴中的使用。积极推进相关制度建设，提升人民币结算的便利性，拓展境外人民币投资渠道，平稳推进人民币国际化，进一步降低我国对外经济活动风险，增强我国货币政策的自主性。

行业经济景气分析与预测

2023 年中国农业生产形势分析与 2024 年展望

林 康 高 翔 杨翠红 陈锡康

报告摘要：2023 年，中央实施新一轮千亿斤[①]粮食产能提升行动，各地持续加大对粮食生产的支持力度，农民种粮积极性提升，全年粮食播种面积稳中有增；尽管华北东北部分地区发生洪涝灾害，但多数主产区雨水调和、光热充足，气象条件总体有利于粮食作物生长发育和产量形成，全国粮食单产水平进一步提高。整体来看，全国粮食生产稳定向好，虽然夏粮受黄淮罕见的"烂场雨"影响，产量稳中略减，但是全年粮食产量仍再创历史新高，连续 9 年稳定在 1.3 万亿斤以上。2023 年全国粮食总产量 69 541.0 万吨，比 2022 年增加 888.2 万吨，增长 1.3%。谷物产量 64 143.0 万吨，比 2022 年增加 818.7 万吨，增长 1.3%。分季来看，全国夏粮总产量 14 615.2 万吨，比 2022 年减少 125.1 万吨，下降 0.8%；早稻总产量 2 833.7 万吨，比 2022 年增加 21.4 万吨，增长 0.8%；秋粮产量 52 092.0 万吨，增产 991.9 万吨，增长 1.9%。棉花方面，2023 年全国棉花产量 561.8 万吨，比 2022 年减少 36.2 万吨，下降 6.1%。我国最大产棉区新疆播种面积下降 5.1%，且春季和夏季气候条件对棉花生长不利，单产下降 0.1%，棉花总产量下降 5.2%；新疆棉花产量在全国占比进一步提高至 91.0%，比上年提高了 0.8 个百分点。油料方面，预计 2023 年我国油料播种面积和产量将双增。

展望 2024 年，我们对粮食、棉花和油料的主要分析和预测如下。

第一，预计 2024 年，我国粮食播种面积可能将持平略增。如果天气正常，不出现大的自然灾害，且在中国粮食进口配额不出现大幅提高的情况下，预计 2024 年全年粮食将增产，其中夏粮增产，秋粮持平略增。

2024 年我国粮食生产既有有利因素的支持，同时又面临着一些不利因素的严峻考验。有利条件主要如下：在全球粮食危机风险激增的背景下，中央和各级政府继续加强对国内粮食安全的重视程度；且预计小麦、稻谷将继续实行最低收购价政策。以上因素将对粮农的种粮积极性有所刺激。此外，2023 年秋冬种进展总体顺利，夯实了 2024 年夏粮丰收基础；种子产业或将迎来发展新篇章，土地资源配置也将进一步优化，助推我国粮食单产水平提高的同时，有力支撑了粮食生产能力的提升。不利因素如下：粮食价格增长乏力的同时，化肥等农资价格高位运行，且我国农业保险存在推广力度不足、索赔较难等问题，以上因素均将挫伤粮农种粮积极性。此外，耕地"非粮化"现象也将对我国粮食生产带来负面影响。

第二，预计 2024 年我国棉花播种面积持平略减，产量将持平略增。主要依据如下：

① 1 斤=0.5 千克。

非新疆棉区生产规模将进一步收缩，新疆棉区植棉面积也显现出下降态势，总体植棉面积难以增长；棉花下游生产需求减弱，打击棉农的植棉积极性；新疆棉花目标价稳定，且棉花价格处于较高水平，有利于提高棉农植棉积极性。

第三，预计 2024 年我国油料播种面积增加，其中油菜籽播种面积略增，花生播种面积持平。如果后期天气正常，预计油料产量将有所增加。主要依据如下：中央及地方政府加大油菜种植的政策扶持力度，从整地、播种开始逐个环节推进各项增产措施；油菜大面积单产提升三年行动开启，为我国油菜增产助添了内生新动能；油菜籽和花生价格开始走低，在一定程度上打击了农户种植积极性。

一、2023 年中国农业生产形势回顾

（一）2023 年夏粮稳中略减，早稻稳中略增，秋粮增产，全年粮食产量将再创历史新高，连续 9 年保持在 1.3 万亿斤以上

2023 年，农业种植结构持续优化，粮食播种面积稳中有增。尽管发生了黄淮罕见“烂场雨”、华北东北局地严重洪涝、西北局部干旱等较为严重的局部灾害，但是多数主产区雨水调和、光热充足，利于作物的生长发育，也利于产量的形成。总体来看，2023 年粮食生产稳定向好，全年粮食产量将再创新高，连续 9 年保持在 1.3 万亿斤以上。

根据国家统计局发布的数据①，2023 年全国夏粮播种面积 39 913 万亩②，比 2022 年增加 117.8 万亩，增长 0.3%；其中小麦播种面积 34 589 万亩，比 2022 年增加 145.6 万亩，增长 0.4%。全国夏粮单位面积产量 366.1 千克/亩，比 2022 年减少 4.3 千克/亩，下降 1.2%；其中小麦单位面积产量 389.0 千克/亩，比 2022 年减少 5.2 千克/亩，下降 1.3%。全国夏粮总产量 14 615 万吨，比 2022 年减少 125.1 万吨，下降 0.8%；其中小麦产量 13 453 万吨，比 2022 年减少 122.6 万吨，下降 0.9%。整体而言，虽然受河南等地严重“烂场雨”天气的影响，夏粮单产和产量有所下降，但是 2023 年夏粮产量仍处于历史第二高位，实现了丰收。

国家统计局发布的全国早稻生产数据显示③，2023 年全国早稻播种面积 7 099.7 万亩，比 2022 年减少 32.9 万亩，下降 0.5%；全国早稻单位面积产量 399.1 千克/亩，比 2022 年增加 4.8 千克/亩，增长 1.2%；全国早稻总产量 2 833.7 万吨，比 2022 年增加 21.5 万吨，增长 0.8%。播种面积稳中略减的主要原因是 2022 年南方地区秋冬连旱，部分“稻

① 国家统计局关于 2023 年夏粮产量数据的公告. http://www.stats.gov.cn/sj/zxfb/202307/t20230715_1941239.html，2023-07-15；后根据甘肃、宁夏、新疆等部分地区小麦实际产量对全国夏粮数据进行了修正，详见：国家统计局关于 2023 年粮食产量数据的公告. https://www.stats.gov.cn/sj/zxfb/202312/t20231211_1945417.html，2023-12-11.

② 1 亩≈666.67 平方米。

③ 国家统计局关于 2023 年早稻产量数据的公告. http://www.stats.gov.cn/sj/zxfb/202308/t20230823_1942209.html，2023-08-23.

稻油”产区油菜生育期推迟，茬口紧张，影响早稻适时移栽，农户改种其他作物，早稻播种面积略有下降。

2023 年，全国秋粮产量 52 092.0 万吨，比 2022 年增产 991.9 万吨，增长 1.9%①。从面积看，2023 年部分地区通过经济作物改种粮食、间套复种提高复种指数、整改复耕、增水增地种粮等方式提高了秋粮种植面积。根据国家统计公布的数据，2023 年秋粮播种面积为 131 440.2 万亩，相比于 2022 年的 130 570.5 万亩增长了 0.7%。从单产看，一方面，高产作物玉米面积增加较多，提高了全年秋粮的单产水平；另一方面，2023 年初，农业农村部启动了粮油等主要作物大面积单产提升行动，重点抓了玉米大豆的种植密度问题，选育了耐密品种，配套了高性能的播种机，精准调控了水肥，及时防控了病虫害，此外，2023 年中后期大面积实施了秋粮“一喷多促”，因此秋粮单产提升效果十分明显。根据国家统计公布的数据，2023 年秋粮单产为 396.3 千克/亩，相比于 2022 年的 391.4 千克/亩增长了 1.3%。整体而言，全国绝大部分省份是增产的，个别省份因灾减产，有增有减，但增的明显比减的多。

2023 年，全国粮食产量再创新高，为全面推进乡村振兴、加快建设农业强国奠定了坚实基础，为加快构建新发展格局、着力推动高质量发展提供了有力支撑，也为稳定全球粮食市场、维护世界粮食安全做出了积极贡献。

（二）2023 年我国棉花播种面积和产量双减，种植结构继续向新疆集中

总产方面②，根据国家统计局发布的数据，2023 年，全国棉花产量 561.8 万吨，比 2022 年减少 36.2 万吨，下降 6.1%。其中新疆棉花产量 511.2 万吨，比 2022 年减少 28.1 万吨，下降 5.2%，占全国总量的 91.0%，比上年提高 0.8 个百分点；其他地区棉花产量 50.6 万吨，比 2022 年减少 8.0 万吨，下降 13.7%。

面积方面，2023 年，全国棉花播种面积 4 182.2 万亩，比 2022 年减少 318.3 万亩，下降 7.1%，且棉花种植结构进一步向优势区域——新疆棉区集中。虽然新疆地区由于引导次宜棉区退减棉花种植，棉花播种面积比 2022 年下降 5.1%，但是其种植面积占全国比重提高至 85.0%，较 2022 年提高 1.8 个百分点。其他棉区受种植收益和种植结构调整等因素影响，棉花播种面积下降 16.8%，自 2009 年以来连续 15 年下降。

单产方面，2023 年，全国棉花单产 134.3 千克/亩，比 2022 年增加 1.5 千克/亩，增长 1.1%。分地区看，新疆春季大部棉区低温多雨，棉花生育进程比 2022 年推迟，夏季持续高温对棉花生长不利，但秋季气象条件利于棉花采收，加之低产棉田逐步调减，单产略有下降，新疆棉花单产 143.9 千克/亩，比 2022 年减少 0.2 千克/亩，下降 0.1%。长江流域棉区 2022 年持续高温干旱造成棉花减产，2023 年农业气象年景正常，实现恢复性增产，长江流域棉花单产 71.4 千克/亩，比 2022 年增加 3.6 千克/亩，增长 5.3%；黄河

① 国家统计局农村司司长王贵荣解读粮食生产情况. https://www.stats.gov.cn/sj/sjjd/202312/t20231211_1945418.html，2023-12-11.

② 国家统计局关于 2023 年棉花产量的公告. https://www.stats.gov.cn/sj/zxfb/202312/t20231225_1945745.html，2023-12-25.

流域棉区总体天气条件与常年相当，植棉管理水平有所提升，推动单产稳中有增，黄河流域棉花单产 83.8 千克/亩，比 2022 年增加 1.3 千克/亩，增长 1.5%。

（三）2023 年我国油料播种面积、产量预计双增

在油菜籽方面，2023 年中央财政安排 15 亿元专项资金，支持长江流域利用冬闲田扩种冬油菜；各地千方百计挖掘潜力，夏收油菜籽面积、产量实现双增，预计冬油菜面积超过 1 亿亩，产量达到 1 450 万吨以上，面积和产量均创新高[①]。分省来看，四川、湖北、湖南、安徽、贵州、江西 6 省是我国油菜籽主产区，2018~2022 年 6 省的油菜籽产量均占全国产量的 70%以上。据央视网消息[②]，2023 年四川全省油菜播栽面积 2 250 万亩，比 2022 年扩种 180 万亩以上，有效保障了菜籽油的市场供应。湖北省通过统筹油菜综合扶持政策，落实各项支持资金用于油菜生产工作，最大限度利用冬闲田扩大油菜种植面积。因此，2023 年湖北油菜夏收面积和总产双创历史新高，分别达到 1 833.45 万亩、286.09 万吨。其中面积实现五连增，突破历史最高水平，总产连续 4 年突破历史最高水平[③]。湖南省 2023 年夏收油菜面积达 2 222 万亩，同比增 6.7%；总产 258.8 万吨，同比增 6.2%，创历史新高[④]。安徽省在地油菜面积 700 多万亩，较上年增加超 100 万亩[⑤]。江西省积极出台扩种油菜的各项支持政策，多措并举克服历史极值干旱天气等不利因素影响，全力推动油菜籽扩种。2023 年全省夏收油菜籽面积达到 889.15 万亩，增长 13.0%，产量增长 9.1%，达到 86.29 万吨，创下历史新高[⑥]。贵州省 2023 年同样全力推进油菜生产，预计油菜总产有较大幅度增长[⑦]。综上，预计 2023 年我国油菜籽播种面积和产量双增。

在花生方面，2023 年花生种植期间价格整体呈震荡上升趋势，加上花生在过去几年保持了较高收益水平，支撑了种植积极性。如图 1 所示，2023 年花生播种期间价格波动上涨，有效刺激了农户种植积极性。2023 年 6 月 9 日，花生仁平均收购周均价为 12 408 元/吨，较 2023 年 1 月 6 日上涨了 14.2%。此外，据农业农村部市场预警专家委员会 2023 年 11 月预测[⑧]，2023/2024 年度花生增产幅度将超过预期，花生油产量将达到 362 万吨，相比于 2022/2023 年度的 331 万吨上涨 9.4%。就具体省份而言，河南作为全国最大的花

---

① 国务院新闻办就 2023 年前三季度农业农村经济运行情况举行发布会. https://www.gov.cn/lianbo/fabu/202310/content_6911096.htm，2023-10-23.

② 一线调研：小油菜串起大产业 多环节齐发力促进高质量发展. https://www.gov.cn/yaowen/2023-04/13/content_5751190.htm，2023-04-13.

③ 湖北油菜夏收面积总产双创历史新高. https://nyncj.wuhan.gov.cn/xwzx_25/xxlb/202308/t20230803_2241928.html，2023-08-03.

④ 湖南夏收油菜总产超 258 万吨创历史新高. http://www.hunan.gov.cn/hnszf/hnyw/sy/hnyw1/202310/t20231013_31669590.html，2023-10-13.

⑤ 冬闲田里油菜花开——安徽扩种油菜增效益一线观察. http://nync.ah.gov.cn/snzx/zwxxi/56685011.html，2023-03-24.

⑥ 解读：2023 年上半年全省农业数据. https://www.jiangxi.gov.cn/art/2023/7/24/art_423_4542428.html，2023-07-24.

⑦ 贵州油菜总产有望大幅增长. https://www.rmzxb.com.cn/c/2023-06-07/3357328.shtml，2023-06-07.

⑧ 2023 年 11 月中国农产品供需形势分析（CASDE-No.89）. http://www.scs.moa.gov.cn/jcyj/202311/t20231109_6440213.htm，2023-11-09.

生主产区，2022 年花生产量占全国花生产量的 33.6%。据新华财经 2023 年 6 月 30 日消息[①]，河南 2023 年新季花生种植面积增幅约 9%。花生主产区播种面积的增加也将有利于全国花生增产。综上，预计 2023 年我国花生播种面积和产量实现双增。

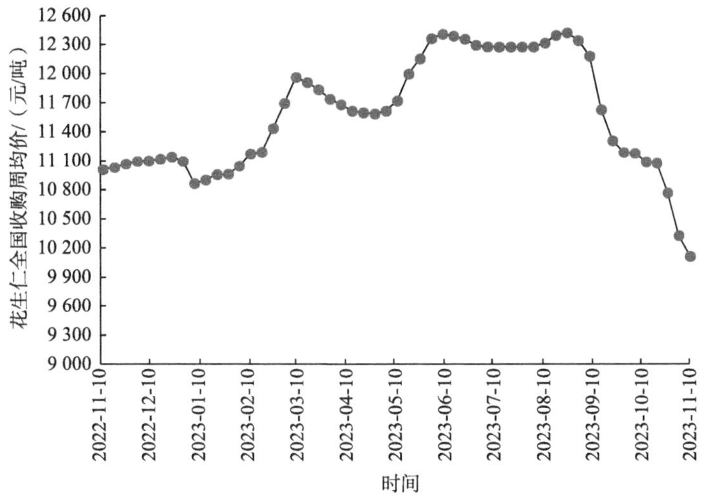

图 1　2022 年 11 月到 2023 年 11 月花生仁全国收购周均价走势图

资料来源：中华粮网大数据平台（http://idc.cngrain.com/#/）

结合油菜籽和花生的预测情况，预计 2023 年我国油料播种面积、产量将双增。

二、2024 年中国农业生产形势分析与预测

（一）2024 年粮食生产形势分析

由于目前对农业生产的判断还缺乏资料，很多作物在 2024 年的种植趋势尚存在严重不确定性。初步预计 2024 年我国粮食播种面积持平略增。如果天气正常、不出现大的自然灾害，且在中国粮食进口配额不出现大幅提高的情况下，预计 2024 年全国粮食将增产，其中夏粮增产，秋粮持平略增。

1. 2024 年中国粮食生产的有利条件

1）全球粮食危机风险激增，持续增强了国内对粮食安全的重视程度，中央和地方政府出台了一系列促进粮食生产的利好政策

近年来，诸如极端气候灾害，俄乌战争、巴以冲突等地缘政治冲突频发，进一步加剧了全球粮食危机。例如，联合国粮食及农业组织 2023 年 5 月 3 日发布的《2023 年全

① 卓创资讯：2023 季河南新花生播种面积恢复性增加 但初步调研显示增幅或不及预期. https://www.cnfin.com/dz-lb/detail/20230630/3888197_1.html，2023-06-30.

球粮食危机报告》指出，2022 年 58 个国家和地区的约 2.58 亿人受到严重粮食危机影响，相关数据高于 2021 年的 53 个国家和地区的 1.93 亿人，为该系列报告发布七年来的最高水平。2022 年，身处重度粮食不安全状况的人数在饥饿总人数中的占比从 2021 年的 21.3%升高至 22.7%，全球严重粮食不安全危机呈恶化趋势。

在全球粮食危机风险激增的背景下，中央多次从战略高度角度强调国内粮食安全的重要性，为我国粮食生产提供了一系列政策保障。例如，2023 年 2 月 13 日，中央连续第二十年发布以“三农”为主题的中央一号文件，强调必须坚持不懈把解决好“三农”问题作为全党工作的重中之重。2023 年 8 月 31 日农业农村部指出[①]，将会同有关部门，继续加大政策扶持力度，一方面健全种粮农民收益保障机制，另一方面健全主产区利益补偿机制，调动农民务农种粮和地方政府重农抓粮积极性。2023 年 9 月 26 日农业农村部召开全国粮油等主要作物大面积单产提升现场观摩暨秋冬种工作部署会，会议强调要加力推进粮油等主要作物大面积单产提升，高标准高质量抓好秋冬种等重点工作，为 2024 年粮油丰收打牢基础。2023 年 10 月 20 日粮食安全保障法草案提请全国人大常委会会议二次审议，草案二审稿完善了国家粮食安全保障投入机制，强调调动种粮农民和地方政府保护耕地、种粮抓粮积极性，并明确提升耕地质量、加强撂荒地治理等方面的规定。草案二审稿还明确，国家引导金融机构合理推出金融产品和服务，为粮食生产、储备、流通、加工等提供支持。粮食安全保障法的制定对于保障粮食有效供给，确保国家粮食安全，提高防范和抵御粮食安全风险能力，具有重大意义。

分省来看，各地政府同样始终把保障国家粮食安全摆在首位，着力提高粮食综合生产能力。例如，黑龙江省委书记许勤表示[②]，黑龙江要坚持把多种粮、种好粮作为重中之重，当好国家最稳固、最可靠、最坚实的“大粮仓”。2023 年河南省委一号文件同样指出，要全力抓好粮食生产，全方位夯实粮食安全根基，强化藏粮于地、藏粮于技的物质基础，加强耕地保护和用途管控，推进高标准农田建设。安徽省农业农村厅副厅长潘鑫表示[③]，安徽省正在编制从现在起至 2035 年的千亿斤粮食产能建设规划，谋划了一批重大工程和工作抓手，通过提单产、稳面积、减损耗等途径，到 2035 年实现全省粮食产能站稳千亿斤台阶，全面建成“千亿斤江淮粮仓”。

考虑到 2024 年全球粮食紧缺形势可能更加严峻，预计国内粮食生产的政策支持力度将在 2024 年继续维持并加强。

2）2023 年秋冬种进展总体顺利，夯实了我国 2024 年夏粮丰收基础

秋冬种是次年粮油生产的第一仗，是来年粮食丰收的基础。因此，各部门多次强调秋冬种的重要性，确保秋冬种高质量推进。例如，农业农村部部长唐仁健在 2023 年 9 月 26 日召开的全国粮油等主要作物大面积单产提升现场观摩暨秋冬种工作部署会中强调，要高标准高质量抓好秋冬种。具体而言，要抓好小麦最低收购价、产粮大县奖励等

① 关于政协第十四届全国委员会第一次会议 第 02133 号（农业水利类 193 号）提案答复的函摘要. https://www.moa.gov.cn/govpublic/FZJHS/202308/t20230831_6435535.htm，2023-08-31.

② 黑龙江：坚决当好国家粮食安全“压舱石”. https://www.hlj.gov.cn/hlj/c107856/202309/c00_31665371.shtml，2023-09-06.

③ 安徽锚定“多种粮、种好粮”目标 2035 年全面建成“千亿斤江淮粮仓”. http://www.ah.xinhuanet.com/20230727/e1568b39738e453e8c232faea2d02a60/c.html，2023-07-27.

政策落实及宣传引导，调动农民种粮积极性，全力稳定冬小麦种植面积，及早协调调运适宜良种，指导农民合理安排播期，落实深耕深松、适深精播等技术，提高播种质量。2023年10月23日，在国务院新闻办公室举行的2023年前三季度农业农村经济运行情况发布会上，农业农村部种植业管理司司长潘文博表示，针对2023年气候特点和秋种面临的形势，秋分前后，农业农村部就对2023年秋冬种工作进行了全面部署安排。通过启动小麦、油菜大面积单产提升三年行动，从整地播种开始着手落实各项增产措施；协调黄淮海地区调剂调运优质小麦种子，确保秋播用种不受夏收“烂场雨”的影响；制定印发冬小麦、冬油菜秋冬种技术方案，重点推广玉米的适期晚收、小麦适期晚播技术，同时采用小麦适深精播、油菜适当密植等关键技术措施，为2024年夏季粮油丰收奠定基础。

整体来看，2023年，各地多措并举，不断提升秋冬种质量，秋冬种进展总体顺利。据农业农村部农情调度①，截至2023年11月14日，全国秋冬种进入尾声，冬小麦播种过九成半。

3）土地资源配置的优化将夯实粮食生产能力基础，有力支撑粮食生产能力的提升

为稳住粮食安全这个“压舱石”，既要确保耕地的数量，还要不断提升耕地质量及整个农田的综合产能。目前我国耕地存在承包地细碎化的问题，特别是随着农业机械化水平不断提高，细碎的承包地越来越不便于农户耕种经营，严重制约了我国粮食生产。目前已有大量的农户期盼能够解决承包地细碎化的问题。例如，据国家统计局社情民意调查中心电话调查，有76.2%的农户愿意把自家分散的小块承包地集中成一块耕种②。为此，2023年中央一号文件就提出，要总结地方“小田并大田”等经验，探索在农民自愿前提下，结合农田建设、土地整治逐步解决细碎化问题。为贯彻落实2023年中央1号文件部署要求，农业农村部于2023年7月11日印发了《关于稳妥开展解决承包地细碎化试点工作的指导意见》，鼓励各地采取“承包权不动，经营权连片”这一具有风险小、成本低、易操作、能回溯等优势的方式解决承包地细碎化的问题。

耕地使用细碎化问题的改善能带动规模化生产和产业化经营。通过除埂、填沟，让小方格变成大方块，不仅能吸引更多种粮能手，还增加了可耕种面积。数据显示②，平整后的土地可耕种面积一般可增加3%~5%。因此，预计土地资源配置的优化将在2024年有力支撑粮食生产能力的提升。

4）种子产业或将迎来发展新篇章，助推我国粮食单产水平提高

种子是农业的“芯片”，在提升粮食单产水平中发挥着至关重要的作用。近年来我国育种产业发展有序推进。例如，2021年国家启动转基因玉米大豆产业化试点工作，在科研试验田开展；2022年扩展到内蒙古、云南的农户大田。2023年试点范围扩展到河北、内蒙古、吉林、四川、云南5个省区20个县并在甘肃安排制种。2023年10月17日，农业农村部发布《关于第五届国家农作物品种审定委员会第四次审定会议初审通过品种的公示》，将初审通过的转基因玉米、大豆品种目录予以公示。目录共包含了转基因玉米

① 【在希望的田野上】全国秋冬种过九成半. https://news.cctv.com/2023/11/14/ARTIc5j1AImS6Z61fhOPQzFU231114.shtml，2023-11-14.

② 农业农村部负责人就《关于稳妥开展解决承包地细碎化试点工作的指导意见》答记者问. http://www.als.gov.cn/art/2023/7/19/art_70_508680.html，2023-07-19.

品种 37 个、转基因大豆品种 14 个，这是继 2022 年 6 月出台《国家级转基因大豆品种审定标准（试行）》《国家级转基因玉米品种审定标准（试行）》后首次转基因品种通过国家品种审定。

在耕地面积有限的条件下，提高粮食单产是提升粮食总产量的重要途径，而农业转基因技术在增加作物产量等方面发挥了不可替代的作用。以美国为例，在转基因作物尚未商业化应用的 1995 年，美国玉米大豆平均每亩单产分别为 475 千克和 158 千克，2022 年美国转基因玉米大豆种植面积超过 90%，平均单产已分别达到 725 千克和 222 千克，转基因技术发挥了革命性的作用①。在保障国家粮食安全政策背景下，预计 2024 年育种产业将加快发展，转基因作物种植面积有望进一步提升，进而助推我国整体粮食单产水平的提高。

5）小麦、稻谷将继续实行最低收购价政策，农民粮食生产吃了“定心丸”

2023 年 9 月 27 日，国家发展和改革委员会公布 2024 年国家继续在小麦主产区实行最低收购价政策，综合考虑粮食生产成本、市场供求、国内外市场价格和产业发展等因素，经国务院批准，2024 年生产的小麦（三等）最低收购价为每 50 千克 118 元。相比 2023 年每斤提高了 0.01 元。预计 2024 年稻谷的最低收购价政策也将继续实行。

最低收购价的实行将保证农民种粮的基本收益，提振了粮农的种粮积极性，能够有效引导农民合理种植、加强田间管理、促进稳产提质增效，确保 2024 年稳产增产。同时，最低收购价的调整也将更好地发挥市场机制作用，进一步激发市场活力，引导粮食供给结构优化，使我国粮食生产更具竞争力，保障我国粮食安全。

2. 粮食生产的不利因素

1）粮食价格增长乏力，粮农种粮积极性难以提振

如图 2 所示，2022 年 11 月至 2023 年 11 月，粮食主产区的三种粮食价格增长乏力。例如，全国小麦收购周均价在 2022 年 11 月至 2023 年 5 月大幅下降，随后虽然逐步回升，但仍处于较低水平。数据显示，2023 年 5 月 12 日全国小麦收购周均价为 2 682 元/吨，相比于 2022 年 11 月 4 日下降了 17.6%；2023 年 11 月 10 日全国小麦收购周均价为 3 038 元/吨，虽然相比于 2023 年 5 月 12 日上涨了 13.3%，但仍比 2022 年同期低 7.2%。全国玉米收购周均价与全国小麦收购周均价的波动情况类似，整体呈现波动下降态势，且在 2023 年 9 月后出现了较大幅度的下降。数据显示，2023 年 11 月 10 日全国玉米收购周均价为 2 667 元/吨，相比于 2023 年 9 月 1 日下降了 8.8%，相比于上年同期则下降了 6.6%。全国粳稻收购周均价在 2023 年 5 月至 9 月间有较大幅度的上涨，但自 2023 年 10 月起开始出现下降态势。2023 年 11 月 10 日全国粳稻收购周均价为 2 888 元/吨，相比于 2023 年 9 月 30 日下降了 3.7%。粮食价格增长乏力，尤其高产作物玉米价格下降将对粮农的种粮积极性带来负面影响。

① 农业农村部科技发展中心、全国农业技术推广服务中心负责人就推进生物育种产业化试点答记者问. https://www.moa.gov.cn/xw/zwdt/202308/t20230824_6434921.htm，2023-08-24.

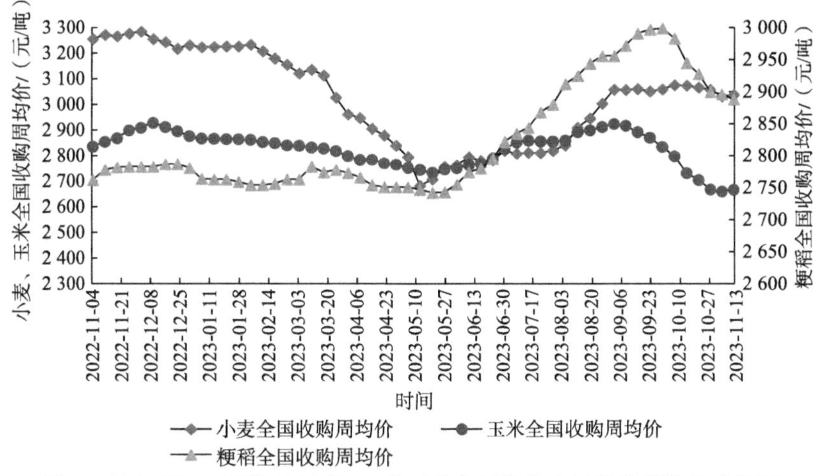

图 2　2022 年 11 月到 2023 年 11 月三种主要粮食全国收购周均价走势图
资料来源：中华粮网大数据平台（http://idc.cngrain.com/#/）

2）化肥等农资价格高位运行，种粮成本攀升，挫伤粮农生产积极性

受俄乌战争、巴以冲突等地缘政治事件的影响，全球能源供应链受到一定冲击。例如，世界银行首席经济师英德米特·吉尔说，乌克兰危机升级对全球经济的影响持续至今，如果巴以冲突扩大，将给全球能源供应造成“数十年来首次双重冲击”；此外，世界银行 2023 年 10 月 30 日警告，巴以冲突如果升级扩大，将严重影响全球原油供应，最严重情况下国际油价可能涨至每桶接近 160 美元，突破历史最高纪录[①]。作为化肥的生产的原料，能源价格的上涨将进一步导致化肥价格的上涨。且由于我国化肥和能源进口依赖程度较高，受进口品价格变化的溢出效应较强，因此巴以冲突以来我国化肥价格持续上涨。如图 3 所示，2023 年 11 月 13 日我国化肥综合批发价格指数为 2 948.30 点，相比于 2023 年 6 月 26 日上涨了 15.6%。整体而言，我国化肥价格高位运行将打击粮农种粮积极性，对农业生产造成负面影响。

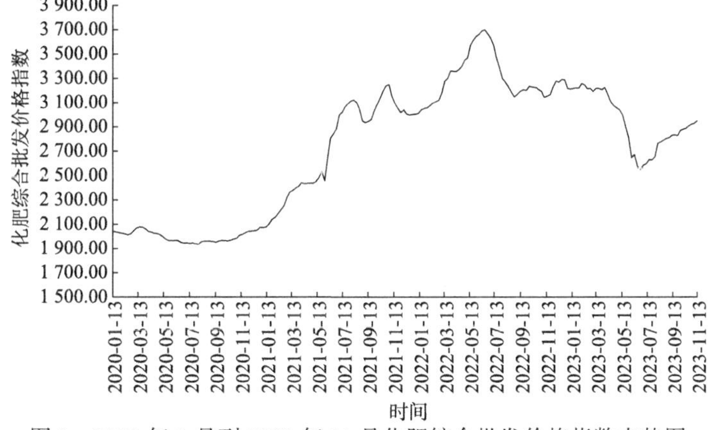

图 3　2020 年 1 月到 2023 年 11 月化肥综合批发价格指数走势图
资料来源：Wind 数据库

① 世界银行：巴以冲突扩大或令国际油价飙升. http://www.news.cn/world/2023-10/31/c_1212295634.htm，2023-10-31.

3）我国农业保险存在推广力度不足、索赔较难等问题，挫伤粮农种粮积极性

近年来，自然灾害频发，难以预测的自然灾害给农民种粮收益带来了巨大的不确定性。农业保险作为稳定农业生产和农民收入的重要手段，在保障粮食安全中发挥着重要作用。例如，在 2023 年华北、黄淮等地极端降雨，2022 年长江中下游持续干旱，2021 年河南特大暴雨等自然灾害后，农业保险均发挥了助力农户恢复再生产的重要作用。农业保险日益成为广大农户的“定心丸”和农业生产的“稳定器”。近年来我国也在不断加大农业保险的支持力度。财政部发布消息表示[①]，2022 年我国持续推动农业保险“扩面、增品、提标”，稳定农户种粮收益，支持乡村振兴战略，服务保障国家粮食安全，农业保险提供风险保障超过 5 万亿元。

然而，目前我国农业保险还存在着推广力度不足、承保理赔不规范等问题，严重挫伤了粮农种粮积极性。例如，中国科学院数学与系统科学研究院全国及区域粮食产量预测课题组 2023 年 4 月对各粮食主产区的调研资料显示，华中地区某粮食主产省超 26%的调查对象反映没有参加农业保险；59%的调查对象反映理赔金额低；23%的调查对象反映理赔条件要求高、手续烦琐；18%的调查对象反映理赔不及时、理赔周期长；9%的调查对象反映现场勘察不及时、不到位。华中地区另一粮食主产省虽然目前农业保险覆盖率已较高，但是目前的保险主要是商业保险。在 2022 年的涝灾中，不少种植大户获得的商业保险赔偿很低，索赔过程也较难，远没有弥补农户的损失，挫伤了一些种粮大户的种粮积极性。东北地区某粮食主产省农业保险覆盖率不高，种植业保险覆盖率 50%左右，养殖业保险覆盖率不足 20%。此外，目前只有玉米、水稻、小麦等三个品种纳入大灾保险范畴，大豆并未纳入大灾保险标的作物。

4）耕地“非粮化”现象严重威胁粮食生产

由于粮食种植收益较低，相比而言，种植花卉水果或者建立养殖场能够给农户带来较高利润。因此，受收益率的影响，我国大量粮田改种经济作物，一些地区耕地保有量已突破耕地红线，有的甚至低于划定的永久基本农田面积。第三次全国土地调查结果显示，2009 年至 2019 年我国耕地净流向林地 1.12 亿亩，净流向园地 0.63 亿亩。遥感监测数据显示[②]，现有耕地中，真正种粮的面积约占七成，其余为经济作物、园地、林地、休耕等。目前我国耕地保护形势依然严峻，守住耕地红线的基础尚不稳固，耕地“非粮化”现象进一步挤占了粮食作物耕地面积，严重威胁我国粮食生产。

（二）2024 年棉花生产形势分析

初步预计，如果天气情况正常，2024 年我国棉花播种面积持平略减，产量将持平略增。主要可供判断的依据如下。

---

① 保费规模超千亿元、风险保障逾五万亿元——农业保险助推乡村振兴. https://www.moa.gov.cn/ztzl/ymksn/jjrbbd/202302/t20230209_6420238.htm，2023-02-09.

② 耕地问题调查. https://www.moa.gov.cn/ztzl/ymksn/jjrbbd/202202/t20220214_6388603.htm，2023-02-14.

1. 非新疆棉区生产规模将进一步收缩，新疆棉区植棉面积也显现出下降态势，总体植棉面积难以增长

如图 4 所示，自 2009 年起，非新疆地区棉花种植面积逐年减少，2009 年非新疆地区棉花播种面积为 314.63 万公顷，到 2022 年减少为 50.34 万公顷，在此期间减少了 264.29 万公顷，年平均减少率为 13.1%。预计 2022 年非新疆地区植棉面积将进一步下降。2009 年新疆地区棉花播种面积为 133.84 万公顷，到 2022 年增长为 249.69 万公顷，在此期间增加了 115.85 万公顷，年平均增长率为 4.9%。自 2015 年公布《关于认真做好新疆棉花种植面积调减工作的通知》以来，新疆地区逐步引导棉花向优势产区集中，逐步退出次宜棉区和低产棉区棉花种植。在调减政策的影响下，新疆地区棉花播种面积已显现出增长乏力态势。2022 年新疆棉花种植面积相比于 2021 年下降了 0.4%，叠加非新疆地区棉花种植面积下降 3.6%的影响，2022 年全国棉花播种面积下降了 0.9%。综上，尽管新疆地区棉花单产较高，但因为新疆地区的植棉面积边际增长已较难实现，所以将难以推动全国总体产量的提升。

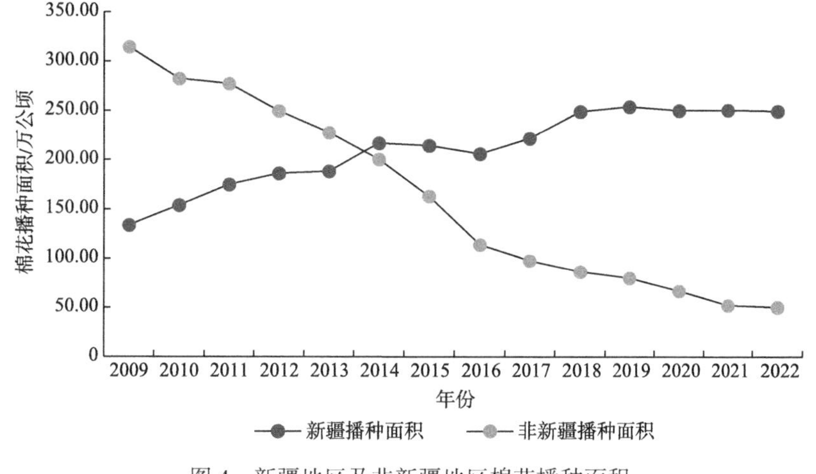

图 4　新疆地区及非新疆地区棉花播种面积

资料来源：《中国统计年鉴 2023》

2. 新疆棉花目标价稳定，且棉花价格处于较高水平，刺激了棉农的植棉积极性

根据国家发展和改革委员会、财政部 2023 年 4 月 10 日印发的《关于完善棉花目标价格政策实施措施的通知》，2023~2025 年新疆棉花目标价格水平为每吨 18 600 元，如遇棉花市场形势重大变化，报请国务院同意后可及时调整。该政策的发布给新疆棉农吃下了“定心丸”。

此外，自 2023 年 4 月以来，我国棉花价格持续增长。以我国 3128B 皮棉的价格为例（图 5），2023 年 10 月 10 日棉花价格为 18 379 元/吨，相比于 2023 年 3 月 27 日上涨了 21.1%。虽然在 10 月新棉上市后，棉花价格出现了一定程度的下降，但整体而言还是高于上年同期水平。例如，2023 年 11 月 15 日棉花价格为 16 905 元/吨，相比于 2022 年 11 月 15 日上涨了 11.1%。棉花价格的有效回升对稳定棉农的植棉积极性起到了重要作用。

目前棉花价格虽然高于上年同期水平，但已出现下降态势，需关注后期价格是否存在持续下降的潜在风险。

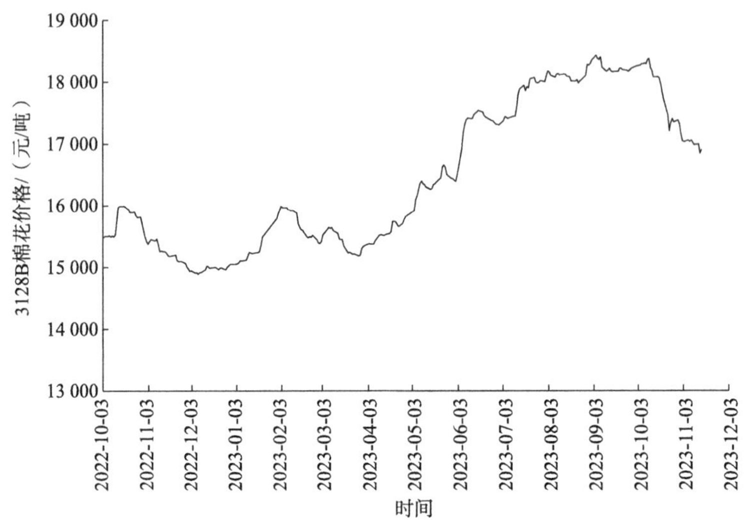

图 5　2022 年 10 月以来我国 3128B 皮棉价格趋势图

资料来源：中国棉花协会（http://www.china-cotton.org/search）

3. 棉花下游生产需求减弱，打击棉农的植棉积极性

需求端来看，旺季不旺之下，纺织企业订单缺乏，产品累库率升高，加上中游加工长期亏损，可能导致纺织企业出现减产、停产等局面。根据工业和信息化部的数据[①]，2023 年 1 月至 9 月，规模以上纺织企业工业增加值同比下降 2.2%，营业收入 33 952 亿元，同比下降 3.3%；利润总额 1 026 亿元，同比下降 8.8%。规模以上企业纱、布、服装产量同比分别下降 1.2%、3.4%、9.4%。出口方面，根据海关统计月报数据，2023 年 1 月至 9 月纺织纱线、织物及其制品累计出口 1 019.2 亿美元，同比下降 10.3%，其中 9 月当月出口 116.4 亿美元同比下降 2.9%。我国棉花下游生产需求出现减弱态势，将打击棉农的植棉积极性。

（三）2024 年油料生产形势分析

预计 2024 年我国油料播种面积持平略增，其中油菜籽播种面积持平略增，花生播种面积持平。如果后期天气正常，预计 2024 年油料产量将增加，其中油菜籽产量增加，花生产量持平略增。主要判断的依据如下。

① 2023 年前三季度纺织行业运行情况. https://wap.miit.gov.cn/threestrategy/zlsj/tjsj/art/2023/art_e3c57f4c3f624afabc4381e20700a832.html，2023-11-14.

1. 中央及地方政府加大油菜种植的政策扶持力度，为 2024 年油料增产奠定了基础

首先在中央层面，早在 2023 年 9 月 26 日，农业农村部召开的全国粮油等主要作物大面积单产提升现场观摩暨秋冬种工作部署会强调，要认真学习贯彻习近平总书记重要指示精神，落实党中央、国务院部署，紧盯保障粮食和重要农产品稳定安全供给战略需要，立足粮食供需新形势新任务，加力推进粮油等主要作物大面积单产提升，高标准高质量抓好秋冬种等重点工作，为 2024 年粮油丰收打牢基础；尽快把冬油菜扩种任务落实到田，推广早熟耐密品种，集成推广绿色增产技术，最大限度挖掘增产潜力。农业农村部种植业管理司司长潘文博在 2023 年 10 月 23 日举行的前三季度农业农村经济运行情况新闻发布会中指出，针对 2023 年气候特点和秋种面临的形势，秋分前后，农业农村部就对 2023 年秋冬种工作进行了全面部署安排，从整地、播种开始逐个环节推进各项增产措施。农业农村部最新农情调度显示（2023 年 11 月 14 日消息）①，目前，全国冬油菜完成意向播种面积近九成半。

与此同时，各级政府积极响应中央号召，层层压实油料扩种任务。例如，2023 年 11 月四川省召开小春生产暨主要粮油作物单产提升培训会，会议指出，2023 年小麦、油菜播种面积分别达 879 万亩、2 120.8 万亩；在此基础上，2024 年将恢复增加小麦 25 万亩，扩种油菜 55 万亩；2023 年四川小麦产业将投入资金 1 亿元，油菜产业投入资金超过 12 亿元，年底农业农村部还将下达一批用于当前季的油菜生产资金。为加快优良油菜品种的推广应用和更新换代，夯实油菜产业提质增效基础，湖北省农业农村厅办公室 2023 年 10 月 30 日印发了《2023 年湖北省重大品种（油菜）推广补助试点工作实施方案》。该方案指出 2023 年要遴选高产高油（含短生育期）油菜重大品种进行补助，遴选重大品种不少于 6 个，累计实现补助品种在湖北省内新增推广面积 100 万亩以上，每亩单产比全省当年油菜平均单产提高 10 千克以上，带动全省优良油菜品种种植面积和单产实现稳步提升。湖南省则充分挖掘种植潜力，优化耕作制度、耕地用途、耕作方式，千方百计完成油菜扩种任务。按计划，2023 年湖南将继续扩面 30 万亩，落实油菜播栽面积 2 252 万亩；截至 10 月 11 日，全省已完成大田播栽面积 1 154.22 万亩，任务完成过半②。

2. 油菜大面积单产提升三年行动开启，为我国油菜增产助添内生新动能

2023 年 9 月 24 日，农业农村部种植业管理司在湖南省醴陵市召开全国油菜秋冬种暨大面积单产提升推进会，观摩油菜大棚毯状育苗、“稻油”“稻再油”等单产提升和秋冬种示范现场，以及油菜新品种、新机具、新装备，开展油菜单产提升路径和全程机械化生产等技术培训，交流各地油菜扩面积提单产的工作打算，部署安排油菜秋冬种和大面积单产提升重点工作。会议指出，从 2023 年秋冬种开始，农业农村部启动实施油菜大面积单产提升三年行动，在全国打造 102 个油菜单产提升整建制推进县，各地要坚持

① 秋冬种工作接近尾声 全国冬小麦完成意向播种面积过九成. http://finance.people.com.cn/n1/2023/1114/c1004-40117642.html，2023-11-14.

② 湖南夏收油菜总产超 258 万吨创历史新高. http://www.hunan.gov.cn/hnszf/hnyw/sy/hnyw1/202310/t20231013_31669590.html，2023-10-13.

问题导向、目标导向，尽早制定分省单产提升技术方案，做到“一省一方案、一县一策略、一片一团队”，在三个方面下功夫，确保大面积单产提升开好局起好步。一是围绕良种、良法、良机、良田、良制，集成组装各类资源措施，形成互补互促的综合性解决方案；二是以高标准措施、高性能机具为抓手，做精做细播种、田管、收获每个环节；三是通过有效的技术指导，把优良品种、高产技术等落到田块。油菜大面积单产提升三年行动的开启将为 2024 年油菜的增产丰收提供内生动力。

3. 油菜籽价格的走低或将打击农户 2024 年种植油菜籽的积极性

价格方面如图 6 所示，2023 年 5~6 月，油菜籽集中上市，受压榨利润偏低及进口影响，国产油菜籽价格大幅下跌。2023 年 6 月 30 日油菜籽收购周均价为 6 386 元/吨，相比于 2023 年 4 月 28 日下降了 13.4%。虽然油菜籽价格在 2023 年下半年有所回升，但整体而言，2023 年冬油菜种植期间油菜籽价格偏低，这将在一定程度上打击农户冬油菜的种植积极性，进而给 2024 年油菜籽产量带来负面影响。2023 年 11 月 10 日油菜籽收购周均价为 6 678 元/吨，相比于 2022 年同期下降了 6.7%。

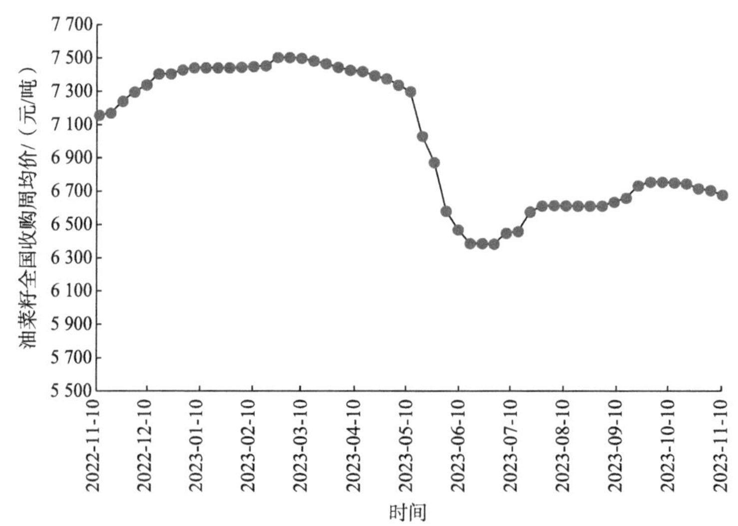

图 6　2022 年 11 月到 2023 年 11 月油菜籽全国收购周均价走势图

资料来源：中华粮网大数据平台（http://idc.cngrain.com/#/）

4. 花生价格开始走低，将在一定程度上打击农户种植积极性

在花生方面，由于近期价格开始走低，农户种植积极性受到一定打击，且多年增产使得播种面积增速放缓。自 2023 年 9 月以来，新季花生陆续上市，2023 年丰产的同时进口增加，供应端较为宽松；此外，因局部产区收获季降水偏多，花生品质受到一定影响。如图 1 所示，2023 年 11 月 10 日，花生仁平均收购周均价为 10 112 元/吨，较 2023 年 9 月 1 日下降 18.1%，相比于 2022 年同期下降了 8.9%。花生价格的下降打击了农户的种植积极性。此外，根据《中国统计年鉴 2023》数据，花生播种面积及产量在 2014 年至 2021 年间逐年递增，2021 年花生全国播种面积和产量分别相比于 2014 年增长了

10.0%和 15.1%。由于持续扩大生产，花生种植面积难以持续增加，在 2022 年出现下降，相比于 2021 年减少了 12.1 万公顷，降幅达到 2.5%。虽然单产的提高保障了总产量增加，但是总产增速已有所收敛。2022 年花生产量与 2021 年基本持平，仅增加 2.1 万吨，增速仅为 0.1%。

三、政策建议

1. 加强农业保险的推广和支持力度，降低粮食生产风险

农业保险是分散和转移粮食生产风险的重要工具，可以减少自然灾害给农民带来的经济损失，增强农民种植收益的稳定性从而稳定农民的种植积极性。因此，建议进一步加强对农业保险的推广和支持力度，保障农业保险承保、定损、理赔全链条畅通。具体而言，首先，建议加大宣传和培训力度，通过政府和保险机构的合作，普及保险知识，增强农户的风险防范意识，提高农业保险的普及率。其次，建议逐步扩大保险覆盖范围以及财政补贴范围，特别关注粮食主产区和地方特色农产品，提高完全成本保险和种植收入保险的面积覆盖率。再次，建议引入遥感技术、无人机等新型科技助力精确承保和精准理赔，降低农户和保险公司的承保和理赔争端。最后，建议建立有效的农业再保险体系，通过再保市场转移责任、建立政策性农业再保险公司等方式，增强保险市场的抗风险能力。

2. 要严守耕地红线，保障粮食生产基础

民非谷不食，谷非地不生。我国耕地资源存在数量减少、“非粮化”蔓延等问题，严重威胁我国粮食生产。因此，首先，建议全面压实各级地方党委和政府耕地保护责任，采取“长牙齿”的硬措施，落实最严格的耕地保护制度。其次，建议调整和优化农业支持政策，向粮食生产倾斜，通过提高粮食生产者的补贴水平、减轻其生产成本，鼓励农民增加粮食生产，降低“非粮化”倾向。再次，建议推动耕地生产的科技创新，优化农业生产结构，提高土地的综合利用效益和农户的种粮收益。最后，建议加强对耕地利用情况的监测，及时发布土地利用信息，通过信息公开，促使社会监督，增加政府对“非粮化”行为的管理压力。

3. 增加农资补贴，降低由于农资价格上涨所带来的负面影响

庄稼一枝花，全靠肥当家。化肥等农资的使用在保障我国粮食增产丰收的过程中发挥了重要作用。然而近年来化肥等农资价格高位运行，成为种粮成本增加的一个重要因素，严重威胁我国粮食生产。鉴于此，首先，建议增加化肥等农资的直接补贴水平，确保农民能够以较低的成本购买到足够的化肥，降低种粮成本。其次，建议根据不同地区和不同农产品的需求，制定差异化补贴政策。例如，对粮食主产区或特色农产品区域可以提供更高的化肥补贴力度，以更有针对性地支持相关产业。再次，建议鼓励农民采用

有机肥、生物农药等绿色农业生产方式，降低对化肥的依赖程度。最后，建议建立农资价格监测体系，密切跟踪农资价格走势，及时捕捉价格异常情况，识别风险等级并制定应对预案，有效防范农资价格上涨对农业生产的影响，在确保我国化肥等农资供应的同时，保障我国粮食安全。

4. 加快农业全产业链数字化转型，保障我国粮食安全

数字化转型能够实现资源的优化配置，降低农业生产成本，提高农业全要素生产率，加快农业现代化。然而，当前我国农业全产业链数字化仍处于起步探索阶段。鉴于此，首先，建议加大对农业全产业链数字化转型的财政支持力度，如设立专项资金或给予积极进行数字化转型的企业税收补贴，进而引导农业全产业链数字化转型。其次，建议在国家重点研发计划中设立相关重大科研专项，组织科研单位加强农业数字技术的研发、应用和推广。再次，建议扶持培育数字化转型龙头企业，发挥龙头企业的带头作用，带动上下游各类主体协同发展，加快全产业链的数字化转型。最后，建议重视对农业数字化转型相关人才的教育和培养，如在职业技术院校设立相关专业和课程的同时，通过财政倾斜等手段合理引导人才流向农业数字化领域。

2023 年中国工业行业分析与 2024 年展望

陈　枫　成　晟　冯　晗　季　煦　林　卓　林文灿
刘水寒　尚　维　王　珏　汪正中　杨　昆

报告摘要：2023 年，受新冠疫情及市场需求低迷等因素影响，国内工业生产一度降至冰点，但随后便呈现逐步稳定恢复态势，总体发展韧劲持续显现。国家统计局数据显示，2023 年 1~10 月，全国规模以上工业增加值同比增长 4.1%，呈逐月回升态势。中国科学院预测科学研究中心构建的反映我国工业行业经济运行状况的综合警情指数和景气信号灯显示，2023 年我国工业行业综合警情指数一直处于历史较低水平，1~9 月工业经济的运行均处于"趋冷"状态。展望未来，随着工业需求稳步回升，工业企业利润降幅收窄，工业经济有望继续恢复，我国经济长期向好的基本面没有变，工业生产仍有望实现稳步增长。鉴于当前国内外复杂多变的环境和形势，我们依照基准情景、乐观情景、悲观情景对 2024 年我国规模以上工业增加值增速进行预测。预测结果表明：预计 2024 年规模以上工业增加值增速在基准情景、乐观情景和悲观情景下分别为 4.9%、5.8%和 4.0%。

一、2023 年工业行业经济运行状况分析

2023 年初，受新冠疫情及市场需求低迷等因素影响，国内工业生产滞缓，随后呈现复苏态势，总体发展韧性持续显现。国家统计局数据显示，2023 年 1~10 月，全国规模以上工业增加值同比增长 4.1%，其中，10 月全国规模以上工业增加值同比增长 4.6%，比 9 月加快 0.1 个百分点，环比增长 0.39%。分月来看，1~4 月的同比增速较快，4 月达到 5.6%；5~10 月同比增速小幅上升。分三大门类看，1~10 月采矿业增加值同比增长 2.9%，制造业增长 5.1%，电力、热力、燃气及水生产和供应业增长 1.5%；分行业看，10 月，工业 41 个大类中有 28 个行业增加值保持同比增长，总体保持稳定恢复态势。

2023 年 1~10 月，制造业采购经理指数（purchasing managers' index，PMI）有 4 个月位于荣枯线以上，6 个月位于收缩区间，整体水平略高于 2022 年同期，表明我国制造业景气水平与 2022 年相比有所上升［图 1（a）］。从供给端看［图 1（b）］，2023 年 1~10 月，生产指数有 8 个月位于扩张区间，2 个月处于收缩区间，远高于 2022 年同期，表明 2023 年制造业生产量趋于平稳增长态势。从需求端来看［图 1（b）］，国内消费场景限制减弱，需求有所提升。1~10 月，新订单指数整体略高于 2022 年同期水平，表明制造业

市场需求有所增加。综上，2023 年制造业生产和市场需求景气度均有所提升。

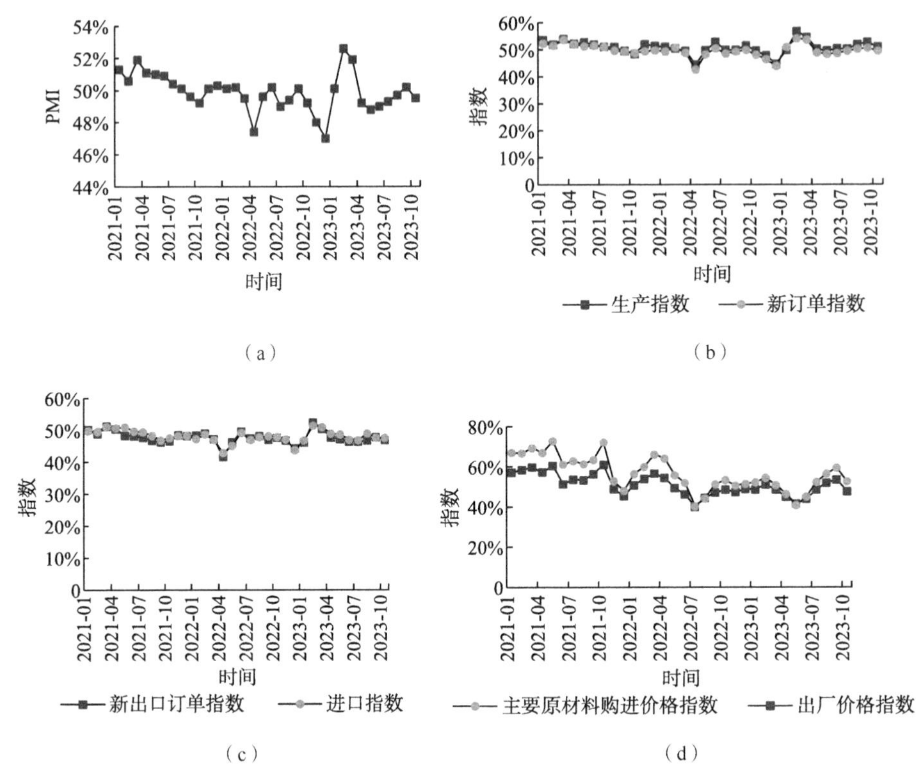

图 1　2021~2023 年 10 月制造业 PMI 和各类相关指数

资料来源：国家统计局

同时，2023 年 1~10 月新出口订单指数和进口指数呈现先升后降的态势，新出口订单指数和出口订单数分别在 2 月和 3 月高于荣枯线，打破了连续 21 个月和 20 个月位于荣枯线以下的局面，之后出现下降，表明外贸景气度依然不容乐观，如图 1（c）所示。1~10 月主要原材料购进价格指数和出厂价格指数呈现先降后升的态势，主要原材料购进价格指数在 4 月、5 月和 6 月降至荣枯线以下，7 月主要原材料购进价格指数又回升至荣枯线以上并且连续四个月位于扩张区间；出厂价格指数在 2 月、8 月和 9 月位于荣枯线以上；5~9 月主要原材料购进价格指数上升快于出厂价格指数，反映出企业面临的生产投入成本压力仍旧较大，如图 1（d）所示。

（一）工业企业营业收入与利润

我国工业企业产销衔接状况好转，营业收入逐步改善。2023 年 1~9 月，工业企业营业收入为 84.33 万亿元，与上年同期水平持平，环比增长 0.3 个百分点。自 8 月开始由下降转为增长，9 月增速为 1.2%，环比增长 0.4 个百分点（图 2）。从我们关注的 12 个重点行业来看，2023 年 1~9 月，汽车制造业，电力、热力生产和供应业和有色金属冶炼及

压延加工业的营业收入呈现增长态势，同比增速分别为 10.4%、4.7%和 2.5%，其余重点行业营业收入均呈下降态势，其中煤炭开采和洗选业、石油和天然气开采业及纺织服装、服饰业的降幅较大，同比增速分别为−14.4%、−8.3%和−8.1%；非金属矿物制品业，化学原料及化学制品制造业，黑色金属冶炼及压延加工业，纺织业，计算机、通信和其他电子设备制造业以及医药制造业的营业收入降幅相对较小，同比增速分别为−7.3%、−5.6%、−4.8%、−3.3%、−3.4%和−3.4%。

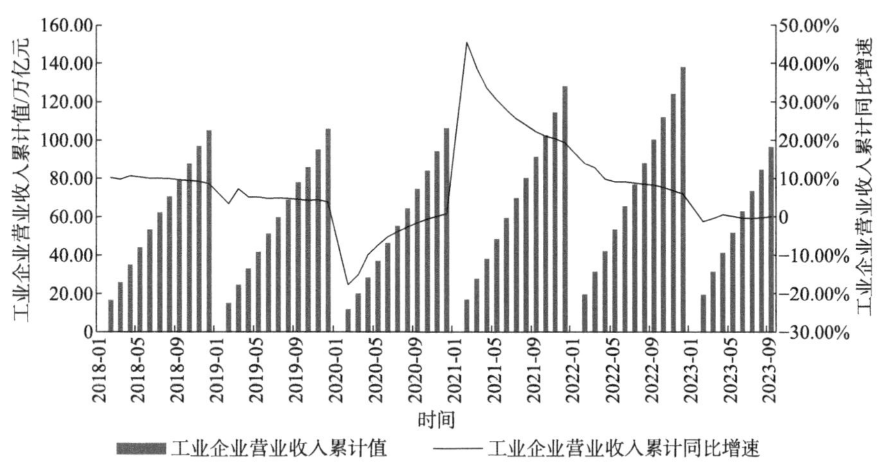

图 2　工业企业营业收入累计值及累计同比增速

从工业企业利润总额来看，2023 年 1~9 月工业企业利润总额为 54 119.9 亿元，同比下降 9.0%（图 3），低于 2022 年同期增速 6.7 个百分点。但工业企业利润降幅呈现逐月收窄的趋势，1~9 月的降幅较 1~8 月收窄 2.7 个百分点，回升态势明显加快。从细分行业来看，12 个重点行业中仅有电力、热力生产和供应业及汽车制造业实现了利润总额的同比增长。其中，电力、热力生产和供应业的利润总额为 4 314.4 亿元，累计同比增长 50.0%，这主要是由于 2022 年该行业同期利润水平较低；汽车制造业利润总额为 3 459.9 亿元，累计同比小幅增长 0.1%。由于多种化工产品需求疲软、价格下跌，化学原料和化学制品制造业利润总额较 2022 年同期水平大幅下跌，利润总额 3 140.9 亿元，累计同比下跌 46.5%。由于 2023 年下半年以来，宏观面向好举措不断推出，涉及汽车、基建、地产等多个方面，提升了市场信心，钢材需求复苏，黑色金属冶炼和压延加工业累计利润连续两个月大幅回升，利润总额 227.9 亿元，累计同比降低 1.8%，降幅较 1~7 月收窄 88.7 个百分点。此外，由于 2022 年同期高基数效应以及石油、煤炭和天然气价格回落，煤炭开采和洗选业、石油和天然气开采业利润均有所回调，利润总额分别为 5 783.0 亿元、2 931.0 亿元，累计同比分别降低 26.5%、9.4%。

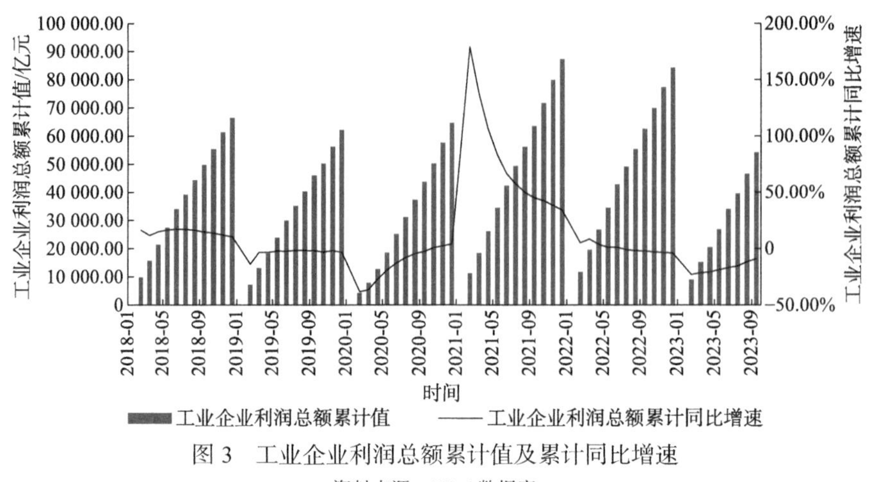

图 3 工业企业利润总额累计值及累计同比增速
资料来源：Wind 数据库

综合来看，2023 年 1~9 月，我国工业企业营业收入与上年同期基本持平，利润总额小幅降低，企业生产经营成本仍然较高。长期来看，随着宏观经济政策的积极调整以及推动高质量发展战略的实施，以及全球经济的复苏，工业企业营业收入与利润将逐步回升。

（二）第二产业固定资产投资

2023 年 1~10 月，我国第二产业固定资产投资完成额同比增速为 9.0%，其中 10 月同比增速较 2022 年下降 1.8 个百分点（图 4）。随着近期稳增长政策的密集出台，显示宏观政策保持稳增长取向，制造业投资增速出现了一定反弹，总体来看稳中向好。

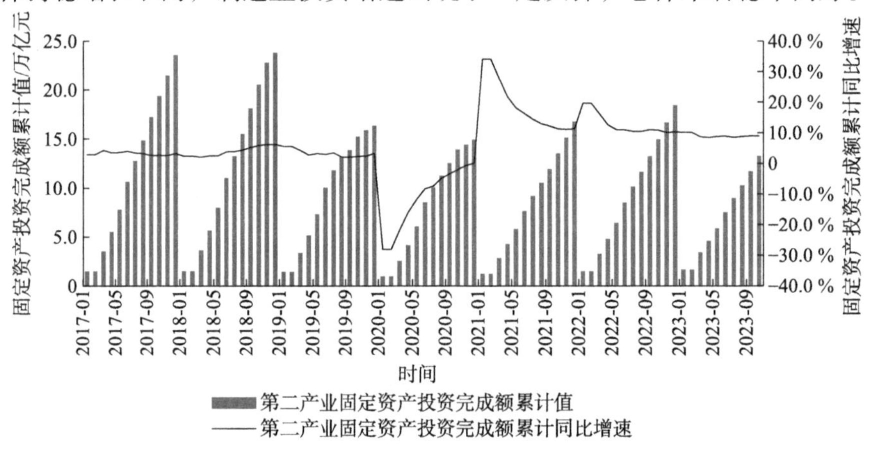

图 4 第二产业固定资产投资完成额累计值及累计同比增速
资料来源：Wind 数据库

从细分行业来看，在我们关注的 12 个重点行业中，虽然不少行业投资的累计同比呈现逐月回升态势，但只有少数行业较 2022 年同期有所上涨。装备制造业是制造业投资的重要支撑，1~10 月汽车制造业固定资产投资完成额累计同比为 18.7%，较 2022 年上涨

5.9 个百分点。随着工业经济需求逐步回升，部分大宗商品价格持续回升，原材料行业利润明显好转。1~10 月石油和天然气开采业固定资产投资完成额累计同比较 2022 年上涨 7.6 个百分点。能源生产和供给端的投资环境也有所改善，2023 年 1~10 月电力、热力生产和供应业固定资产投资完成额累计同比较 2022 年上涨 6.2 个百分点。

相比于上年同期动辄两位数的投资增幅，2023 年以来纺织业投资速度放缓。1~10 月，纺织业固定资产投资完成额累计同比较 2022 年下降 7.2 个百分点。化工行业综合景气指数有所下降，同时部分细分行业投资增速放缓，2023 年 1~10 月固定资产投资完成额累计同比较 2022 年下降 7 个百分点。2023 年我国煤炭产量稳步增长，且保供稳价政策频出，但进入秋季后投资增速有所回落，1~10 月煤炭开采和洗选业固定资产投资完成额累计同比为 9.0%，较 2022 年下降 18.5 个百分点。2023 年有色金属工业运行整体呈现回稳向好势头，但 1~10 月有色金属冶炼和压延加工业固定资产投资完成额累计同比较 2022 年下降 5.5 个百分点。非金属矿物是支撑国民经济发展的基础性原材料，2023 年非金属矿物制品业需求下降，1~10 月固定资产投资完成额累计同比较 2022 年下降 9.2 个百分点。后疫情时代医药行业发展逐渐回归常态，但整体投资增速在进一步减缓，1~10 月固定资产投资完成额累计同比较 2022 年下降 6.0 个百分点。

长期来看，我国经济将逐步回暖，工业发展稳中向好，受政策效应滞后以及实质性政策的落地的影响，预计随着政策效果逐渐显现，第二产业投资增速将呈现稳步回升态势。

（三）工业企业出口交货值

2023 年以来我国出口同比出现小幅下降，得益于国内经济活动企稳回升、外贸经营主体继续保持活力、经济全球化红利持续释放、出口目的地多元，出口形势仍好于市场预期。但是，在国际地缘政治冲突加剧、外需收缩从发达国家向新兴和发展中国家传递、人民币汇率持续波动的大背景下，我国外贸发展面临的不确定性因素依然较多。2023 年 1~10 月，我国工业企业出口交货值累计同比下降 4.2%，较 2022 年下降了 12.9 个百分点（图 5）。

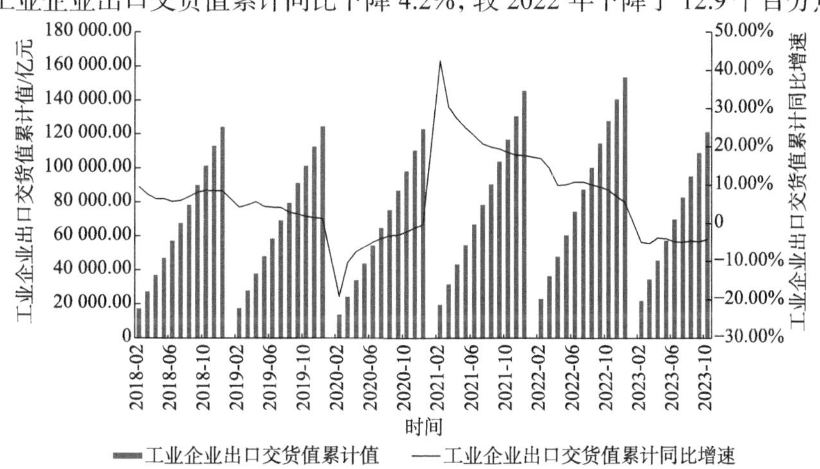

图 5 工业企业出口交货值及累计同比增速

资料来源：Wind 数据库

分行业来看，多数重点商品出口表现疲软。2023 年 1~10 月，煤炭行业和医药制造业的出口交货值累计同比分别下降 86.2%和 26.8%。服饰业、化学制品业、有色金属行业和纺织业的出口交货值累计同比同样呈现两位数的负增长。然而，仍有部分行业逆流而上，延续了 2022 年良好的增长势头。例如，汽车制造业出口动能依旧强劲，出口交货值累计同比增长 30.3%，有望成为 2023 年世界最大的汽车出口国，主要增长动力是新能源汽车等产品竞争力强大、欧美市场突破以及全面接管俄罗斯的国际品牌市场。受国际能源市场价格波动、供需关系等影响，石油行业和电力行业同样实现较高增长，增幅分别为 9.0%和 7.1%，有力支撑了全球产业链、供应链的顺畅运转。

综合来看，全球经济下行压力全面凸显，生产端和需求端均持续承压，国外紧缩货币政策的负面影响加快显现，全球经济增速将继续回落，出口受全球需求萎缩制约明显，下行压力不减。长期来看，考虑到国际地缘政治冲突不断、全球经济复苏乏力，尤其是外部需求持续低迷，我国工业出口仍面临诸多不稳定因素，出口增速下行压力或将延续，但降幅有望收窄。

（四）工业企业产品库存

2023 年 1~9 月，我国工业企业产成品存货金额累计同比为 3.1%，低于 2022 年同期 10.7 个百分点（图 6）。相比于 2022 年企业产成品存货由被动补库存进入主动去库存阶段，2023 年 1~7 月在经历短暂震荡后企业产成品存货累计同比持续下降，并在 7 月降至 1.6%的低点，由主动去库存进入被动去库存阶段，8~9 月企业产成品存货累计同比有轻微反弹，标志着企业开始从被动去库存向主动补库存过渡。2023 年随着疫情的逐渐放开，5 月以来，我国 PMI 新订单指数已经连续 4 个月回升，市场需求逐步回暖，且以美国为首的经济体也在逐步复苏，我国出口增速陆续改善，出口走强将通过相关链条对我国企业需求产生正向影响，从趋势上来看已经处于被动去库存的末端，逐步向主动补库存过渡。

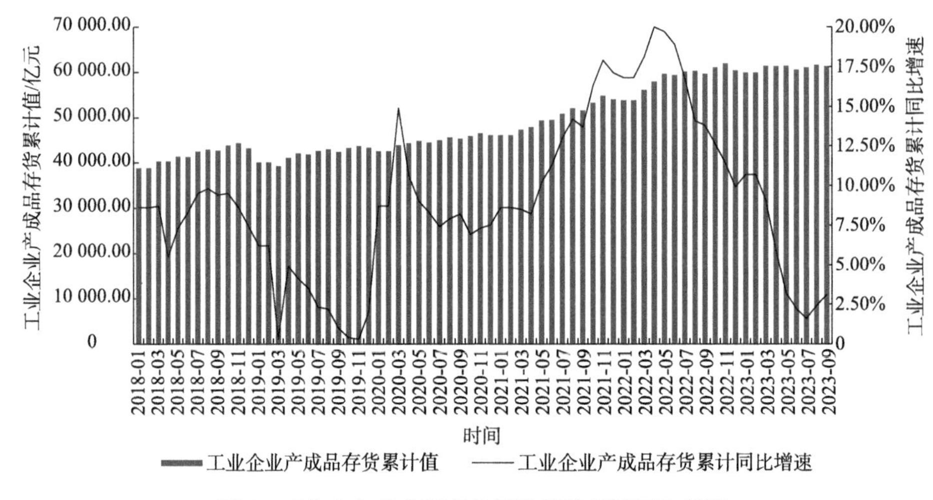

图 6　工业企业产成品存货累计值及累计同比增速

资料来源：Wind 数据库

分行业来看，不同行业的产成品存货之间差异性较大。2022 年以来，由于国内需求逐渐恢复，出口增速改善等原因，化工行业、有色金属行业、煤炭开采行业、非金属制品行业、黑色金属冶炼和压延加工业等上游产业的产成品存货主要处于被动去库存阶段，但从趋势来看已经进入去库存的末期。2023 年 1~9 月，化学原料和化学制品制造业累计同比增速为−0.9%，相比 2022 年下降 25.2 个百分点；有色金属冶炼和压延加工业 2023 年 1~9 月累计同比增速为 5.6%，相比 2022 年下降 12.2 个百分点；煤炭开采和洗选业 2023 年 1~9 月累计同比增速为 9.3%，相比 2022 年下降 8.2 个百分点；非金属矿物制品业 2023 年 1~9 月累计同比增速为 0.3%，相比 2022 年下降 19.4 个百分点；黑色金属冶炼和压延加工业 2023 年 1~9 月累计同比增速为 1.2%，相比 2022 年下降 6.1 个百分点。

随着疫情的放开以及居民消费欲望的提升，消费市场继续恢复，供求关系持续改善，与居民生活相关的纺织业、服装行业、汽车制造业以及计算机行业产成品库存 2023 年从被动去库存阶段转向主动补库存阶段。纺织服装、服饰业 2023 年 1~9 月累计同比增速为−2.7%，相比 2022 年下降 8.7 个百分点；纺织业 2023 年 1~9 月累计同比增速为 3.8%，相比 2022 年下降 8 个百分点；汽车制造业 2023 年 1~9 月累计同比增速为 1.6%，相比 2022 年下降 14 个百分点；计算机、通信和其他电子设备制造业 2023 年 1~9 月累计同比增速为 1.6%，相比 2022 年下降 15.5 个百分点。随着油价的震荡走高，需求量的增大，石油和天然气开采业等产成品存货累计同比自 6 月以后呈现上升趋势，从被动去库存转向主动补库存阶段，石油和天然气开采业 2023 年 1~9 月累计同比增速为−8.9%，相比 2022 年下降 21.2 个百分点。后疫情时代对于医药的需求相对下降，医药制造业处于被动补库存的状态，医药制造业 2023 年 1~9 月累计同比增速为 10.7%，相比 2022 年上升 3.5 个百分点。

综合来看，企业被动去库存背景下需求逐渐回暖，受国内外复杂形势影响，当前很多企业逐渐出现主动补库存的意愿，并且从产成品库存大周期来看，上游行业去库到补库阶段仍需一段过渡期，与居民相关的下游行业则已经处于主动补库存阶段。长期来看，随着疫情对于国内的影响越来越小，国际经济体的复苏，未来需求可能进一步提升，随着国家保供稳价的推进，工业企业主动补库存的趋势或将更加凸显。

（五）工业企业资产负债率

2023 年 1~9 月，我国工业企业资产负债总体延续了上年资不抵债的状态（图 7）。从工业企业资产和负债的整体增长情况来看，资产的同比下降幅度始终高于负债的下降幅度。2023 年第一季度，工业企业资产累计同比增速与负债累计同比增速差值持续下滑至−0.6%，第二季度稍有好转，差值回升至−0.1%，但仍为负值，第三季度又回落至−0.3%。

工业企业资产负债率在 2022 年底达到局部低谷，2023 年 1~6 月呈现逐月上升的态势，7~9 月变动不大，稳定在 57.5%左右的水平（图 8）。从各行业数据来看，2023 年 1~9 月，资产负债率高于 60%的有四个行业：有色金属冶炼及压延加工业、黑色金属冶炼及压延加工业、汽车制造业以及电力、热力生产和供应业。其中，有色金属冶炼及压延加工业以及电力、热力生产和供应业的负债率相对平稳，而黑色金属冶炼及压延加工业和

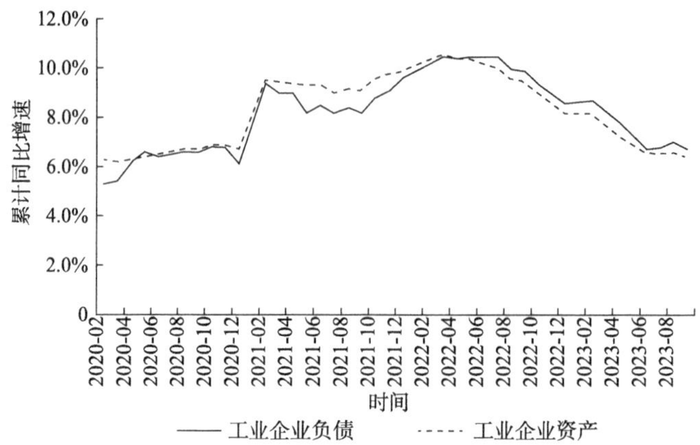

图 7　工业企业负债与工业企业资产累计同比增速

汽车制造业的资产负债率不断攀升。黑色金属冶炼及压延加工业的负债率自 2023 年初的 62.88%连续上升至 9 月的 64.48%。汽车制造业虽然在疫情后迅速恢复，1~9 月销售额增幅为 73.3%，但由于原材料成本仍保持稳定涨幅，车企也不断加大研发投入的力度，负债率上升 2.45%。值得注意的是，煤炭开采和洗选业的资产负债经历了前两年的不断降低，2023 年稳定在 60.0%左右，累计完成了 6%~7%的负债优化。

图 8　工业企业资产负债率

资料来源：Wind 数据库

纺织业、非金属矿物制品业、化学原料及化学制品制造业、纺织服装与服饰业以及计算机、通信和其他电子设备制造业的资产负债率在 2023 年 1~9 月基本落在 50%~60%的合理区间。其中，纺织业、非金属矿物制品业和纺织服装与服饰业的资产负债率有强劲的上涨势头，化学原料及化学制品制造业略有抬升，其余两个行业基本保持稳定。

2023 年 1~9 月，医药制品业、石油和天然气开采业的资产负债率在 50%之下，其中医药制品业的资产负债率维持在 39.5%左右；由于运营、管理等成本的连续上升以及资产合计的增长不抵负债合计的增长，石油和天然气开采业的资产负债率自 2022 年底开始经历了大幅上涨，至 2023 年 9 月稳定在 46.3%左右。

长期来看，工业企业将保持适当的资产负债比例，更好地平衡财务风险和营利能力，

确保企业经营持续健康发展。同时，随着市场需求的波动和宏观政策的调控，工业企业的资产负债结构也可能呈现不同程度的优化。

二、工业行业综合警情指数与景气信号灯

中国科学院预测科学研究中心构建了反映我国工业行业经济运行状况的综合警情指数和景气信号灯，由工业增加值增速、工业企业利润总额、营业收入、出口交货值、应收账款净额、亏损面（逆转）、资产负债率（逆转）、产成品库存（逆转）、出厂价格指数、投资完成额等 10 个预警指标构成。

2023 年以来，受新冠疫情余波、美元维持高利率、国外对我国半导体相关产业实施限制、国内房地产行业调整、内部需求不振等因素冲击，我国工业经济运行及调整受到巨大影响。2023 年，我国工业行业综合警情指数一直处于历史较低水平，1~9 月工业经济的运行均处于"趋冷"状态（图 9），工业行业整体表现较为低迷。近几年，疫情带来收入前景的不确定性以及房地产市场调整导致居民储蓄意愿上升，从而抑制了国内居民的消费需求。同时，一些外部因素也影响了我国工业经济的运行。美元维持的高利率使得人民币持续贬值，尽管有利于出口，但也抬高了国内企业的进口成本。此外，美国所采取的"小院高墙"策略、美国及其所谓盟友对我国半导体、芯片和人工智能产业的一系列限制，对我国相关产业产生了负面影响。内需的不足与外部贸易环境的不利因素，综合导致了 2023 年我国工业经济的"趋冷"状态。

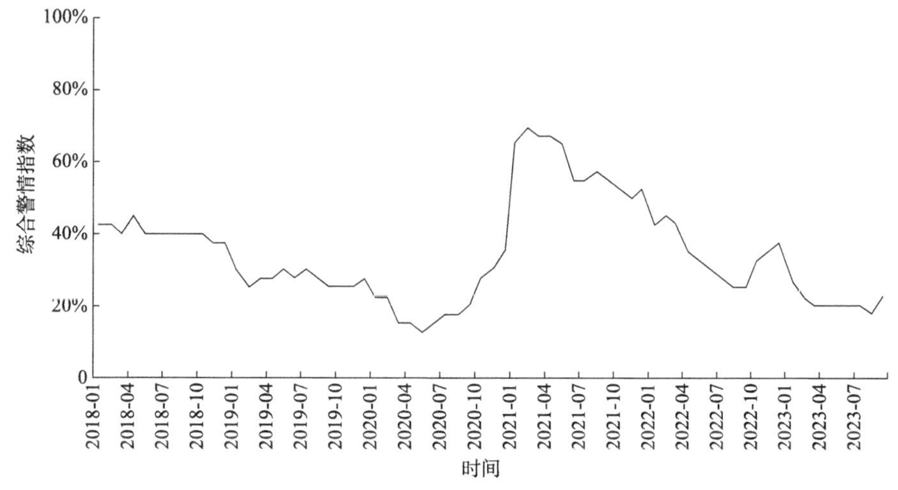

图 9 工业企业综合警情指数

资料来源：Wind 数据库

具体来看，结合构成景气信号灯的 10 个指标（图 10）的走势，受国内经济形势和国外投资贸易环境的影响，固定资产投资完成额增速在 2023 年 1~9 月处于"过冷"状态。

投资增长的疲软对工业生产造成消极影响，规模以上工业增加值于 1~9 月一直处于“过冷”状态。受与美国贸易摩擦和国际外贸环境的不确定性影响，1~9 月的工业出口交货值处于“过冷”状态。工业企业：营业收入、利润总额、亏损面（逆转）这 3 个指标在 1~9 月一直处于“过冷”状态，说明 2023 年 1~9 月工业企业的收入和利润均呈现下降态势，较多企业出现亏损。工业企业：资产负债率（逆转）于 1~9 月一直处于“趋热”状态，说明较多企业通过增加债务比例来维持运营。工业企业：应收账款净额于 1~7 月维持“正常”状态，8 月转入“趋冷”状态，9 月恢复至“正常”状态，说明企业短期债权水平总体维持在正常水平。工业生产者出厂价格指数 1~2 月处于“正常”状态，3 月转入“趋冷”状态后，4~8 月维持在“过冷”状态，说明工业产品流通价格相对较低，通货膨胀风险较小；工业生产者出厂价格指数 9 月转入“趋冷”水平，出现恢复态势。工业企业：产成品存货（逆转）1 月处于“过热”状态，2~3 月转入“正常”状态后，4~9 月进入“趋热”状态，说明工业企业库存水平相对较高。

指标	2022 年			2023 年								
	10月	11月	12月	1月	2月	3月	4月	5月	6月	7月	8月	9月
1. 规模以上工业增加值	⊗	⊗	⊗	⊗	⊗	⊗	⊗	⊗	⊗	⊗	⊗	⊗
2. 工业企业：资产负债率（逆转）	⊙	⊙	⊙	⊙	⊙	⊙	⊙	⊙	⊙	⊙	⊙	⊙
3. 工业生产者出厂价格指数	○	○	○	○	○	◎	⊗	⊗	⊗	⊗	⊗	◎
4. 工业企业：营业收入	○	○	○	⊗	⊗	⊗	⊗	⊗	⊗	⊗	⊗	⊗
5. 工业企业：利润总额	⊗	⊗	⊗	⊗	⊗	⊗	⊗	⊗	⊗	⊗	⊗	⊗
6. 工业销售产值：出口交货值	○	○	○	⊗	⊗	⊗	⊗	⊗	⊗	⊗	⊗	⊗
7. 工业企业：应收账款净额	○	○	○	○	○	○	○	○	○	○	◎	○
8. 工业企业：亏损面（逆转）	⊗	◎	○	⊗	⊗	⊗	⊗	⊗	⊗	⊗	⊗	⊗
9. 工业企业：产成品存货（逆转）	○	○	○	●	○	○	⊙	⊙	⊙	⊙	⊙	⊙
10. 固定资产投资完成额增速	⊗	⊗	⊗	⊗	⊗	⊗	⊗	⊗	⊗	⊗	⊗	⊗
综合警情指数	◎	○	○	◎	◎	◎	◎	◎	◎	◎	◎	◎
	33	35	38	28	23	20	20	20	20	20	18	23

图 10　工业企业景气信号灯

●表示过热，⊙表示趋热，○表示正常，◎表示趋冷，⊗表示过冷

资料来源：Wind 数据库

三、2024 年工业经济发展展望与政策建议

（一）工业经济发展影响因素分析

2024 年我国工业经济的发展面临诸多挑战，具体分析如下。

从国际来看，根据世界贸易组织发布的最新报告《全球贸易展望和统计》（2023 年 10 月）预测，2024 年全球商品贸易增速将回升至 3.3%，2024 年全球实际 GDP 将增长 2.5%。较低的贸易增长反映了世界各国经济发展放缓的趋势，发达经济体和发展中经济体的增长潜力都在下降，全球不容乐观的经济形势意味着我国工业生产的外部需求将会降低。除此之外，当今国际的地缘政治局势依然紧张，在俄乌冲突仍在持续的情况下，中东地区的巴以局势急速恶化，这些都将对世界经济的复苏以及我国的工业生产造成不利影响。

从国内来看，我国工业增长既面临风险也有新的机遇。首先，房地产市场表现低迷和投资不足等因素的相互作用，导致了居民收入下降、消费需求减少等问题。预计 2024 年，消费低迷的态势可能会持续，这将继续打击工业生产的需求。但是，数字经济为工业发展带来了强大的推动作用。数字经济创造了新的需求，推动工业生产，随着数字技术的不断发展，新的产品和服务需求不断涌现。例如，智能手机、智能家居设备、电动汽车等数字化产品的兴起，为电子、通信、制造业等工业部门带来了巨大的市场机会。此外，数字化经济还催生了数据安全、网络安全、人工智能等新型服务需求，为相关行业提供了新的增长机会。数字经济的发展将会是我国工业经济增长的一个新的发力点。

虽然我国工业发展面对着诸多外部挑战，全球市场的不确定性增加，贸易摩擦和供应链中断等问题对工业需求造成了压力，并且国际经济增长的放缓以及地缘政治紧张的局势将会对我国工业产生不利影响。但是，习近平主席于 11 月 14 日应邀同美国总统拜登举行中美元首会晤，同时应邀出席亚太经合组织第三十次领导人非正式会议，标志着中美关系将至少在短期内有所缓和，稳定的外部环境将有利于我国经济的发展。同时，国内数字经济和绿色经济的崛起为我国工业生产带来了新的活力，工业产业有望实现更加稳健和可持续的增长。

（二）2024 年工业经济形势发展预测

鉴于当前国内外复杂多变的环境和形势，我们依照基准情景、乐观情景、悲观情景对 2024 年我国规模以上工业增加值同比增速进行预测（图 11）。

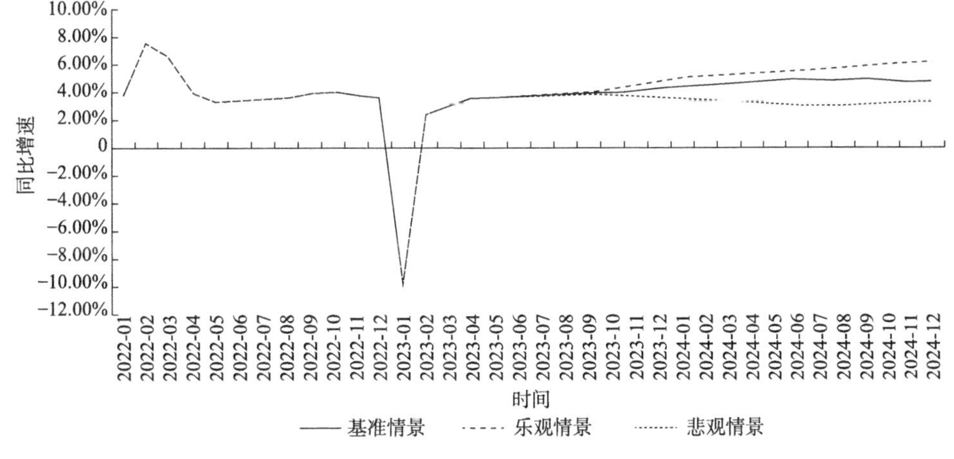

图 11　2022 年、2023 年工业增加值同比增速及 2024 年预测

基准情景：全球经济呈现缓中趋稳态势，中国经济运行在合理区间，稳增长政策发挥作用，内外需平稳提升，主要经济指标渐进回升，经济企稳回升的积极因素与下行压力基本处于平衡状态。在该情景下，预计 2024 年规模以上工业增加值累计同比增速为 4.9%。

乐观情景：全球经济企稳回暖，为中国经济提供了良好的外部环境。中国经济内生动力持续增强，消费和投资保持平稳较快增长。稳增长政策配合顺利推进，经济结构持续优化。改革红利逐步释放，市场活力和微观主体活力明显提升。各项经济指标均实现较快增长，显示出经济运行良好态势。预计未来几个季度经济将保持稳定回升的发展态势。在该情景下，预计 2024 年规模以上工业增加值累计同比增速约为 5.8%。

悲观情景：全球经济下行压力仍存，外部不确定性因素较多。国际市场的不稳定对中国经济增长造成一定的影响，消费增速放缓，投资增长乏力，主要指标实现缓慢增长。在该情景下，预计 2024 年规模以上工业增加值累计同比增速约为 4.0%。

（三）政策建议

1. 推动数字化发展，实现数字化双赢

数字化运营模式的普及不仅能提升企业效能、降低成本，还能加强生产安全性，受惠者既包括客户也包括企业。这已成为现今企业发展的趋势之一，也是我国优化经济体系升级的目标之一。为实现“数字强国”愿景，地方政府和企业应积极响应政策，推动 5G、人工智能和大数据等新一代信息技术的发展，加强数字化建设。

2. 打造以科技驱动的中国特色品牌

科技一直是工业发展的核心引擎，应进一步推动产学研合作，支持关键核心技术攻关，促进科技理论成果的产业化。同时，应将科技融入工业生产，培育具备科技实力的中国特色品牌。政府不仅应积极推动特色品牌建设，还应积极传播中国特色品牌的故事。

3. 提升工业技术，推动创新发展

随着科技的迅速进步和全球竞争的日趋激烈，工业创新已成为推动经济发展、增强竞争力的核心要素。广泛运用新兴技术，可以显著改善工业产品的设计、生产流程和供应链管理，进而提高效能、降低成本，为企业创造更多的商业机遇，助力企业在激烈的市场竞争中立于不败之地。

4. 支持产业协同发展，推动产学研一体化

产业协同发展是促进工业行业整体提升以及增强企业竞争力的重要策略。通过激励企业与上下游产业建立紧密的协作关系，能够优化整个产业链的结构与运作，从而提升效能并降低成本。进一步推动产学研一体化发展，强化企业与高校及科研机构的合作，可以促进产业链的进一步优化和提升，进而增强整个工业的竞争力。

5. 培养科技人才，加速工业升级

为了加速工业升级，培养科技人才至关重要。政府和企业可以合作展开培训计划，提高当地居民的数字技能，并吸引优秀的科技人才加入工业领域。这对于提升地区技术实力、推动工业发展、创造更多高薪就业机会，进而提高地区竞争力，将起到积极的推动作用。

2023年中国房地产市场形势分析与2024年展望[①]

董纪昌　李秀婷　董　志　张楚晗　张明威　庚　辰

报告摘要：2023年以来，多项稳定房地产市场的政策落地，但房地产市场短暂复苏后回归下行态势。房地产开发投资持续下降，新开工面积快速下降，商品房销售降幅仍未收窄，全国商品房销售价格增速趋于平稳，70个大中城市新建商品住宅和二手商品住宅销售价格均同比下降，不同类型城市房地产市场分化趋势延续。

展望2024年，房地产调控重点将集中在继续深化因城施策，精准实施差别化信贷政策，抓好金融支持房地产市场各项政策落实，加大对住房刚性和改善型需求及正常经营房地产企业的金融支持，加强保障性住房建设和供给，积极稳步推进超大特大城市城中村改造。随着经济恢复向好，稳定房地产市场政策效果进一步显现，有望推动市场预期好转，促进房地产市场逐步企稳。但是，长期来看，房地产市场供需基本面发生变化，市场整体呈下行态势，2024年房地产市场走势由于市场预期、房地产企业流动性风险等因素也面临一定的不确定性。

基于以上因素分析，运用综合集成模型，对2024年房地产市场走势进行分情景预测。预计2024年房地产开发投资持续下降，商品房销售降幅逐步收窄，在预期明显改善的情况下将逐步企稳回升，商品房销售价格平稳增长，同比增速为0.2%~1.3%。

一、2023年房地产市场回顾

2023年以来，中央各部委从落实金融支持房地产市场政策、优化住房需求政策、支持房地产企业融资、落实保交楼政策、增加保障性住房建设、推进城中村改造等方面落地多项举措，释放积极信号。但是，目前政策效果还未充分显现，市场恢复基础仍未筑牢，房地产市场呈现持续下行态势。

（一）房地产调控政策回顾

1. 落实金融支持房地产市场政策

下调贷款市场报价利率，降低房地产行业融资成本。2023年第二季度以来，中国人

① 本报告得到国家自然科学基金（71850014、71974180、71974190、72004214）的资助。

民银行先后两次下调贷款市场报价利率，其中，6 月 20 日，下调 1 年期和 5 年期当月贷款市场报价利率 10 个基点，8 月 21 日，继续下调 1 年期贷款市场报价利率 10 个基点（图 1）。由此，贷款加权平均利率稳步下降。2023 年第二季度，个人住房贷款加权平均利率为 4.11%，环比第一季度下降了 3 个基点，相对 2021 年同期下降了 51 个基点（图 2）。

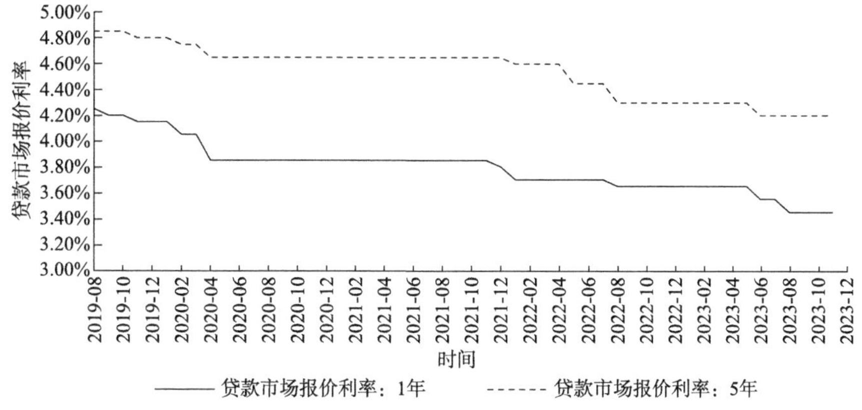

图 1　2019 年 8 月至 2023 年 12 月贷款市场报价利率

资料来源：同花顺 iFind 数据库

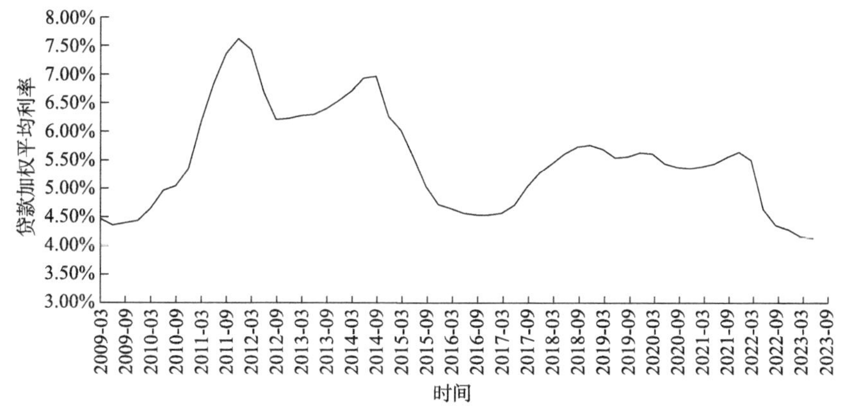

图 2　2009 年 3 月至 2023 年 9 月个人住房贷款加权平均利率

资料来源：同花顺 iFind 数据库

延长“金融 16 条”政策期限，为房地产企业提供更加适宜的融资环境。2022 年 11 月，中国人民银行、中国银行保险监督管理委员会出台《关于做好当前金融支持房地产市场平稳健康发展工作的通知》（“金融 16 条”），要求保持房地产融资平稳有序，稳定房地产开发贷款投放，支持个人住房贷款合理需求。2023 年 7 月 10 日，中国人民银行、国家金融监督管理总局联合发布《关于延长金融支持房地产市场平稳健康发展有关政策期限的通知》，有关政策有适用期限的，将适用期限统一延长至 2024 年 12 月 31 日，2023 年 11 月 27 日，中国人民银行发布《2023 年第三季度中国货币政策执行报告》，指出完善房地产金融宏观审慎管理，一视同仁满足不同所有制房地产企业合理融资需求，对正常经营的房地产企业不惜贷、抽贷、断贷。

调整优化差别化住房信贷政策，更好满足居民刚性和改善性住房需求。2023 年 8 月 31 日，中国人民银行、国家金融监督管理总局发布《关于调整优化差别化住房信贷政策的通知》，将首套住房商业性个人住房贷款最低首付款比例统一为不低于 20%，二套住房商业性个人住房贷款最低首付款比例统一为不低于 30%，二套住房商业性个人住房贷款利率政策下限调整为不低于相应期限贷款市场报价利率加 20 个基点。各地可根据城市房地产市场形势及当地政府调控要求，自主确定辖区内各城市首套和二套住房商业性个人住房贷款最低首付款比例和利率下限。8 月 25 日，住房和城乡建设部、中国人民银行、国家金融监督管理总局联合印发了《关于优化个人住房贷款中住房套数认定标准的通知》，指出居民家庭（包括借款人、配偶及未成年子女）申请贷款购买商品住房时，家庭成员在当地名下无成套住房的，不论是否已利用贷款购买过住房，银行业金融机构均按首套住房执行住房信贷政策，此项政策作为政策工具，纳入“一城一策”工具箱，供城市自主选用。

2. 落实保交楼政策，稳妥化解房地产企业债务风险

2023 年 2 月 15 日，中国人民银行召开 2023 年金融市场工作会议，强调要拓展民营企业债券融资支持工具支持范围，推动金融机构增加民营企业信贷投放。积极做好保交楼金融服务，加大住房租赁金融支持，推动房地产业向新发展模式平稳过渡。8 月 9 日，住房和城乡建设部披露各地保交楼工作进展保交楼专项借款项目总体复工率接近 100%，累计已完成住房交付超过 165 万套。10 月 21 日，中国人民银行行长潘功胜在第十四届全国人民代表大会常务委员会第六次会议上，就 2022 年第四季度以来金融工作情况做报告，提出继续实施好存续结构性货币政策工具，用好用足普惠小微贷款支持工具、保交楼贷款支持计划和租赁住房贷款支持计划。对房地产市场风险，按照因城施策原则，指导各地精准实施差别化住房信贷政策，加大保交楼金融支持力度，一视同仁支持房地产企业合理融资需求，保持房地产融资平稳。稳妥化解大型房地产企业债券违约风险，强化城投债券风险监测预警和防范。

3. 积极推进保障性住房建设与城市更新行动

2023 年 3 月 5 日，第十四届全国人民代表大会第一次会议在“保障基本民生和发展社会事业”中提出，加强住房保障体系建设，支持刚性和改善性住房需求，解决好新市民、青年人等住房问题。在“把恢复和扩大消费摆在优先位置”中提出，拟安排地方政府专项债券 3.8 万亿元，加快实施“十四五”重大工程，实施城市更新行动。7 月 24 日，中央政治局会议强调要加大保障性住房建设和供给，积极推动城中村改造和“平急两用”公共基础设施建设，盘活改造各类闲置房产。7 月 31 日，国家发展和改革委员会发布《关于恢复和扩大消费的措施》，提出要在超大特大城市积极稳步推进城中村改造。9 月 25 日，中国人民银行货币政策委员会在第三季度例会上强调加大对“平急两用”设施建设、城中村改造、保障性住房建设等金融支持力度。9 月 28 日，财政部、国家税务总局、住房和城乡建设部发布《关于保障性住房有关税费政策的公告》，发布对保障性住房项目建设用地免征城镇土地使用税等税收优惠政策。10 月 21 日，中国人民银行行长潘

功胜在第十四届全国人民代表大会常务委员会第六次会议上，就 2022 年第四季度以来金融工作情况做报告提出，要积极做好城中村改造、“平急两用”公共基础设施建设、规划建设保障性住房的金融支持工作。积极推动基础设施领域和住房租赁领域不动产投资信托基金（REITs）市场建设，盘活存量资产。

（二）房地产市场运行情况[①]

1. 房地产开发投资同比持续下降

2023 年 1~10 月，房地产开发投资累计 95 922 亿元，同比下降 9.3%，降幅相对 1~9 月环比扩大 0.2 个百分点，新开工面积累计 79 177 万平方米，同比下降 23.2%，降幅相对 1~9 月收窄 0.2 个百分点（图 3）。房地产开发投资和房屋新开工面积下降主要在于房地产行业融资未明显改善，开发资金来源持续下降，房地产企业仍面临较大资金压力。

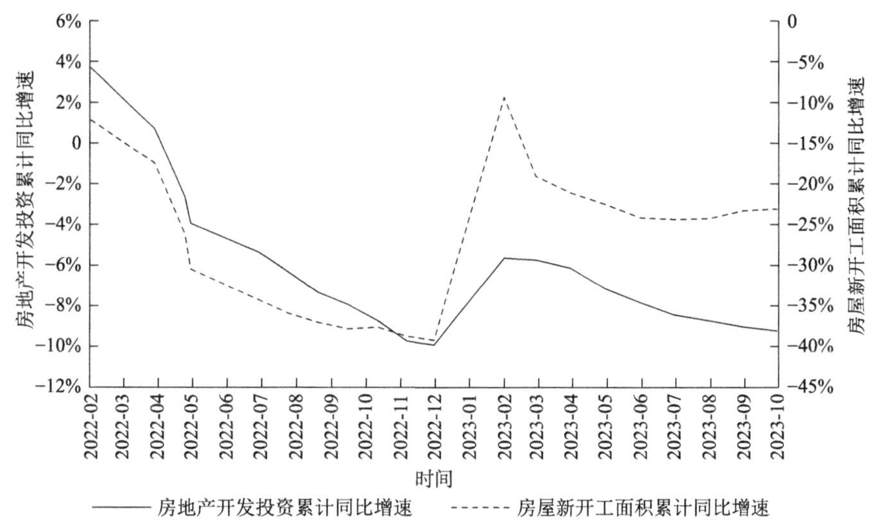

图 3　2022 年 2 月至 2023 年 10 月房地产开发投资和房屋新开工面积累计同比增速

资料来源：同花顺 iFind 数据库

2. 商品房销售面积和销售额持续下降

2023 年 1~10 月，商品房销售面积累计 92 579 万平方米，同比下降 7.8%，降幅相对 1~9 月环比扩大 0.3 个百分点；商品房销售额累计 97 161 亿元，同比下降 4.9%，降幅相对 1~9 月环比扩大 0.3 个百分点（图 4）。这主要是因为房地产市场持续下行，叠加房地

① 2023 年房地产开发投资、商品房销售面积等指标的增速均按可比口径计算。报告期数据与上年已公布的同期数据之间存在不可比因素，不能直接相比计算增速，主要原因包括：其一，加强在库项目管理，对退房的商品房销售数据进行了修订；其二，加强统计执法，对统计执法检查中发现的问题数据，按照相关规定进行了改正；其三，加强数据质量管理，剔除非房地产开发性质的项目投资以及具有抵押性质的销售数据。

产企业风险事件接连发生，打击了市场信心，居民购房意愿转弱，商品房销售恢复不及预期。

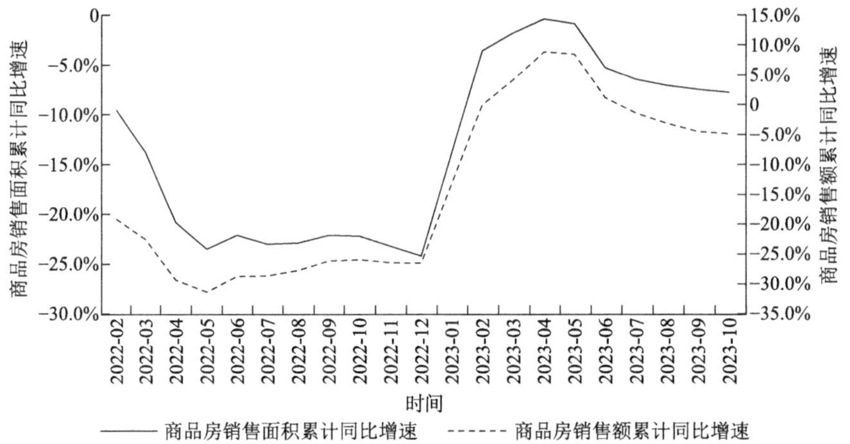

图 4　2022 年 2 月至 2023 年 10 月商品房销售面积及销售额累计同比增速

资料来源：同花顺 iFind 数据库

3. 商品房销售价格增速趋于平稳

2023 年以来，全国商品房销售价格在前 5 个月较快增长，6 月之后的增速持续较快下滑。1~10 月，商品房销售价格同比增长 7.2%，增速相对 1~5 月下滑了 5.3 个百分点，环比 1~9 月下滑了 0.03 个百分点，9 月、10 月增速下滑速度有所放缓（图 5）。

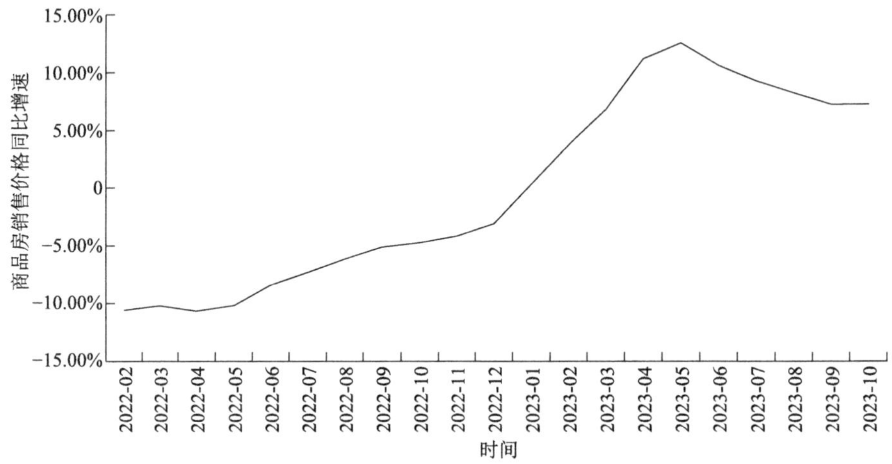

图 5　2022 年 2 月至 2023 年 10 月全国商品房销售价格同比增速

资料来源：国家统计局

4. 房屋销售价格延续分化趋势

2023 年 10 月，70 个大中城市新建商品住宅价格同比下降 0.6%，其中，一线城市同比上涨 0.4%，二线城市同比上涨 0.3%，三线城市同比下降 1.5%（图 6）。70 个大中城市

中同比上涨的城市为 23 个，增幅最高的城市同比上涨 5.6%，同比下降的城市 47 个，降幅最大的城市下跌 4.5%。70 个大中城市二手住宅价格同比下降 3.4%，其中，一线城市同比下降 1.9%，二线城市同比下降 3.3%，三线城市同比下降 3.6%。70 个大中城市中同比上涨的城市为 3 个，增幅最高的城市同比上涨 3.1%，同比下降的城市 67 个，降幅最大的城市下跌 6.9%（图 7）。

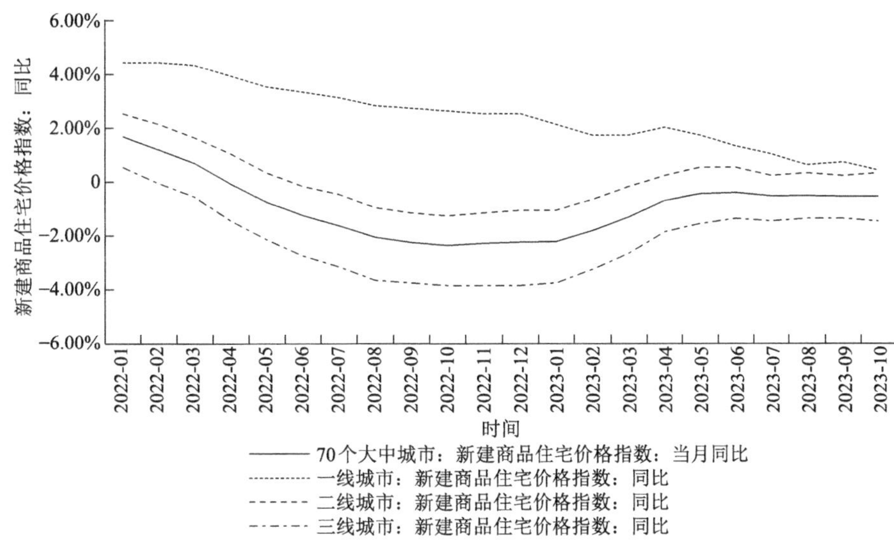

图 6　2022 年至 2023 年 10 月新建商品住宅价格指数

资料来源：同花顺 iFind 数据库

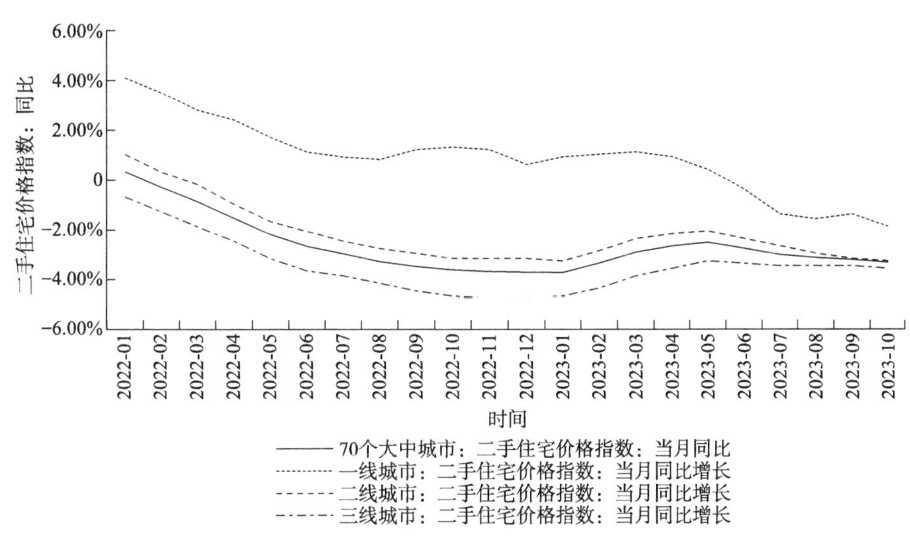

图 7　2022 年至 2023 年 10 月二手住宅价格指数

资料来源：同花顺 iFind 数据库

二、2024 年房地产市场预测

展望 2024 年，房地产调控政策将进一步优化，金融支持房地产市场各项政策成效有望逐步显现，保障性住房建设与城市更新行动也将为房地产市场提供一定的支撑，有助于推动市场预期好转，促进房地产市场逐步企稳。但是，长期上房地产市场供需基本面发生深刻变化，整体将呈下行态势，短期上市场走势由于市场预期、房地产企业流动性风险等因素也将面临一定的不确定性。

（一）房地产市场影响因素分析

1. 市场供需基本面发生变化，长期上房地产市场将呈下行态势

（1）生育率持续下降。我国生育率的下降最早始于 20 世纪 70 年代初，并于 20 世纪 80 年代完成生育转变过程。虽起步相对较晚，但下降速度反超多数亚洲国家，其总和生育率于 1992 年便降至可替代水平之下，快步迈入低生育国家队列，进入了更为迅速的生育率下降通道。据统计，2016 年以来，全年出生人口及总和生育率均持续下降，2022 年人口出生率降至 6.8‰，全年出生人口仅为 956 万人，创下中华人民共和国成立以来的最低水平，总和生育率降至 1.15‰，远低于可替代水平（图 8）。

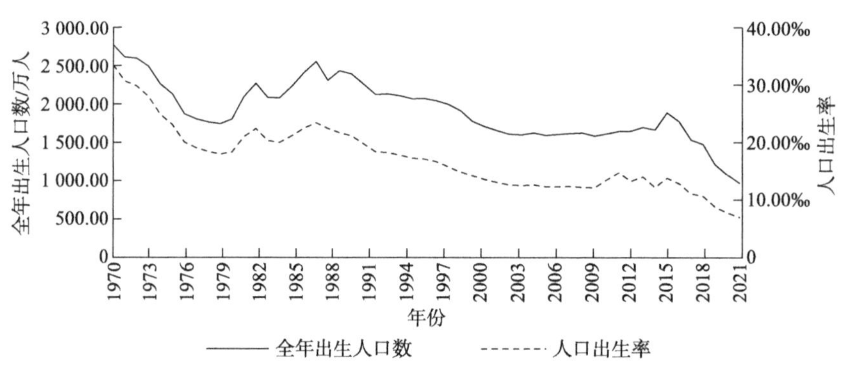

图 8　全年出生人口数和人口出生率

资料来源：同花顺 iFind 数据库

（2）老龄化进程明显加快。2022 年末，65 岁及以上老人超过 2.1 亿人，占比从 2010 年的 8.9%快速增加到 2022 年 14.9%，平均每年增加 0.5 个百分点（图 9）。根据第七次全国人口普查数据，2020 年，全国 20~54 岁人口为 7.18 亿人，按照人口年龄段分布推算，2030 年同年龄的人口将为 6.37 亿人，减少 12.7%。

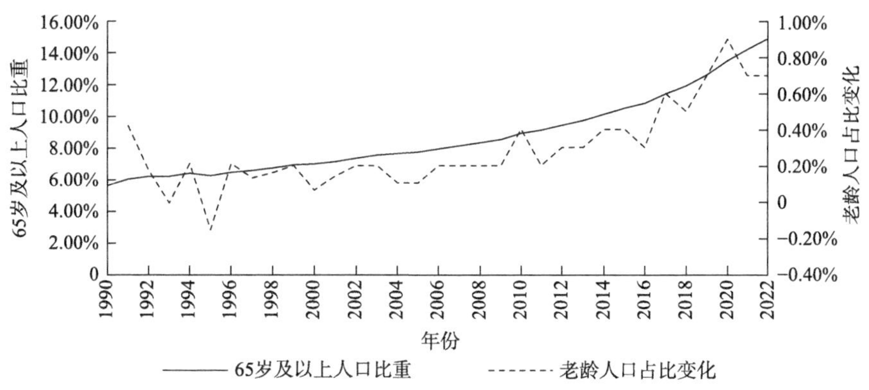

图 9　65 岁及以上人口比重及老龄人口占比变化

资料来源：同花顺 iFind 数据库

（3）城镇化速度明显放缓。2016 年以来，我国城镇化进程明显放缓，城镇化率的年度增加值呈现快速下滑态势（图 10）。2022 年，我国城镇化率达到 65.2%，增加了 0.5 个百分点，相对 2021 年的增加值下降了 0.3 个百分点，相对 2020 年下降了 2.8 个百分点，全国城镇常住人口净增加 646 万人，只相当于 2021 年的一半，略微超过 2019 年的三分之一。

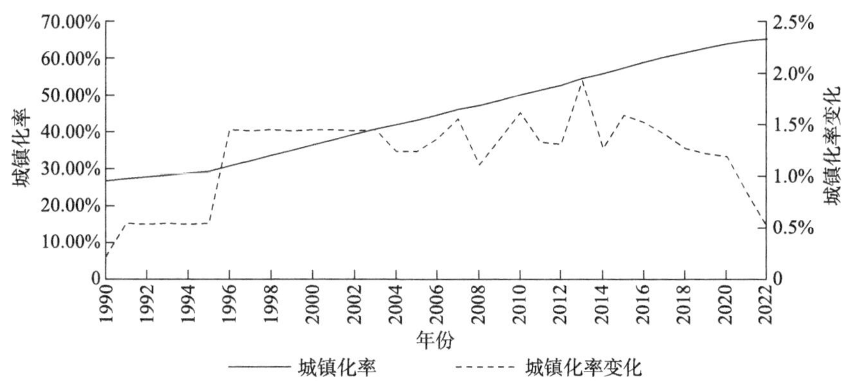

图 10　1990~2022 年城镇化率及其变化

资料来源：同花顺 iFind 数据库

（3）居民住房条件得到较大改善，住房刚性需求将有所减弱。住房市场化改革以来，我国房地产市场快速发展，居民住房条件得到明显改善，城市人均住宅建筑面积持续较快增长，并于 2016 年超过 36 平方米（图 11），基本达到发达国家的平均水平，由此未来住房刚性需求相对过去十年将有所减弱。

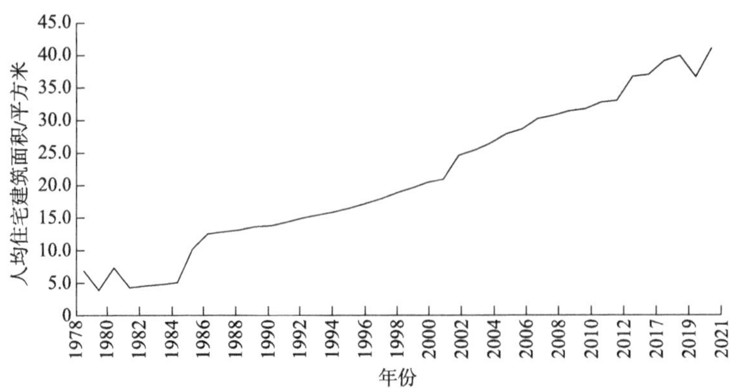

图 11　全国城市人均住宅建筑面积

资料来源：同花顺 iFind 数据库

2. 行业融资状况未明显改善，债务违约风险持续累积

（1）房地产开发企业资金来源持续下降。2023 年 1~10 月房地产开发企业资金来源同比下降 13.8%，降幅环比 1~9 月扩大了 0.3 个百分点。其中，国内贷款累计同比下降 11.0%，降幅环比收窄 0.1 个百分点，自筹资金累计同比下降 21.4%，降幅环比收窄 0.4 个百分点（图 12）。

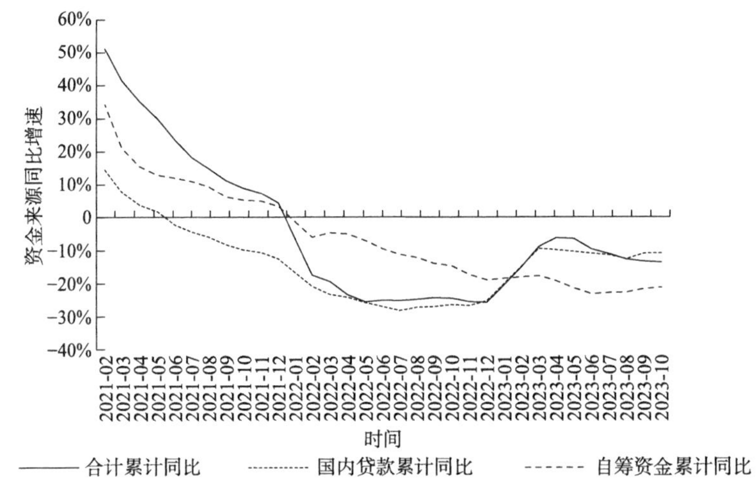

图 12　房地产企业开发投资资金来源同比增速

资料来源：同花顺 iFind 数据库

（2）房地产贷款首次出现负增长。2023 年第三季度，房地产贷款余额同比下降 0.2%，为 2011 年以来首次下降，房地产贷款增加额也是首次出现负值。其中，个人住房贷款余额同比下降 1.2%，降幅环比扩大 0.5 个百分点，房地产开发贷款同比增长 4.0%，增幅环

比下降 1.3 个百分点（图 13）。

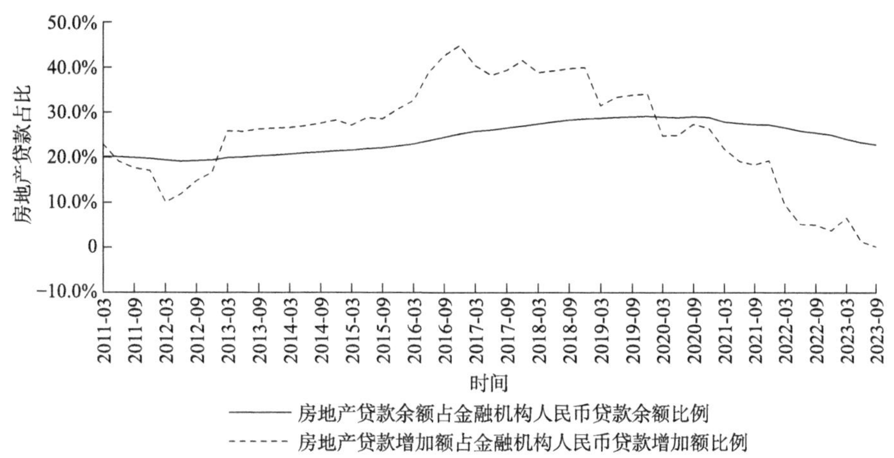

图 13　房地产贷款占金融机构人民币贷款的比例

资料来源：同花顺 iFind 数据库

（3）房地产企业债务违约风险累积。2023 年第三季度，近 50%的上市房地产企业出现营业收入下降，最大降幅达 98.8%。截至 2023 年 11 月 22 日，共有 94 家房地产企业出现债券违约，违约债券数量 597 只，涉及违约金额 3 356.9 亿元，违约日债券余额 10 230.9 亿元，各项指标均显著高于其他行业。其中，2022 年以来，首次债券违约的房地产企业共有 16 家。根据中国指数研究院 2023 年第三季度报告统计，2023 年年内到期的房地产企业海外债和信用债总额约为 1 916.5 亿元，2024 年及以后为 2.6 万亿元。加之，房地产开发贷款余额仍有 13.2 万亿元，按照 2016~2020 年的房地产行业平均不良贷款率 1.2%估算，不良贷款余额约为 1 584 亿元。在当前状态下，房地产行业融资状况难见改善，房地产企业债务违约风险十分严峻。

3. 市场预期持续走弱，国房景气指数降至历史最低点

市场下行趋势叠加行业风险事件爆发，导致市场预期持续走弱，商品房销售较难恢复。根据中国人民银行城镇储户问卷调查报告，在全国 50 个城市 2 万户的被调城镇储户中，2023 年第三季度，有 15.9%的城镇储户预期房价“上涨”，该比例低于 2022 年同期，也明显低于 2023 年第一季度（图 14）。这主要是因为部分地区“稳市场”政策落实情况披露不及时或不准确，造成当地居民对房地产企业尤其是民营房地产企业“保交楼”仍存在较大顾虑，形成了预期转弱与销售下降的负向循环，不利于市场信心恢复。由此，2023 年 10 月，国房景气指数已降至 93.4，为 2016 年以来的最低点（图 15）。

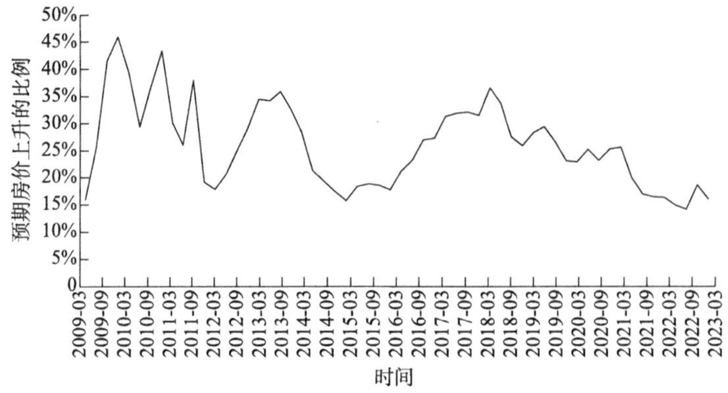

图 14　预期房价上升的比例

资料来源：同花顺 iFind 数据库

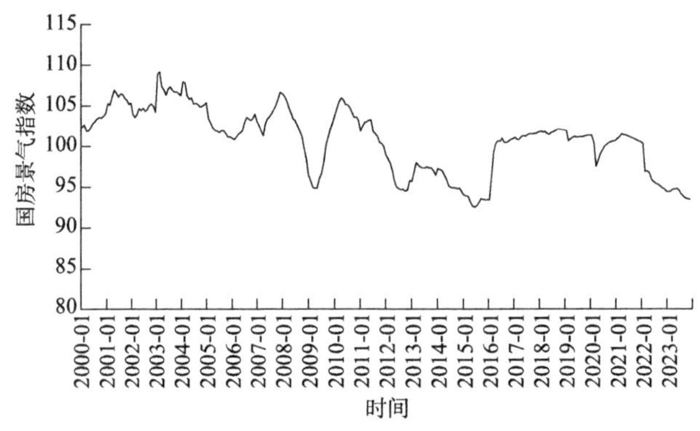

图 15　国房景气指数

资料来源：同花顺 iFind 数据库

4. 保障性住房建设与城市更新行动等因素为房地产市场提供一定支撑

我国城镇化水平仍低于发达国家的平均水平，仍有约 10 个百分点的增长空间，这将继续推动流动人口进城，带来城市新增住房需求的增加。同时，随着以人为核心、以提高质量为导向的新型城镇化战略扎实推进，加之城市更新行动将推动城市空间结构优化和品质提升，有望带动更多增量购房需求。此外，房地产市场的区域分化趋势仍将延续，人口净流入的中心城市仍有较好需求基础，城市保障性住房建设和城市更新潜力大，将为房地产市场企稳提供一定的助力。

（二）房地产市场预测

基于以上房地产市场影响因素分析，运用综合集成模型预测，对 2024 年房地产市场走势进行预测。由于我国宏观经济运行与房地产市场运行均面临一定的内外部压力与不确定性，因此分别从乐观情景、基准情景和悲观情景三种可能情景进行预测。在乐观情景下，假定 2024 年宏观经济稳步增长，金融支持房地产市场力度进一步加大，市场预

期明显改善；在基准情景下，假定宏观经济趋于稳定，金融支持房地产市场各项政策效果显现，市场信心逐步恢复；在悲观情景下，宏观经济下行压力加大，居民消费意愿持续降低，市场供需两端动力不足，房地产企业融资环境没有改善，市场预期未见好转。在此三种情景下，对房地产开发投资额、商品房销售面积和销售额、商品房销售价格进行预测，结果如下（表 1）。

表 1　房地产市场预测结果

时间	房地产开发投资额	商品房销售面积	商品房销售额	商品房销售价格
2023 年	−8.8%	−7.7%	−5.5%	2.3%
2024 年基准情景	−8.5%	−4.8%	−3.9%	1.0%
2024 年乐观情景	−7.0%	0.2%	1.5%	1.3%
2024 年悲观情景	−9.0%	−5.5%	−5.3%	0.2%

1. 房地产开发投资预测

预计 2024 年房地产开发投资下降 7.0%~9.0%。在乐观情景下，预计 2024 年房地产开发投资完成额累计同比下降 7.0%；在基准情景下，房地产开发投资完成额累计同比基本持平；在悲观情景下，房地产开发投资完成额累计同比下降 9.0%。

2. 商品房销售面积和销售额预测

预计 2024 年商品房销售降幅逐步收窄，在预期明显改善的情况下也可能企稳回升。在乐观情景下，预计 2024 年全国商品房销售面积累计同比增长 0.2%，全年商品房累计销售额同比增长 1.5%；在基准情景下，商品房销售面积累计同比下降 4.8%，商品房累计销售额同比下降 3.9%；在悲观情景下，商品房累计销售面积同比下降 5.5%，商品房累计销售额同比下降 5.3%。

3. 商品房销售价格预测

预计 2024 年商品房销售价格保持平稳增长。在乐观情景下，预计 2024 年全国商品房销售价格同比增长 1.3%；在基准情景下，商品房销售价格同比增长 1.0%；在悲观情景下，商品房销售价格同比增长 0.2%。

三、房地产调控政策建议

（一）继续调整优化房地产调控政策，并强化各项政策的落地落实，提升房地产调控成效

鉴于整体房地产市场的长期性下行趋势，建议在强化房地产市场管理基础设施建设

与完善房地产市场监测体系的基础上，引导各地特别是中心城市结合最新房地产市场特征，加快退出不适应最新供求变化的限制性政策，及时施策促进住房需求合理释放，助力商品房销售企稳回升。继续深化因城施策，根据各类城市经济基本面和长短期市场特征精准施策。对一线城市、省会城市、地区中心城市及其他长期基本面相对较好、受短期冲击较大的中心城市，落实好当地保交楼工作，加大需求支持力度，做好预期引导，缓释短期冲击的负向影响。对长期基本面相对较弱、面临着中长期结构性问题的城市，以住房需求为导向优化供给结构，夯实住房市场平稳运行的供需基础，同时做好市场监测预警，有效防范化解当地房地产市场风险。

（二）进一步优化房地产行业融资环境，发挥好货币金融政策等中期因素对房地产市场的积极作用

当前货币金融政策对全国及各类城市房地产市场走势的影响均相对较弱，这一方面是因为部分政策落实或传导机制不畅，金融机构对房地产供需两侧的融资支持不及预期，另一方面在于市场主体对政策的敏感度下降。因此，建议尽快开展对前期各项稳定房地产市场政策的执行情况和成效的督查评估，厘清政策执行堵点与难点，及时查漏补缺，落实好相关责任主体，抓好各项政策的落地落实，引导金融机构适度加大对房地产行业的融资支持，切实改善行业融资环境，提升货币金融政策对房地产市场的积极作用。

（三）加强房地产市场预期引导，促进市场预期改善，提振市场信心

预期是影响当前房地产市场的最主要因素之一。现阶段市场预期难以改善的原因一方面源于市场持续下行的态势与行业风险事件的接连发生，另一方面是各项政策执行与成效情况信息披露相对不足，存在较大程度的信息不对称，由此加大了公众对未来市场走势的不确定性。因此，建议通过官方网站及人民网、新华网等官方媒体，针对最新的房地产调控政策和房地产市场走势，及时进行权威分析解读，提升社会公众的理性认识，加强政策执行和成效相关信息披露，持续释放稳定房地产市场的积极信号，引导市场预期改善，提振市场信心。

2023 年中国物流业发展分析与 2024 年展望[①]

刘伟华　冯耕中　王钰杰　王　琦　王宏鑫　汪寿阳

报告摘要：2023 年我国国内经济恢复态势趋好，物流行业趋稳回升。物流行业主要指标同步回稳，2023 年 1~10 月，中国物流业景气指数（logistics prosperity index，LPI）大部分位于荣枯线（50%）之上，从数据统计可以看出，2023 年我国的物流活跃性较高。前三季度全国社会物流总额为 249.0 万亿元，增速与 2022 年基本持平。同时，社会物流总费用增速下降，运行效率有所改善。

2024 年，在对物流行业运行情况持中观态度的前提下，客观预测出我国经济仍将表现出持续恢复、平稳向好的态势，物流行业需求结构和质量将同步提升。预计 2024 年全年物流行业平均 LPI 为 51.98%，保持在景气运行区间；我国物流市场内需将保持扩大态势，但固定资产投资增速趋缓，全国社会物流总额将有望突破 340 万亿元；社会物流总费用占 GDP 比例预计为 14.57%，比 2022 年降低 1.43 个百分点，物流行业降本增效取得一定成效。

从积极视角分析，受益于宏观经济循环动力加速释放、“通道+枢纽+网络”物流运行体系不断推进等因素，2024 年物流业将保持平稳运行，物流需求企稳回暖，LPI 指数较 2023 年稳中有升；同时，现代物流产业规模效应逐步显现，物流业成本有所下降，社会物流总额明显上升。从消极视角分析，受后疫情时代“疤痕效应”以及巴以冲突等非常规突发事件的影响，2024 年需求恢复不及预期，LPI 将未有上升迹象；同时，物流成本增加，而社会物流总额增速无明显提升，物流业提质降本增效仍需发力。

从驱动因素来看，我国产业结构优化升级，驱动物流与供应链敏捷化智慧化发展。同时，“数商兴农”赋能乡村振兴，我国高质量农村现代流通体系建设步伐加快。此外，我国对外开放格局推动枢纽网络完善，中国式现代化的步伐更加沉稳有力。在可持续发展战略的引领下，物流行业绿色低碳转型步伐将持续加快，将 ESG（environmental，social and governancc，环境、社会、公司治理）建设融入发展理念逐渐成为中国“走出去”物流企业的必然趋势。但是，我国物流业仍然面临产业链供应链关键环节掌控力较弱、非常规突发事件持续影响行业稳定性、高质量复合物流人才缺乏等问题。

针对 2024 年物流业发展提出以下建议：引导企业提升自主创新能力，促进企业向价值链中高端转型；加速现代物流强国建设，持续推进物流提质增效降本；推进物流行业

---

① 本报告受国家社会科学基金重大项目（No.22&ZD139）资助。

作者简介：刘伟华博士，天津大学管理与经济学部教授；冯耕中博士，西安交通大学管理学院教授；王钰杰为天津大学管理与经济学部博士生、王琦、王宏鑫为天津大学管理与经济学部硕士生；汪寿阳博士，中国科学院预测科学研究中心研究员。

高质量复合人才培养，以高质量人才培养推进中国式现代物流体系建设，服务中国式现代化；加大国际物流标准参与力度，推动标准在企业实操行动中的应用；布局产业链供应链“强基”战略，夯实产业链供应链基础，完善我国产业安全与韧性管理体系；鼓励物流企业进行碳管理体系规划与建设，推动行业系统性减碳。

一、2023 年中国物流业发展回顾

（一）物流业总体形势分析

1. 国内经济恢复态势趋好，物流行业趋稳回升

2023 年，我国国民经济总体上持续恢复向好，高质量发展扎实推进，经济发展质量提升。就目前物流行业形势变化来看，随着国家宏观调控政策措施的密集出台，供应链上下游需求趋于平稳，物流行业主要指标同步回稳，社会物流总额增速回升，工业、进口、民生消费等领域需求稳步扩大，物流运行保持稳定恢复。

随着政府一系列稳增长、促民生、提信心等政策的落实，消费者潜力得到有效释放，经济韧性增长态势逐渐稳固，内生动力不断增强，供应链上下游需求趋稳，带动物流需求有序回升。从 2023 年 1~10 月的 LPI 统计数据来看，只有 1 月位于荣枯线以下（图 1），LPI 达到最低值 44.7%，这主要是由于节假日的影响。2023 年春节是过去十年最早的春节，加之疫情三年人们返乡意愿强烈，有效工作日较以往年同期有所减少，多重因素下物流业活动小幅回调。2 月和 3 月随着新冠疫情缓解，供应链上下游复工进度将进一步加快，同时各地稳需求、促消费等政策措施落地，物流业景气指数强劲复苏。4 月和 5 月 LPI 在扩张区间内较 3 月有所回落，主要由于前期物流业复苏较快，形成较高基数，呈季节性波动，同时新增需求尚有不足，内生动力仍需增强。6 月市场环境和物流需求有所改善，LPI 较上月小幅回升，物流库存周转加快，企业运营效率提高。7 月和 8 月处于高温多雨和淡季效应影响阶段，LPI 较之前有所回落，但仍保持在景气区间，物流行业整体运行平稳。9 月和 10 月处于政府相关政策落地落实之际，带动物流需求有序回升，物流业“金九”行情趋稳向好。

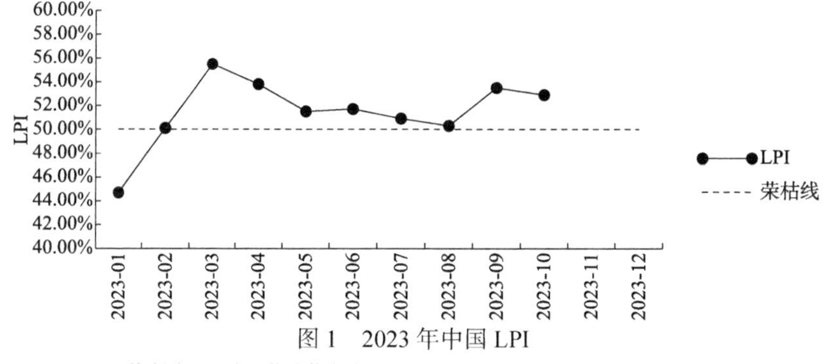

图 1　2023 年中国 LPI

资料来源：中国物流信息中心（http://www.clic.org.cn/），整理获得

从整体来看，如图 2 所示，2023 年 LPI 除了 1 月位于 2022 年同期以下，其余月份均高于 2022 年同期。2023 年 LPI 数值位于荣枯线之上的月份明显多于 2022 年，说明我国 2023 年物流活跃度明显回升，物流市场活力和未来发展信心十足。从增幅来看，2023 年 LPI 总体呈增长态势，4 月增长率明显高于 2022 年，物流提质降本成效初现，物流市场的韧性与活力依然较强，供应链上下游需求总体延续恢复态势。从极值来看，截至 2023 年 10 月，2023 年最低 LPI 值为 44.7%，最高 LPI 值为 55.5%，相较于 2022 年的最低 LPI 值 43.8%和最高 LPI 值 52.1%，表明我国物流需求在逐渐恢复；从区间来看，2023 年 2~6 月 LPI 值与 LPI 同比增长率与 2022 年存在较大差距，尤其是 3~4 月指标对比明显，可见在疫情之后物流需求明显提升，市场活跃度明显提高。

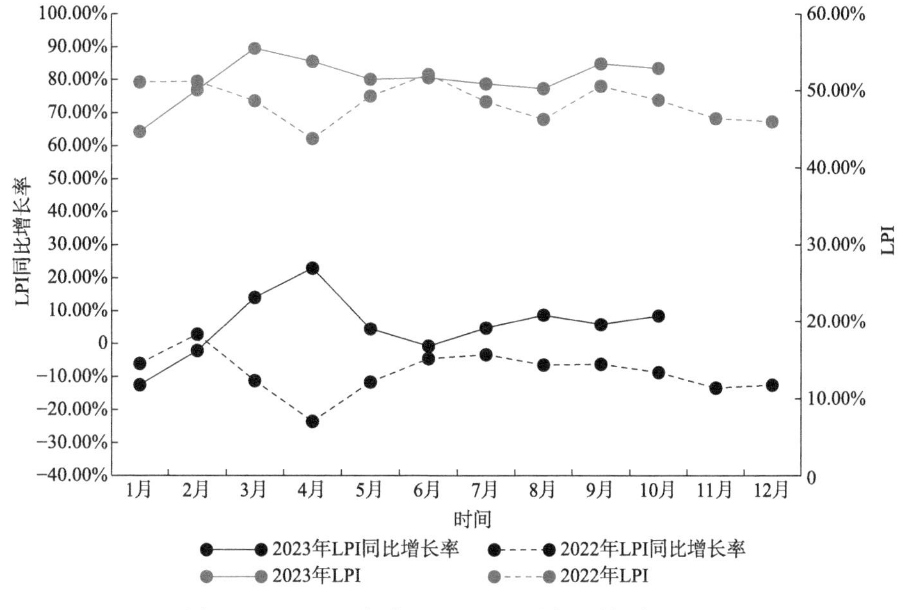

图 2　2022~2023 年中国 LPI、LPI 同比增长率对比图

资料来源：中国物流信息中心（http://www.clic.org.cn/），整理获得

2. 国民经济增长快于物流行业运行增速，企业经营压力仍然较大

2023 年我国物流市场整体运行效率和协同水平有所提升，物流企业自身多措并举通过资源整合、数字化转型等升级举措推动了物流业高质量发展。随着物流提质降本的成效初现，企业利润水平有所改善，但仍处于较低水平。

2023 年我国物流行业增速稳中有升，但增速低于国民经济增长速度。从社会物流总额来看，前三季度我国社会物流总额 249.0 万亿元，按可比价格计算，同比增长 4.8%，增速低于 GDP 前三季度同比增长速度 0.4 个百分点。一方面，实物物流需求不太旺盛，物流需求系数持续下滑，市场复苏整体没有达到预期；另一方面，受下游订单增速放缓和阶段性产能过剩等影响，物流业市场竞争激烈，物流价格明显下降。这两方面因素共同作用导致 2023 年社会物流总额增速低于 GDP 增速。前三季度物流提质降本成效初现，物流市场的韧性与活力依然较强，随着前期出台的一系列稳增长的政策措施效果显现，新订单、业务活动预期指数均有所较大幅度回升，企业信心增加，投资意愿增强，绝大多数企业在第四季度将维持或进一步增加投资。从企业经营情况来看，物流企业经营仍面临较大压力。前三季度，企业物流业务收入总体保持增长，但盈利仍位于较低水平。1~9 月物流企业物流业务收入同比增长 9.4%，比上年回落 0.6 个百分点。物流企业利润额同比下降超过 10%，收入利润率同比回落 0.3 个百分点，显示当前物流行业竞争日趋激烈，企业盈利压力持续增大。从 LPI 分项指数上来看，2023 年，我国主营业务成本指数高于服务价格指数，经营成本相对较快增长的同时，物流服务价格增长趋缓，导致企业盈利空间收窄。

（二）物流市场运行特征分析

1. 疫情后经济“疤痕效应”显现，物流需求温和复苏

2023 年以来，我国经济向好恢复，当前经济复苏动力不足更多的是由于疫情所带来的疤痕效应持续对中国经济产生影响。“疤痕效应”叠加居民收入预期不理想，使得居民消费需求受到抑制，从而影响物流业发展。但随着疫情散去、国家出台宏观调控政策，物流主要指标逐渐恢复回稳，社会物流总额增速回升，工业、进口、民生消费等领域需求稳步扩大，物流运行保持稳定恢复。

2023 年前三季度，我国社会物流总额 249.0 万亿元，增速与 2022 年基本持平。如图 3 所示。随着上游生产回升，物流需求随之企稳回暖，主要指标呈恢复态势。但部分领域转型调整压力依然存在，社会物流总额复苏水平依然偏弱。综合来看，第三季度社会物流需求在波浪式状态中保持了持续增长态势。从结构看，多数领域物流需求恢复向好，升级产业制造、新业态消费、再生循环等重点领域贡献率稳中有升，拉动社会物流总额增长近 3 个百分点，物流需求结构和质量同步提升。

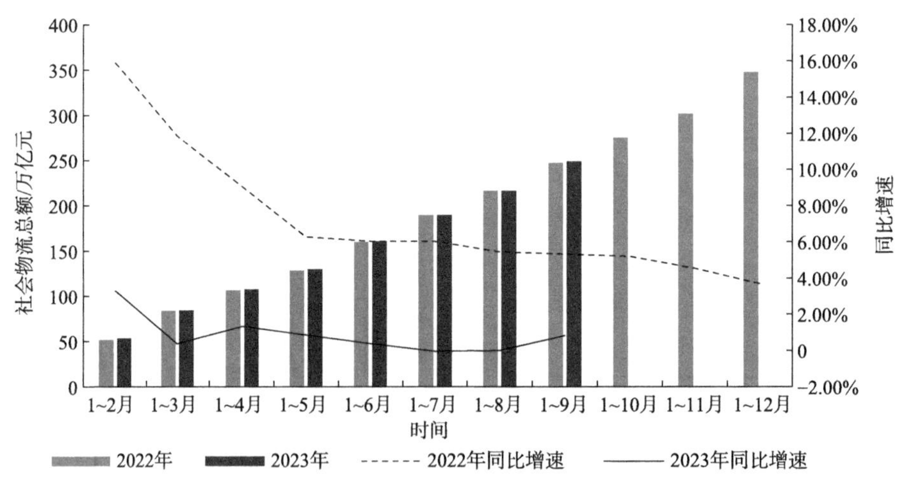

图 3 2022~2023 年 9 月全国社会物流总额及同比增速

资料来源：中国物流与采购联合会，整理获得

2023 年，伴随多数领域生产、消费均有不同程度改善，创新驱动、产业升级对物流需求恢复的带动作用显现，主要呈现以下特点。一是工业物流稳中有升，重点领域物流需求增势良好。在数字经济、绿色经济等创新动能带动下，重点领域物流需求实现较快增长，其中，工业新动能领域保持快速增长，电子工业专用设备制造、飞机制造、智能消费设备制造等新一代高端装备、信息技术领域物流需求快速增长，行业物流总额增速在 10%~27%。二是进口物流增速稳中趋缓，基础原料成主要支撑。2023 年前三季度，进口物流总额比上年增长 13.7%，连续 8 个月同比增长。我国高端制造和技术升级领域物流需求旺盛。三是绿色转型持续深入，相关领域物流需求快速增长。2023 年前三季度，回收逆向循环、新能源等绿色化物流需求维持高增长区间，再生资源物流总额同比增长 18.7%，新能源汽车、光伏电池、汽车用锂离子动力电池、充电桩等物流量增速均在 30%左右，有效促进了社会物流总额的持续恢复。

2. 社会物流总费用增速下降，运行效率有所改善

2023 年前三季度，社会物流总费用为 13.1 万亿元，与 GDP 的比率为 14.3%，比上半年和上年同期分别回落 0.2 个和 0.4 个百分点，与 2022 年相比，如图 4 所示，社会物流总费用增长 2.3%，增速回落 3.5%。社会物流总费用占 GDP 的比例降至近年来的较低水平，意味着单位 GDP 所需的物流成本有所下降，经济运行效率有所提升。由此可见，2023 年前三季度物流的整体效率进一步提高，反映出物流的内生韧性在进一步增强。

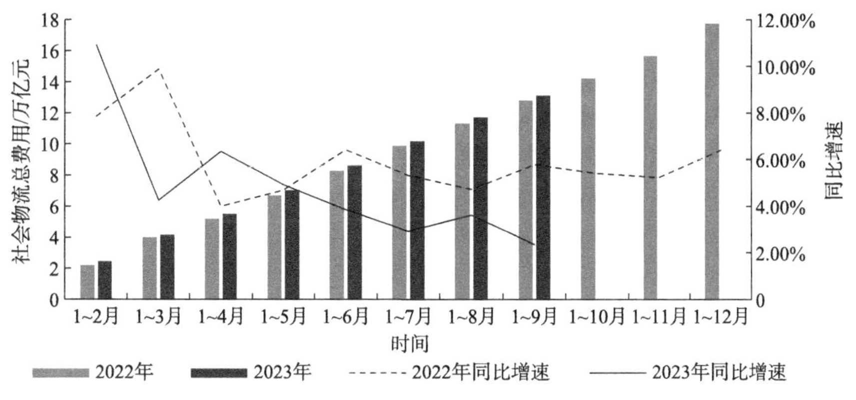

图 4　2022~2023 年 9 月全国社会物流总费用及同比增速

资料来源：中国物流信息中心，整理获得

从物流成本主要环节来看，前三季度以来，宏观物流成本稳中有降，物流运行效率有所改善，尤其是在运输环节中，运输结构调整灵活性提升，支撑各领域保持通畅。一方面，铁路运输发挥网络枢纽，保持干线运输正常运转；另一方面，在网络货运平台等新业态支持下，探索推进“通道+枢纽+网络+平台”运输模式。在保管环节中，供应链产销衔接改善，仓储物流周转加快，从上游工业角度来看，产销衔接趋好，产成品积压减少，存货周转加快，从仓储物流角度来看，2023 年 10 月仓储指数为 50.9%，较上月下降 2.6 个百分点，连续九个月保持在扩张区间。指数回落主要受前期基数较高影响，但运行在扩张区间，表明行业仍保持平稳发展态势。与此同时，2023 年前三季度，运输环节和保管环节的物流费用与 GDP 的比率均有所下降，显示第三季度以来运输和保管物流成本进一步回落，综合运输效率有所提升，社会物流仓储环节总体趋于改善。

（三）物流行业热点问题分析

1. 世界局势动荡影响经济恢复，“通道+枢纽+网络”的物流运行体系加快构筑

近年来，非常规突发性事件频发，世界局势动荡不安，给世界经济发展带来了极大的不确定性，对物流业发展造成了一定的影响。2022 年俄乌冲突爆发，一直持续至今。2023 年 7~8 月，北京、河北、福建、吉林、广东、广西等多地发生洪涝灾害，对区域物流业务量造成一定影响，甚至导致局部地区物流网络短暂中断。2023 年 10 月巴以冲突爆发，美国空袭叙利亚、印度和巴基斯坦交火，世界局部地区战火纷飞，对市场稳定性、能源价格、全球投资和地缘政治等方面都产生了很大的影响，使世界经济发展不确定性增加。

虽然目前来看，贸易保护壁垒抬高、地缘政治冲突加剧以及需求收缩、预期转弱对我国经济和物流业造成了一定的冲击，迫切需要我国现代物流发展加快韧性体系建设。近年来，我国“通道+枢纽+网络”的物流运行体系加快构筑，支撑了经济的平稳发展。目前，我国已经构建了以物流枢纽为核心支点，示范物流园区、骨干冷链基地、多式联运基地为重要节点的现代物流运行体系。截至 2023 年 10 月，已经有 5 批 125 个国家物流枢纽、3 批 66 个国家骨干冷链物流基地、4 批 116 个多式联运示范工程纳入政府支持范围。中国物流与采购联合会发布的第六次全国物流园区调查报告显示，全国规模以上物流园区超过 2 500 家。物流基础设施初具规模，改善区域投资环境，吸引产业集聚发展，一批枢纽经济示范区正在出现，成为区域经济新增长极。物流行业要进一步发挥现代物流产业规模效应，夯实现代物流枢纽网络基础。

2. 中国式现代化物流体系加速建设，“数实融合”助力物流产业链供应链创新发展

2014 年 10 月，国务院印发的《物流业发展中长期规划（2014—2020 年）》明确提出物流业发展目标是建立和完善现代物流体系。2022 年 12 月，国务院办公厅印发了《“十四五”现代物流发展规划》（以下简称《规划》），再次明确提出要“推动构建现代物流体系”。《规划》明确指出，“到 2025 年，基本建成供需适配、内外联通、安全高效、智慧绿色的现代物流体系”。这四个目标分别对应着现代物流的降低成本、渠道畅通、安全可控、高效发展四个面向，为新时代推进我国现代物流体系建设提供了重要指引。未来一段时期，我国处于建设中国式现代物流体系的关键时期，迫切需要在需求提质升级、供给结构调整、设施效能提升、供应链提档升级、物流数字化转型、国际物流补短板、物流成本上升控制、绿色低碳发展、物流人才供给、政策环境优化等十大方面做好文章。

随着物流业与互联网高效融合，我国物流业进入融合创新发展新时代。2023 年，许多物流企业加快推动数实融合。数字化技术赋能物流企业，不仅体现在硬件设施上，还体现在软件信息化管理工具上。在圆通速递贵阳集运中心，由圆通自主研发的数字化管

理工具——“管理驾驶舱”APP 实时对物流运输各个操作环节的数据进行监测。在数字技术加持下，快件通过自动化设备分拣、安检，再配合人工复核，在高效率实现安全分拨分拣的同时，也在一定程度上节约了人力，降低了物流行业成本。随着物流与互联网的高效融合，我国物流业呈现出结构调整加快、融合速度加深等特点，立足更高程度、更大范围、更深层次推动物流提质增效降本的目标，向数字化转型、智慧化改造、网络化升级，成为推动物流行业发展的“先手棋”。

3. 智慧物流标准创新步伐加快，我国物流产业世界化迎来里程碑

2023 年，我国智慧物流标准创新步伐加快。一些新的国家标准陆续制定。例如，《物流企业数字化 第 1 部分：通用要求》国家标准于 2023 年 10 月 30 日正式征求意见。物流企业数字化系列标准包括通用要求、平台架构要求、服务作业要求、流程优化要求、运营决策要求、安全保障要求等，共同构成了一组密切相关的标准族，可引导物流企业从作业、流程、运营决策、安全等各方面推进数字化，也可供相关方评价物流企业数字化的符合性和有效性。本标准有利于我国物流企业数字化的协同发展、高效对接，促进整体管理效率、物流效率和服务质量的提升，有利于行业健康发展并产生社会效益。另外，《无人仓通用技术要求》行业标准也正式进入征求意见稿阶段，该标准将推动物流业的无人化运行，促进先进技术在行业中的积极应用。

2023 年 6 月，由中物联提交的 ISO/TC（物流标准化技术委员会）提案申请被 ISO 正式批准成立（ISO 第 47/2023 号决议），这是由中国承担的首个物流领域的国际标准化技术委员会，代表着我国在物流领域国际标准化方面取得了重大突破。ISO/TC 344 的成立是我国物流产业迈向世界的重要里程碑，将为我国积极参与全球物流标准制定、推动我国物流业与国际接轨、提升我国物流技术和服务水平等创造新的发展机遇。这将进一步促进我国物流行业的创新发展、助力全球经贸往来、加快构建国内国际双循环的新发展格局，推动我国物流产业世界化进程加快，中国物流发展迎来了新机会和新战场。

4. 两业深度融合支撑物流产业高质量发展，“走出去”企业低碳物流建设步伐亟须加快

2023 年是全面贯彻落实党的二十大精神的开局之年，是“十四五”规划承上启下的关键一年，也是优化调整疫情防控政策后第一年。党的二十大报告提出：“推动现代服务业同先进制造业、现代农业深度融合。”[①]物流业是典型的服务业，而且是极其重要的服务业，推动物流业和制造业的深度融合创新发展，是进一步提高物流发展质量效率，深入推动物流降本增效的必然选择，制造业和物流业的联动发展，对于提高运输链效率，有效促进制造业与物流业的动能释放有很大的推动作用。推动“两业融合”是畅通国内供应链循环的重要保障，是整合国际国内供应链资源的有效路径，是推动供应链关键技术创新的策源动力。

---

① 习近平：高举中国特色社会主义伟大旗帜 为全面建设社会主义现代化国家而团结奋斗——在中国共产党第二十次全国代表大会上的报告. http://www.qstheory.cn/yaowen/2022-10/25/c_1129079926.htm，2022-10-25.

在全球应对气候变化目标和绿色供应链的牵引下，世界各国开始关注绿色物流并采取一些政策和措施。美国在航空运输、清洁卡车和绿色货运等方面出台了一系列举措。《欧洲绿色协议》明确了四个方面的具体要求，并通过碳边境调节机制带动一部分进口产品全供应链的碳减排。日本通过《综合物流施策大纲》确定绿色物流发展纲要，并大力推动物流标准化工作。2023 年 4 月，欧盟正式通过了碳边境调节机制的协议，将涵盖钢铁、水泥、铝、化肥和电力等产品。另外，产品碳足迹、碳标签核算都涉及物流环节的碳排放。

越来越多的国家将推动绿色贸易作为推动经济转型、提高低碳领域国际竞争力和话语权的重要抓手。因此，对于企业来说，尤其是“走出去”企业，发展绿色物流，对降低产品碳足迹、促进绿色贸易具有重要意义。中国外运响应当地监管单位对非道路移动机械的碳排放标准要求，并落实中国外运低碳专项战略规划，在广东省广州市黄埔区内黄埔仓码有限公司共投入 22 台新能源电动拖车。万纬物流建立了仓管配全链条的质量安全管控体系，并获得 ISO 9001 质量管理体系认证。截至 2023 年 6 月 30 日，万纬累计绿色建筑认证面积超过 770 万平方米，101 个项目获得绿色三星认证，12 个冷链园区获得 LEED 铂金奖/金级（其中 7 个铂金级、5 个金级），未来还将推动所有新建冷库 100%通过绿色仓库认证，新建冷库分布式光伏 100%覆盖。顺丰上线及新增了更多减碳场景，推出更多低碳服务和兑换权益，携手消费者共创低碳生活，发起业内首个“零碳未来”计划，通过整合各项绿色环保举措，并打造数智碳管理平台构建标准碳管理体系，将绿色价值延伸至产业链。

5. “一带一路”促进立体互联互通网络构建，中欧班列改善沿线物流基础设施

“一带一路”促进我国物流立体互联互通网络构建。2023 年 10 月 17 日至 18 日，第三届“一带一路”国际合作高峰论坛在北京成功召开，习近平主席在会上宣布了中国支持高质量共建“一带一路”的八项行动，其中第一项就是“构建‘一带一路’立体互联互通网络”。习近平主席表示中方将加快推进中欧班列高质量发展，参与跨里海国际运输走廊建设，办好中欧班列国际合作论坛，会同各方搭建以铁路、公路直达运输为支撑的亚欧大陆物流新通道。积极推进“丝路海运”港航贸一体化发展，加快陆海新通道、空中丝绸之路建设[①]。

“一带一路”十年来，共建“一带一路”以“六廊六路多国多港”为基本架构，加快推进多层次、复合型基础设施网络建设，基本形成“陆海天网”四位一体的互联互通格局，有效促进了各国商品、资金、技术、人员的大流通，推动绵亘千年的古丝绸之路在新时代焕发新活力。在老挝，中老铁路的正式开通使老挝真正成为“陆联国”，这条老挝第一条现代化铁路已成为当地民众心中的“黄金大通道”，正在为老挝乃至东盟各国经济社会发展贡献力量。塔吉克斯坦首都杜尚别一家停工 30 年的面粉加工厂，在我国工艺设计和机电设备加持下焕发新生机；我国企业帮助升级改造后，博茨瓦纳东部马哈

① 习近平在第三届“一带一路”国际合作高峰论坛开幕式上的主旨演讲（全文）. https://www.gov.cn/yaowen/liebiao/202310/content_6909882.htm，2023-10-18.

拉佩镇的水厂，“村里再也没有停过水”。巴基斯坦的瓜达尔港，从以前的一个破旧不堪的小渔村现在一跃成为整个波斯湾地区的贸易物流重要港口。

中欧班列改善了沿线国家的物流基础设施。自中欧班列开通以来，贯通欧亚、聚线成网，已铺画运行线路 86 条，截至 2023 年 6 月底，中欧班列历年累计开行超过 7.3 万列、690 万标准箱，通达欧洲 25 个国家 216 个城市。随着中欧班列物流组织日趋成熟，班列沿途国家经贸交往日趋活跃，国家间铁路、口岸、海关等部门的合作日趋密切，沿线的物流设施进一步完善。中欧班列开行以来，保持安全稳定畅通运行，开创了亚欧国际运输新格局，搭建了沿线经贸合作新平台，有效促进了各国商品、资金、技术、人员的大流通，为全球互联互通、共同发展注入强劲动力，为产业链供应链稳定畅通提供了有力支撑。

二、2024 年中国物流业发展预测

（一）物流业总体经济形势预测分析

1. 宏观经济循环动力持续释放，物流维持低位增长

2024 年我国宏观经济将进一步恢复，内生动力将进一步增强，国内大循环将进一步畅通。具体表现在以下几个方面。一是我国宏观经济增长平稳，主要经济指标向好。GDP、规模以上工业增加值、服务业生产指数和固定资产投资等核心指标表现良好，国民经济顶住下行压力持续恢复，2023 年一、二、三季度 GDP 同比分别增长 4.5%、6.3%、4.9%。因此，按照目前的增长趋势，2023 年我国宏观经济增长仍处于稳定态势，主要经济指标也将体现出较好的趋向。二是政策持续发力，促进经济增长效果显现。2023 年上半年政府发布了一系列稳增长、促民生、提信心等政策，随着一系列举措密集出台，各类经营主体发展预期趋稳。三是中国国际影响力日益提高，国际经济合作加强。2023 年 10 月 17 日至 18 日，第三届“一带一路”国际合作高峰论坛在北京成功召开，参与国之间的经济合作将进一步加强，有利于推动各国经济增长。

我国物流市场的韧性与活力依然较强，物流提质降本成效初现，随着前期出台的一系列稳增长的政策措施效果显现，经济彰显积极信号，但与此同时也要看到面临的风险挑战。首先，当前世界百年未有之大变局加速演进，国际政治经济形势复杂严峻，世界经济发展不确定性增大。其次，经济增长缓慢和行业需求增长缓慢，导致物流需求减少，从而降低了物流业的增长速度。物流成本包括运输成本、人工成本、燃料成本等，这些成本降低难度大。最后，市场竞争日益激烈，导致价格战和利润下降，使得企业投资和发展受到限制，从而影响整体增长。如图 3 所示，2023 年 1~9 月，社会物流总额同比增长幅度相对于 2022 年普遍下降，前三季度的全国社会物流总额相比 2022 年同比增长 0.81%，比 2022 年同期回落 4.52 个百分点。物流业整体增速逐渐放缓，因此，预计 2024 年我国物流将维持低位增长。

2. 物流业“金九”行情趋稳向好，LPI 稳中有升

从 2023 年的物流市场数据来看，我国物流业“金九”行情趋稳向好。随着多数领域物流需求恢复向好，升级产业制造、新业态消费、再生循环等重点领域贡献率稳中有升，拉动社会物流总额增长近 3 个百分点，物流需求结构和质量同步提升。其中，工业新动能领域保持快速增长，新一代高端装备、信息技术领域物流总额增速在 10%~27%。高端制造和技术升级领域物流需求旺盛，电脑的中央处理部件、航空器零部件等增加 42.9%。同时，绿色转型持续深入，新能源汽车、光伏电池、汽车用锂离子动力电池、充电桩等物流量增速均在 30%左右，有效地促进了物流业发展持续恢复向好。

根据 2015~2023 年的 LPI 数据，采用指数平滑法预测 2024 年年度 LPI 平均值为 52.19%（图 5），显示我国 LPI 将在 2024 年维持高位水平。随着政府一系列稳增长、促民生等政策的落实，国内物流行业景气程度仍具有上升潜力，物流赛道活跃度仍有望增加。一是后疫情时代经济市场将逐步复苏。在疫情放开后，随着防控措施的优化调整和生产生活恢复正常，经济市场将呈现复苏的态势，物流需求有序回升，为物流行业的发展提供驱动力。二是减税降费等宏观调控政策措施密集出台。受益于相关政策，物流需求恢复基础有所稳固，城乡融合发展观念成熟，有效加快农村流通高质量发展步伐，2024 年随着政策性和季节性的需求扩张，可能会出现短暂的供需不匹配情况，但总体来说物流供需有望继续联动回升。

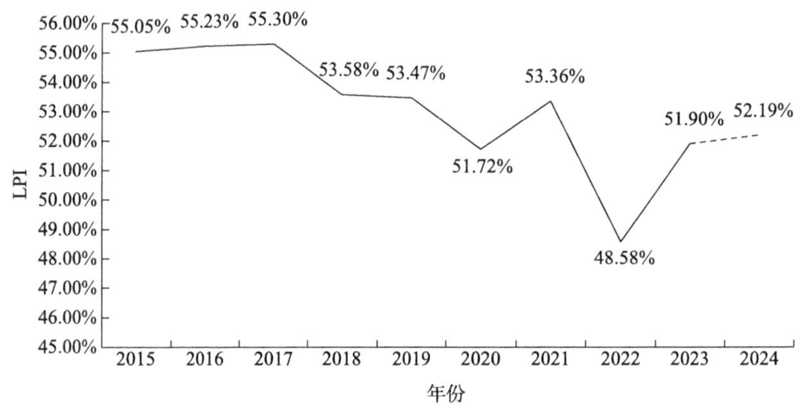

图 5　2015~2024 年 LPI（含预测）

资料来源：中国物流与采购联合会，整理获得

3. 市场内需扩大，物流业固定资产投资增速趋缓

预计 2024 年，在我国居民消费结构逐步升级以及工业生产稳步增长的趋势下，我国物流市场内需将稳定扩大。一是线上电商物流恢复活力拉动居民消费。2023 年前三季度实物商品网上零售额同比增长 8.9%，预计 2024 年将延续前期趋势，全领域电商物流需求稳步回升，有效巩固经济韧性增长。二是两业融合促进制造业投资。随着工业经济稳定恢复，我国制造业和物流业融合程度不断加深，制造业投资持续增长，工业产品供需形势逐步改善，我国制造业物流需求将持续提升。三是物流深入布局城乡供应链。随着

农村现代流通体系建设加快，农村地区对物流运行的贡献和促进作用不断彰显，促进工业品“下行”和农产品“上行”形成良性循环，进而扩大国内消费需求。总体而言，我国将深入实施扩大内需战略，充分释放消费潜力，不断为高质量发展注入持续性动力。

物流市场内需扩大将推进物流业固定资产的投资，但受需求放缓和成本承压等方面的影响，物流业固定资产投资的增长势头有所放缓。一是房地产市场的不确定性依然存在。2023 年前三季度房地产投资持续负增长且降幅有所扩大，在此形势下我国正在逐渐调整经济对房地产市场的依赖，导致房地产市场对物流园区、仓库等物流基础设施的助推提速作用放缓。二是工业经济稳定恢复，基础设施建设投资、制造业投资增势良好。这有力支撑了物流业固定资产投资平稳增长，从而支持投资规模大、建设周期长、回报水平低的基础性、公共性和准公益性物流基础设施建设。三是“降本增效”理念不断深入，交通运输智慧物流标准体系建设加快。我国物流业将加快建设智慧港口、智能化仓库等基础设施，并积极推动交通枢纽项目落地，进而扩大固定资产投资。

4. 国内经济基本盘稳固，现代物流产业规模效应逐步显现

在稳固经济基本盘的支撑下，上下游产业链的联系将更为紧密，现代物流产业规模效应将逐步显现。一是随着“陆海内外联动、东西双向互济”的开放格局逐步构建，“两沿十廊”国际物流大通道加快建设，国家物流枢纽和骨干冷链物流基地建设布局稳步推进。“通道+枢纽+网络”的物流运行体系为国家关键物资供应链安全和国内产品“走出去”提供有力支撑，现代物流产业规模效应迎来新机遇。二是我国物流基础设施初具规模，一批枢纽经济示范区的出现将成为区域经济新增长极。截至 2023 年 11 月，全国已经有 125 个国家物流枢纽、66 个国家骨干冷链物流基地、116 个多式联运示范工程纳入政府支持范围。预计在 2024 年物流基础设施规模将持续扩大，促进现代物流产业集群。三是中小企业数字化转型加速为现代物流产业规模效应注入持续性动力。在智慧物流的推广下，不少企业已获得多轮投融资。数据显示，2022 年我国智慧物流市场规模近 6 995 亿元，同比增长 8%，智慧物流行业投资事件 21 起，融资金额达数十亿元。同时，随着 2023 年 10 月底全国中小企业数字化转型试点城市实施工作的正式启动，未来将有更多批量的中小企业成功实现数字化转型，推动物流信息化、数字化标准规范统一。

（二）物流业运行特征分析

1. 消费潜力持续恢复释放，头部物流企业创新动能增强

2024 年，我国消费潜力将持续恢复释放。一是消费政策效应持续显现。为深入实施扩大内需战略，充分发挥消费对经济发展的基础性作用，国务院决策部署了一系列恢复和扩大消费的措施，关注居民购房购车、餐饮文旅等消费需求，着力完善消费设施、优化消费环境，未来随着各地加快落实，将持续激发市场活力，释放潜在需求，着力营造推动消费升级的良好生态。二是随着生活性服务业快速复苏，居民消费信心逐步回升，供需两侧协同释放潜力。预计 2024 年，居民消费将保持持续恢复向好的态势。三是居民

消费基础巩固。前三季度居民收入实际增长 5.9%，保持稳定增长趋势，这为未来消费可持续恢复和增长打下了良好的基础。

同时，从企业角度来看，预计 2024 年头部物流企业会随着整个消费市场的恢复以及物流业运行效率的提升实现收入的较快增长。头部物流企业重视科技创新，为收入增长提供主要动力，有持续发展的趋势。2023 年 8 月我国举办了 2023 中国物流形势发展分析会暨物流企业 50 强论坛，并公布了中国物流企业 50 强，显示物流行业发展韧性较强，行业集中度进一步提高。根据 2023 年度中国物流企业 50 强名单以及数据统计，2022 年物流业务收入合计 23 456 亿元，同比增长 13.4%；50 强物流企业门槛 77.4 亿元，比上年提高 15.8 亿元。同时，从物流业务收入占比来看，50 强物流企业物流业务收入合计占物流业总收入的比重升至 18%，为历年最高水平。在头部 50 强企业中，许多企业加快创新驱动，推动全新变革。例如，京东物流针对各行业仓储服务升级需求，以数据为驱动、以系统为核心集成智能仓储解决方案，并坚持研发自动分播墙、三倍程天狼穿梭车和低温地狼机器人等先进硬件产品。

2. 多式联运高质量发展，交通物流提质增效升级

预计 2024 年，我国多式联运将延续高质量发展步伐。一是国家持续关注多式联运发展，落地多项政策措施，助力实现“物畅其流”。2023 年 1 月交通运输部等多部门印发《推进铁水联运高质量发展行动方案（2023—2025 年）》，提出要进一步发挥水路、铁路运输优势和综合运输组合效率，加快运输结构调整优化，着力推动铁水联运高质量发展。2023 年 3 月，交通运输部等多部门印发《关于加快推进多式联运“一单制”“一箱制”发展的意见》，探索创新各类多式联运新模式。二是中小企业数字化转型为多式联运注入新动力。将有更多转型升级成功的中小企业拥有足够的资金和数字化实力去采用多式联运的运输模式，协助构建更为庞大和完善的多式联运物流网络，促进“一单制”“一箱制”加快发展。

同时，我国交通物流将进一步提质降本、增效升级，主要体现在两个方面。一是交通运输结构进行优化调整。多式联运高质量发展和“一单制”“一箱制”加快推进，弥补了我国单证信息联通不畅、集装箱运输规则不一致以及存在不必要的作业环节等短板问题，通过提供“门到门”和全程“一箱到底”的高效运输服务，有效推动跨运输方式一体化融合，提升交通物流效率。二是现代物流体系不断优化完善。我国将进一步加强物流基地布局建设，进而发挥国家物流枢纽、国家骨干冷链物流基地的资源集聚优势，提高现代物流规模化、网络化、组织化、集约化发展水平，保障物流服务质量效率明显提升。

3. 聚集型经济加快发展，物流数字化智能化网络化赋能持续强化

当前，中国经济发展到了新旧动能转换的长周期，中央于 2023 年 9 月提出“加快形成新质生产力”，强调要注重科技创新的驱动作用、把创新作为关键要素，积极与数字时代相融合，增强发展新动能。随着人工智能、大数据、物联网等技术在物流领域的应用不断深入，通道经济、枢纽经济、平台经济、门户经济成为现代物流、现代化产业体系建设的核心点，制造企业、物流企业、科技企业等相互集中、互为市场。这样不同产业或不同性质的企业的集中将利用规模的扩增带来更大的经济效益，通过合作科技创新促进共同的降本增效。预计 2024 年，物流枢纽经济、交通枢纽经济、交通通道经济等多种形态的聚集型和价值创造经济将成为发展趋势，并加快进行物流数字化智能化网络化赋能。

2023 年，我国物流与供应链行业数字化已取得一定的新进展。在数字物流平台经济领域，中国已拥有全球最大的公路运输市场。截至 2023 年 6 月，全国网络货运企业增至 2 818 家，运单数同比增长 23.5%，延续较快的增势。同时，2023 年产业链供应链数字经济市场规模有望达到 51.65 万亿元，相较于 2022 年的 43.82 万亿元有较大幅度提升。预计在 2024 年，我国会延续 2023 年的发展势头，持续推进产业的数字化智慧化转型，数字化产业新生态系统基础上的产业集群成为我国物流业的发展方向。一是现代产业组织方式影响深远，须更好地发挥市场机制作用。预计 2024 年，将形成发展物流枢纽经济、交通枢纽经济等聚集型经济共同发展的趋势，在智能化数字化手段的基础上进行网络规模经济赋能，形成一个完整、高效的物流辐射系统。二是政府对物流布局网络化的支持力度不断加大。2023 年 8 月，国家发展和改革委员会等多部门发布《关于布局建设现代流通战略支点城市的通知》，将 102 个城市纳入布局建设范围，充分利用相关城市流通发展基础好、辐射带动能力强的优势，促进加快形成内畅外联的现代流通网络。三是供应链金融科技持续发力。供应链金融科技的发展助力产业链上下游的中小企业贯通链接，为产业数字化转型提供了金融保障，加快智慧物流与供应链发展。总之，预计 2024 年随着政策的引导支持、各行各业的实践和金融服务的保障，物流数字化智能化网络化赋能将持续强化。

4. 新技术引领供应链变革，助推绿色低碳循环发展生产体系建设

近年来，在环境信息公开的引导和新技术的驱动下，我国绿色物流和供应链建设取得重要进展，助力环境治理和全球气候行动。数据显示，2021 年我国智慧物流相关专利申请数量为 291 项，较上年增加 84 项；2016~2022 年我国授权绿色低碳技术发明专利量保持了年均 9.3%的增速，在全球总量中的占比达 36.8%。“十四五”规划提出后，我国始终贯彻绿色发展理念，积极发展绿色数字融合技术，培育绿色数字产业新生态，推进重大关键技术创新，开发低碳技术、低碳装备和绿色产品在各领域各环节推广应用，大力推进全链条、全生命周期绿色化管理。

预计在 2024 年，我国将持续将新技术应用于物流行业，推动绿色低碳循环发展生产体系建设。一是党中央、国务院积极部署发展产业链和供应链的相关战略，稳步推进物流与供应链绿色低碳转型。2022 年国务院印发《“十四五”现代物流发展规划》，将“绿色低碳物流创新工程”列为重点工程；2023 年国务院印发《质量强国建设纲要》，强调要树立质量发展绿色导向，大力发展绿色供应链。同时，2023 年底我国举办了首届绿色物流与供应链发展大会及绿色低碳物流展，对绿色化低碳化物流和供应链的关注度进一步提升。相信在政策的推动下，2024 年会持续推动绿色低碳循环发展生产体系建设，在低碳物流与供应链领域有更显著的成果。二是随着我国企业环境信息披露机制的完善，将探索更高效的数字化解决方案，加速供应链企业绿色低碳转型。根据 2023 绿色供应链 CITI（corporate information transparency index）指数和企业气候行动 CATI（corporate climate action transparency index）指数，富士康、华为、联想等均处于领跑位置，表明我国绿色供应链理念逐步主流化。三是随着数字供应链持续深入发展，中小企业集群绿色低碳转型、协同发展成为新的趋势。我国部分大型企业和绿色物流领域的先锋企业也积极承担社会责任，充分发挥模范带头作用，助力身边中小微企业绿色发展。例如，联想集团于 2023 年推出的“减碳运输服务”，以“端-边-云-网-智”全要素的新 IT 技术为支持，助力具有碳意识的企业可持续发展。又如，获评“2023 年中国绿色物流 ESG 全链条先锋企业”的福佑卡车通过 AI 技术赋能降低车辆空驶空置、引入新能源运力，同时和产业链上下游伙伴协同联动，共同推动公路货运的可持续创新和绿色化转型。

5. 双边经贸合作持续深化，国际物流枢纽建设加快进程

2023 年是共建“一带一路”倡议提出 10 周年之际，我国已经与 140 多个国家和地区搭建了贸易关系，是越来越多国家的主要投资来源国，其中俄罗斯是中国最大能源进口国，中俄“五通”全面合作成效显著。10 年来，我国贸易投资规模不断扩大，与“一带一路”共建国家货物贸易规模累计达到 19.1 万亿美元，年均增长 6.4%。同时，我国贸易和投资自由化便利化水平不断提升，已与 29 个国家和地区签署 22 个自贸协定，《区域全面经济伙伴关系协定》也正式生效，标志着世界上人口规模和经贸规模最大的自由贸易区正式落地。预计 2024 年，我国将与更多的国家和地区签订合作协议，持续深化双边经贸合作，进而打通经济全球化的大动脉，促进世界各国更高质量的国际合作。

作为国际供应链产业链中双向开放的贸易及产业合作通道，物流通道是物流运行体系的核心要素，有效连接各地区枢纽，推动枢纽经济的发展。预计 2024 年，将继续推动国际物流通道多元化的布局，加快建设国际物流枢纽。一是内陆地区建设陆港的积极性空前高涨，亚欧陆海贸易大通道与西部陆海新通道双向互动加快发展。截至 2022 年，中欧班列已有 82 条线路开通运行，联通欧洲 24 个国家 200 多个城市；而西部陆海新通道网络已辐射我国 18 个省（区、市）61 个城市 124 个站点、连接全球 120 个国家和地区的 465 个港口。在国外，德国、哈萨克斯坦等国家已与我国成功搭建涵盖公路、铁路、航空、油气管道的全方位、立体化联通网络，新亚欧大陆桥作为连接太平洋与大西洋两大经济中心的钢铁走廊，对于全面推进欧亚大陆丝绸之路经济带建设具有重要作用。在国内，以重庆为例，作为西部陆海新通道建设的主要发起者、推动者和建设者，截至 2023 年 8 月底，重庆经西部陆海新通道累计运输货物 52.8 万标箱、占西部陆海新通道运输总量的 31%，运送货值 883 亿元。二是《区域全面经济伙伴关系协定》带来促进双边经贸合作的重大战略机遇。随着《区域全面经济伙伴关系协定》对 15 个签署国全面生效，各地区加快建设国际航空货运枢纽、国际枢纽港等，同时积极用好《区域全面经济伙伴关系协定》政策红利，加强与局方、海关的沟通，强化与相关单位的协同配合，从而推动要素流动更加自由、资源配置更加高效。以菲律宾为例，《区域全面经济伙伴关系协定》为菲律宾吸引了更多的投资机会，并以低关税、快速检验检疫的有利条件促进了菲律宾

水果等优势产品出口，为双边经贸关系注入新动力。

（三）物流市场发展的主要驱动力分析

1. 产业结构优化升级，驱动物流与供应链敏捷化智慧化发展

党的十八大以来，我国坚持以推动高质量发展为主题，产业转型升级步伐加快，工业化和信息化、先进制造业和现代服务业融合发展进程加速。在工业领域，主要工业省份经济结构不断优化，钢铁行业干熄焦、烧结余热发电等技术逐渐普及，石化行业千万吨级炼油、百万吨级乙烯等大型化装备应用水平持续提高。在交通运输领域，交通运输大数据、互联网、人工智能等新技术与交通行业融合，一批交通新基建应用场景逐步落地，老旧柴油货车逐步被换电重卡取代，新能源车辆总基数有效提高。在农业领域，信息技术在农业全产业、全链条覆盖应用加快，数字农业农村发展水平不断提升。以江苏盐城为例，2022 年全市共建成数字农业农村基地 231 家，建成农业电商网站（店）3.4 万个。同时，在新一代信息技术、高端装备、新材料、新能源等领域建成了 45 个国家先进制造业集群，主导产业总产值达 20 万亿元。

产业结构优化升级势必会带来社会需求的细化、应用场景的丰富以及工业领域的进步，这也对物流与供应链的敏捷化、智慧化等提出了更高的要求，促进供应链数字化转型。通过应用物联网、大数据分析、云计算等新兴技术，可以提高供应链各环节数据的共享性和精准度，从而有效增强供应链的可视性和灵活性，加快信息流动，降低运营成本。同时，随着产业结构优化升级，产业分布发生变化，物流需求也随之变化。因此，需要加强物流基础设施的建设，包括仓储设施、运输设备和信息网络建设等，推动智慧物流发展，提高物流运作的自动化和智能化水平，从而满足产业发展的需求，提高整体的物流效率。

2. “数商兴农”赋能乡村振兴，推动高质量农村现代流通体系建设

农村流通连接城乡生产和消费，是现代流通体系的重要组成部分。2023 年中央一号文件提出，要深入实施“数商兴农”和“互联网+”农产品出村进城工程，鼓励发展农产品电商直采、定制生产等模式，建设农副产品直播电商基地。“数商兴农”强调商业与农业之间的相互促进，旨在通过商务流通环节的改善，支持和促进农业农村的生产发展和乡村产业振兴。推行“数商兴农”，要综合运用 5G、大数据、人工智能等技术改造升级农村流通企业，推动企业数字化转型。以拼多多为例，2023 年其投入优势资源开展“农云行动”，通过“农地云拼”模式推动全国 100 个农产区“拼上云端”，打造更具韧性和竞争力的数字化产业带，拉动优势农产区的销售，提升品牌农货、地标农产品的声誉和影响力，推动农村电商产业化、规模化发展。

随着农村电商迅速发展，我国农村现代流通体系建设也将取得显著成效。据统计，2023 年前三季度全国农村网络零售额达 1.7 万亿元，同比增长 12.2%。为满足扩增的农村电商需求，我国已累计建成 990 个县级寄递公共配送中心、27.8 万个村级快递服

务站点，全国 95%的建制村实现快递服务覆盖。2023 年 8 月商务部等九部门联合发布《县域商业三年行动计划（2023—2025 年）》，明确提出以供应链、物流配送、商品和服务下沉以及农产品上行为主线，通过建立以县城为中心、乡镇为重点、村为基础的农村商业体系，推动农村电商高质量发展，健全县乡物流配送体系，发展共同配送、即时零售等流通新模式。随着“数商兴农”推进乡村振兴，流通企业数字化转型稳步实施，农村现代流通体系建设步伐逐步加快，促进建成设施完善、集约共享、安全高效、双向顺畅的农村现代商贸网络、物流网络、产地冷链网络，驱动物流市场高质量发展。

3. 对外开放格局推动枢纽网络完善，助力共建国家共同现代化

开放是当代中国的鲜明标识。从党的十大报告提出要“全面提高开放型经济水平”，到党的十九大报告提出要“推动形成全面开放新格局”[①]，再到党的二十大报告提出要“推进高水平对外开放”[②]，我国对外开放的大门越开越大，取得了举世瞩目的辉煌成就。而我国构建“陆海内外联动、东西双向互济”的开放格局，离不开内外联通、安全高效的现代物流网络支撑。

为了有力支撑“通道+枢纽+网络”现代物流运行体系建设，推动高水平开放格局构建，2019 年以来，国家发展和改革委员会累计牵头发布 5 批国家物流枢纽年度建设名单，共包括 125 个枢纽，实现 31 个省（区、市）、5 个计划单列市和新疆生产建设兵团全覆盖，相关枢纽积极改善物流基础设施条件，在物流网络中的基础支撑与组织核心作用日渐凸显。例如，重庆市作为中国西部大开发的重要战略支点、“一带一路”和长江经济带的联结点，以西部陆海新通道建设为牵引，推动内陆开放高地建设，已完成港口型、陆港型、空港型、生产服务型、商贸服务型“五型”国家物流枢纽布局。目前，在物流枢纽网络的引领下，西部陆海新通道与中欧班列累计联运 1.8 万标箱，与长江黄金水道累计联运 14 万标箱，重庆作为“一带一路”和长江经济带联结点作用发挥更加充分。

随着高水平对外开放格局的不断深入，枢纽网络逐步完善，中国式现代化的步伐更加沉稳有力。近半个世纪以来，中国开放的大门越开越大，开辟了发展中国家自主探索实现现代化的新路径，踏上了中国式现代化新征程，彻底改写了现代化的世界版图。中国工业化、现代化道路的成功为共同实现现代化带来了新希望、新选择。伴随着共建“一带一路”深入推进，中国推进现代化所累积的发展资源和思想理念，外溢投射并对接到更大的全球发展场域，让中国式现代化与各国现代化进程彼此激荡、相互促进，共享发展成果，实现共同繁荣，共建“一带一路”由此成为世界各国携手推进共同现代化的共享发展合作平台。由此可以预见，在未来，我国将始终坚持共商共建共享，秉持开放、绿色、廉洁理念，持续推进基础设施互联互通，加快建设中欧班列、陆海新通道等国际物流和贸易大通道，高水平建设境外经贸合作区，促进共同发展。

---

① 习近平：决胜全面建成小康社会 夺取新时代中国特色社会主义伟大胜利——在中国共产党第十九次全国代表大会上的报告. http://cpc.people.com.cn/19th/n1/2017/1027/c414395-29613458.html?from=groupmessage&isappinstalled=0，2017-10-27.

② 习近平：高举中国特色社会主义伟大旗帜 为全面建设社会主义现代化国家而团结奋斗——在中国共产党第二十次全国代表大会上的报告. https://www.gov.cn/xinwen/2022-10/25/content_5721685.htm，2022-10-25.

4. 可持续发展战略引领物流市场发展，ESG 驱动“走出去”物流企业加速实施

物流行业在全球经济的核心供应链中发挥着至关重要的作用，其快速增长也伴随着大量的能源消耗和碳排放。以我国为例，2020 年我国物流业能源消耗量和二氧化碳排放量分别为 3.93 亿吨标准煤和 8.80 亿吨，占我国能源消耗总量和二氧化碳排放总量的比重分别达到了 7.88%和 8.82%。在中国，物流业是仅次于工业和建筑的第三大温室气体排放源，《“十四五”现代物流发展规划》提出，“将绿色环保理念贯穿现代物流发展全链条”，“深入推进物流领域节能减排”，“提升物流可持续发展能力”。因此，推动行业绿色低碳转型是物流业可持续发展的战略选择和必然要求。在企业建设上，以顺丰、京东物流、普洛斯等为代表的行业头部企业先后对外公布了碳排放数据的数字化管理路径。2021 年 6 月 5 日，顺丰发布了业内首份碳目标白皮书，提出将逐步构建碳排放管理平台，运用人工智能、大数据、物联网等领先科技实现低碳智慧运营；京东物流搭建园区碳中和数据中心，进行碳排碳汇数据、园区能耗监测、运营能耗分析等数字化全景展示；2021 年，普洛斯旗下的数字科技平台际链科技正式宣布推出一站式数字化碳管理平台——海纳碳管理平台，该平台从园区和租户两个维度构建了一个碳核算体系，全面识别并精准核算碳排放量，实现园区碳排放和碳减排全程的数字化可视化管控。

在当今世界，全球产业链供应链深度融合发展，产品的碳足迹已经不是单一企业、单一国家的问题，可持续发展已经成为全球的共同任务，而企业践行 ESG 是可持续发展的重要力量和资源。2021 年 6 月，美国众议院通过并提交参议院审核《2021 年 ESG 信息披露简化法案》，大幅提高 ESG 的信披要求。2022 年 3 月，美国证券交易委员会提交了《上市公司气候数据披露标准草案》，要求上市公司报告其业务与气候相关的影响。2023 年 6 月，欧盟议会通过了欧盟委员会提出的关于《企业可持续发展尽职调查指令》的企业可持续发展义务的法律提案，成为欧盟 ESG 信息披露核心法规的提案。因此，在全球新态势下，ESG 建设逐渐成为中国“走出去”企业与国际相关机构和企业开展合作的重要前提，有助于“走出去”企业实施本土化战略、获得可持续发展的竞争优势。为了更好地拥抱国际市场，推动“走出去”战略实施，物流企业将 ESG 建设融入发展理念是必然趋势。加快建立接轨国际、符合国情的中国 ESG 评价体系，提高数据披露率，深度融入国家战略，推动行业 ESG 生态建设，加强供应链 ESG 管理，对于中国企业树立国际形象、展示国家形象，提升国际竞争力，具有重要意义。

（四）主要运行指标预测汇总——三种情况预测

鉴于未来可能存在的不确定性，本部分将对主要的运行指标进行更加全面的预测，并分为乐观、基准和悲观三种基本情景。

基于乐观假设，2024 年我国宏观经济循环动力加速释放，疫情放开后生产生活回归正常，且随着政府一系列稳增长、促民生政策的落实，消费潜力充分释放，物流需求恢复向好，市场活跃度不断攀升。随着我国对外开放格局不断发展，国际物流大通道建设加快，物流业国际贸易日益繁荣。随着“通道+枢纽+网络”物流运行体系有序推进，物流基础设施规模持续扩大，现代物流产业规模效应逐步显现。同时，物流企业数字化转型进程加速，行业信息共享机制逐步完善，“降本增效”理念不断深入，我国物流业成本有所下降，社会物流总额明显上升。在这种情境下，2024 年物流业将保持平稳运行，物流需求企稳回暖，LPI 指数较 2023 年稳中有升。

基于基准假设，2024 年我国物流业运行较为平稳，非常规突发事件并未对我国物流业发展产生较大不利影响。在国家“十四五”现代物流发展规划的引领下，国内物流需求逐步复苏，社会物流总额稳步增长。随着我国产业链供应链韧性和安全建设逐步推进，国际和国内物流业贸易稳定进行，进出口贸易稳定增长。在这种情境下，2024 年物流业各项运行指标将保持平稳状态。

基于悲观假设，2024 年我国后疫情时代的“疤痕效应”仍然显著，宏观经济增速下行，经济复苏态势较为疲软，国内消费市场活力不足，物流业回升动力不明显。同时，疫情后需求恢复不及预期，物流市场供需失衡仍然持续。同时俄乌战争、巴以冲突等非常规突发事件依旧对全球局势的稳定造成巨大威胁，我国进出口贸易受挫，国际贸易市场不确定性和风险增强，我国产业链供应链受到冲击。此外，油价、人工成本持续上涨，行业价格竞争激烈，物流成本上升。在这种情景下，LPI 将并未有上升迹象，社会物流总额增速无明显上升，物流业提质降本增效仍需发力。

综上所述，在不同情景和假设条件下主要运行指标的预测结果如表 1 所示。

表 1　2024 年主要运行指标预测汇总

项目	悲观	基准	乐观
LPI	51.28%	51.98%	52.19%
社会物流总额/万亿元	328.91	333.35	340.93
社会物流总额同比增速	1.21%	2.58%	4.91%
社会物流总费用/万亿元	18.69	17.84	17.32
社会物流总费用与 GDP 比率	14.6%	14.57%	14.42%

三、物流政策发展建议

1. 引导企业发展技术创新，向价值链的中高端迈进

2023 年 4 月 21 日，世界银行发布《2023 年物流绩效指数报告》，对海关及边境管理、价格竞争力、物流基础设施、物流服务质量、货运时效、追踪能力 6 个方面进行测评，中国的六项指标综合得分为 3.7 分，位居第 20 名。和物流绩效指数前三名的国家相比，我国物流业的各项指标均稍显落后，整体的国际竞争力处于弱势（图 6）。截至 2022 年，我国物流市场规模连续 7 年位居全球第一，在巨大的市场规模支撑下，我国物流业可提升的空间巨大。而如何缩短我国和发达国家物流业的差距，首要手段是引导企业进行科

技创新，向产业链价值链的中高端转型。

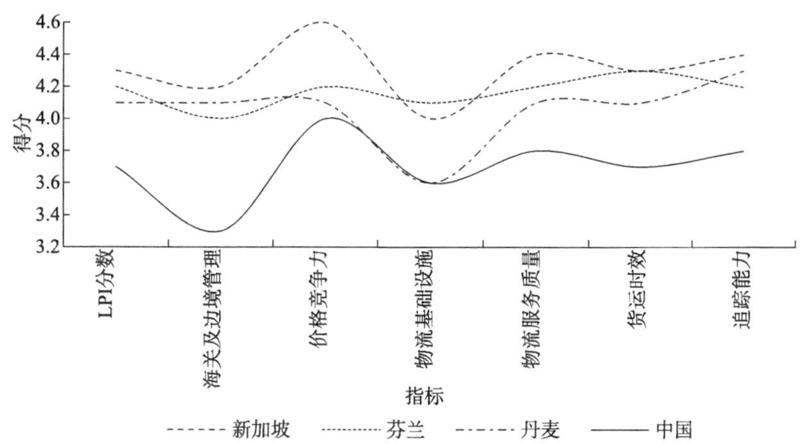

图 6　2023 年中国与物流绩效指数 Top3 国家情况

资料来源：世界银行，整理获得

因此，政府应当引导企业大力发展技术创新，解决“卡脖子”技术问题。当前我国部分领域核心基础零部件、关键技术和设备、关键基础材料受制于人，导致产业链供应链关键环节掌控力较弱。同时，随着我国经济发展进入新阶段，人口红利减退，传统产业成本优势弱化，制造业产业链供应链向东南亚新兴经济体转移。面对这样的局势，政府部门应当坚持创新驱动发展战略，充分发挥社会主义制度优势，加大补贴力度，引导企业提升自主创新能力，特别是在关键核心技术领域的创新。通过加快技术创新，企业可以提升核心技术研发能力，将科技发展的主动权牢牢掌握在自己手中。

从 2016 年开始，美国政府将重振制造业作为美国经济长远发展的战略，并提出了制造业回流的口号，号召美国企业回迁本土，以增加本国的就业，改善美国的经济状况。近年来，美国制造业回流进展迅速，为美国本土创造了大量工作岗位，刺激了美国经济增长。中国作为全球产业分工的最重要参与者，企业正处于向价值链中高端转型的关键时期，美国制造业回流将影响乃至改变中国在全球产业链中的地位和角色。同时，中国在融入全球价值链分工体系的过程中仍然面临着分工地位不高、附加值创造能力较低、分工效益和利益有限等困境。在这样的局势下，我国必须尽快推动企业进行技术创新，着力突破“卡脖子”技术瓶颈，在产业的优势领域要继续深入发展，提高国际竞争力，从而加快我国物流业向全球价值链中高端迈进的步伐。为了帮助企业进行创新，政府应支持行业骨干企业牵头组件创新联合体，促进各类创新要素向企业聚集，加强产学研用深度融合，推动大中小企业融通创新，促进新技术产业化、规模化应用，促进我国企业向价值链中高端转型，参与全球价值链、创新链构建。

2. 加速现代物流强国建设，推进物流提质增效降本

现代物流是现代产业体系的重要组成部分，也是推动高质量发展不可或缺的重要力量。近年来，贸易保护抬头、特大疫情冲击、地缘政治冲突加剧等对我国物流增长势头和转型升级带来冲击，尽管我国物流高质量发展的前进道路已经明确，但是各种不平衡、不充分、不协调问题纷繁复杂。因此，我国当前是世界物流大国，但还不是物流强国，加速现代物流强国建设具有十分重要的战略意义和现实意义。

加速现代物流强国建设，应在以下几个方面做努力：一是要恢复、扩大消费和内需，将消费需求向价值链上下游延伸，深化物流与生产、流通、消费融合，提供一体化、网络化的供应链集成物流服务；二是要实施创新驱动，加快动能转换，打造“新技术、新模式、新生态”，支持物流企业经营管理、物流操作、客户服务等业务数字化转型，创新数字化应用场景，培育数字化服务能力；三是要着力推进基础设施提档升级、互联互通，发挥整体效能。依托国家物流枢纽联盟，引导物流枢纽资源整合、业务协同、联网运行；四是要推进更高水平的对外开放，提升产业链供应链韧性与安全水平，深化与国外物流企业合作，更加紧密地融入国际物流网络，持续培育一批具有国际竞争力的世界一流物流企业，加速物流企业“走出去”。

推进物流提质增效降本是建设现代物流强国的基础。《“十四五”现代物流发展规划》中将“推动物流提质增效降本”作为“十四五”时期现代物流发展的重要任务，明确提出到 2025 年，社会物流总费用与 GDP 的比率较 2020 年下降 2 个百分点左右。因此，政府应加大政策引导，持续推进物流提质增效降本。一是要发挥商贸物流节点城市功能，完善城乡区域商贸物流体系，提高物流运行质量；二是要通过规模化、网络化、标准化、信息化、协同化、集约化建设，降低物流运行成本；三是要全面加强综合交通网络建设，建设高效率国家综合立体交通网主骨架，提高物流运行成效。

3. 推进物流行业高质量复合人才培养，服务中国式现代化

“十四五”期间，我国现代物流业将立足新发展阶段，贯彻新发展理念，构建新发展格局，推进高质量发展，而智慧物流、数字化供应链的发展对物流人才提出了新要求，人才短缺也已经成为制约数字化转型的瓶颈之一。因此，培养高水平的数字化与物流复合型人才成为当务之急。政府推进物流行业高质量复合人才培养，一是要深入行业及应用场景，重视产教融合，促进校企联合、产研联动，促进产业链、供应链和人才链有机衔接融合，服务产业链供应链现代化；二是要依托物流专业培养适应数字经济发展需要的大商科复合型的人才，供给物流企业数字化改造与供应链升级的需求；三是要立足国家战略和国际视野，培养一大批具备国际视野、综合素质好、跨文化沟通能力强的国际物流与供应链人才。

人才资源是中国式现代化建设的重要动力。党的二十大报告设专章指出，“教育、科技、人才是全面建设社会主义现代化国家的基础性、战略性支撑”①。因此，我国应充分发挥人口规模巨大的人力资源优势，加速推动人口红利向人才红利转型升级，实现人口大国向人才强国跨越发展，构建中国式现代化人才发展新体系，为中国式现代化事业注入强劲动能。目前，物流高等教育进入新文科建设和一流专业建设的新阶段，“文工融

① 习近平：高举中国特色社会主义伟大旗帜 为全面建设社会主义现代化国家而团结奋斗——在中国共产党第二十次全国代表大会上的报告. http://www.qstheory.cn/yaowen/2022-10/25/c_1129079926.htm，2022-10-25.

合”“文理融合”“人文融合”的理念顺应了中国式现代物流体系建设对物流人才的新要求，新征程上要以高质量人才培养推进中国式现代物流体系建设，服务中国式现代化，保证中国式现代化的“巨轮”在强国建设、民族复兴的新征程中行稳致远。

4. 加大国际物流标准参与力度，推动标准落地企业实操行动

国际物流标准化的建设，是我国物流行业进入国际物流行业的必要通行证，也是我国物流行业提升国际竞争力的有力武器。与发达国家相比，中国的标准体系仍较为薄弱，在国际标准组织机构中的话语权仍有待提高。“十四五”规划以来，国家要求健全现代物流标准体系，强化物流领域国家标准和行业标准规范指导作用，积极参与国际标准化活动，推动国际国内物流标准接轨。为了更好地与国际物流接轨，促进我国物流业高质量发展，政府部门需要根据“十四五”规划中对物流业的发展规划，引导物流业加大国际物流标准参与力度，推动国内国际标准化协同发展，积极促进我国物流标准“走出去”。一是要深化国际合作，搭建多维度的国际物流标准制定沟通渠道，推动国际国内物流标准接轨；二是要培育壮大具有国际竞争力的现代物流企业，引导企业积极参与国际物流规则标准制定，构建高效的国际综合物流体系；三是要培养一大批国际物流与供应链人才，为我国参与国际物流标准制定提供智慧支撑。

在积极参与国际物流标准制定的同时，政府应加大已发布物流标准的宣传贯彻力度，推动基础通用和产业共性的物流技术标准优化升级，以标准提升促进物流科技成果转化，促进行业企业标准化。一是要加强顶层设计，营造优良的企业标准化政策环境，建立企业标准自我声明公开制度，让标准引领企业产品质量的提升；二是要大力开展标准化公共服务平台建设，出台多样的奖励和补助措施，鼓励企业采用标准；三是要发挥优势企业在标准化科技体系中的作用，培养一大批物流标准“领跑企业”，支持领军企业联合科研机构、中小企业等建立标准合作机制；四要建立政府推动、行业协会和企业等共同参与的物流标准实施推广机制，建立物流标准实施评价体系，推动标准在企业实操行动中的应用，提高行业企业采标率。

5. 布局产业链供应链“强基”战略，完善我国产业安全与韧性管理体系

在后疫情时代，如何在推动经济复苏的同时，更好地应对内部和外部供应链风险，提升产业链供应链韧性与安全水平，这既是全新战略性调整的机会，也是关乎未来发展的大考验。当前我国产业链供应链安全面临的主要挑战之一是以美国为首的发达国家对芯片等关键零部件“断供”制造频繁的产业链外部冲击。为了提升产业链供应链安全水平，一方面，我国需加强战略层面的顶层设计，夯实产业链供应链基础；另一方面，应建立完善产业链供应链安全与韧性的管理体系，提升产业安全管理响应能力。

首先，政府需要立足于战略的高度，加强顶层设计和基本框架的整体规划，提高产业基础能力，精准攻克产业安全威胁短板，统筹推进补齐短板和锻造长板，围绕产业安全出台相应的法律法规与配套的制度。例如，定期出台产业链安全评估报告或供应链行动方案，对产业链供应链上的关键技术进行全面评估，筛查梳理出产业链供应链上的薄弱板块，将其纳入国家和地方政府制定的中长期战略目标和技术路线图中，明确列出核心基础零部件、关键基础材料、先进基础工艺、产业技术基础等领域的技术攻关任务清单，强化产业链协同创新，集中优质资源合力攻关，推动短板产业补链、优势产业延链，传统产业升链、新兴产业建链，增强产业发展的接续性和竞争力，不断塑造新动能新优势，力争重要产品和供应渠道都至少有一个替代来源，形成必要的产业备份系统。同时，政府应尽快建立完善我国产业安全与韧性管理体系，建立风险预警和响应机制，充分利用行业协会和数据库等社会资源，推进安全信息网络和供应链风险监测平台建设，建立全产业链市场信息互通机制。

6. 鼓励物流企业碳管理体系规划与建设，构建行业系统性减碳

中国式现代化是人与自然和谐共生的现代化，绿色已成为经济社会高质量可持续发展的鲜明底色，各行业纷纷按下绿色发展“加速键”。物流业作为国民经济发展的支柱性产业，肩负着节能降碳的重要使命。碳排放管理体系是企业在实现节能减排目标和可持续发展方面采取的关键措施，它是促进企业节能减碳的核心手段，但由于碳排放管理体系的概念较新，实施碳排放管理的企业较少。因此，为了加速物流业进行绿色低碳转型，政府应当鼓励物流企业进行碳管理体系规划与建设。企业碳管理体系主要包含碳盘查、碳评估、碳管理计划制订和碳排放量报告四个方面。其中，通过碳盘查，可以监测企业的生产过程来计算碳足迹；通过碳评估，可以发现企业生产过程中的高碳排放环节，并由此制定改进措施；最后，根据企业实际，制订碳排放管理计划，对碳排放管理的成果进行记录和报告。

物流企业碳排放管理目标不仅是企业自身目标，同时也是整个供应链碳减排目标的重要组成。因此，在建立碳管理体系的基础之上，政府应当推动构产业链、供应链上下游企业协同机制，以绿色低碳采购和考核指标为抓手，推动行业系统性减碳。在构建行业系统性减碳方面，一是要统一设立行业碳减排目标，发挥行业协会力量，在协会组织下有计划、有重点地聚焦低碳发展目标；二是要评估绿色低碳技术成熟度及实用策略，筛选出具有经济和技术可行性且满足企业需求的绿色低碳技术，推动技术应用和举措在行业落地；三是要完善监管体系，建立行业碳监测监督平台，推动全链条协同减碳。

2023年国际大宗商品价格走势分析与2024年展望

孙玉莹　包皓文　陈　枫　洪永淼　汪寿阳

报告摘要：受到全球经济增速放缓、发达经济体面临通胀压力、地缘政治风险延续等多种因素影响，2023年1~10月国际大宗商品均价呈现宽幅震荡的态势，其中路透/杰佛瑞商品研究局（Commodity Research Bureau，CRB）商品期货价格指数平均为271.9点，同比下降4.9%；同期，美国西得克萨斯中间基原油（West Texas Intermediate，WTI）和布伦特原油期货均价同比分别下降19.4%和18.5%。展望未来国际大宗商品市场，在全球经济增速放缓、地缘政治风险延续、市场流动性保持总体平稳等基准情景下，预计2024年国际大宗商品价格将呈现高位震荡态势。其中，CRB商品期货价格指数2024年均价将下降至268点，同比下降约1.8%。WTI和布伦特原油期货价格2024年均价将可能分别上涨至80美元/桶和84美元/桶，同比涨幅分别约为2.6%和2.4%。

一、2023年国际大宗商品市场回顾

受到全球经济增速放缓、硅谷银行破产、美联储多次加息等影响，2023年1~5月大宗商品价格有所下跌；但是，随着美联储加息暂停，OPEC+组织多次宣布减产，中东地缘政治风险上升，厄尔尼诺现象带来极端气象灾害，大宗商品价格在6~10月呈现高位震荡态势。2023年1~10月CRB指数平均为271.9点，同比下降4.9%（图1）。其中，受美国硅谷银行、签名银行等多家银行破产，市场担忧情绪蔓延的影响，CRB指数3月均价为263.4点，较1月均价下降3.8%。5月，受美国政府债务危机和硅谷银行破产事件再度发酵影响，CRB指数继续走低，均价为260.2点，环比降低4.5%，达到年内均价低点。6~9月，美联储暂停加息以及OPEC+组织再度宣布减产共同推动原油价格上涨，CRB指数震荡上行，9月均价为286.6点，较5月均价上涨10.2%。10月CRB指数均价回调至281.5点，环比下降1.8%。

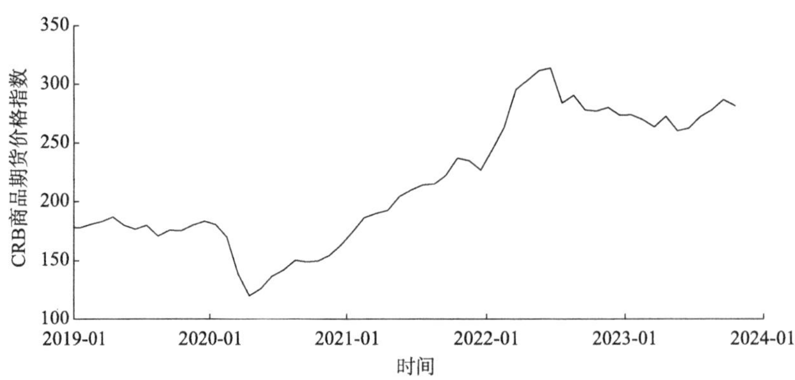

图 1　CRB 商品期货价格指数走势

资料来源：Wind 数据库

在原油方面，国际原油期货价格呈现先震荡下行后反弹态势。2023 年 1~10 月，WTI 期货均价为 78.2 美元/桶，同比下降 19.4%；布伦特原油期货均价为 82.7 美元/桶，同比下降 18.5%（图 2）。其中，3 月，硅谷银行破产事件在欧美金融市场中产生了较大负面溢出效应，流动性紧张使国际油价持续下滑，WTI 和布伦特原油期货均价分别为 73.4 美元/桶和 79.2 美元/桶，环比分别下降 4.6%和 5.2%。4 月，OPEC+组织决定自 5 月起减少原油产量 114.9 万桶/天。受此影响，国际原油价格大幅回升，4 月 WTI 和布伦特原油期货均价分别为 79.4 美元/桶和 83.4 美元/桶，环比分别上涨 8.3%和 5.3%。此后，全球经济衰退预期加大，叠加美国政府债务危机等因素影响，国际原油价格持续震荡下行。5 月 WTI 和布伦特原油期货均价为 71.7 美元/桶和 75.7 美元/桶，环比分别下降 9.8%和 9.2%。6 月，OPEC+达成协议将减产延长至 2024 年，沙特同时宣布将在 7 月进行额外的减产，叠加美联储在 6 月首次暂停加息，国际原油价格下跌趋势在 6 月得以抑制，并于 7 月起大幅反弹。9 月 WTI 原油期货和布伦特原油期货均价分别为 89.2 美元/桶和 92.6 美元/桶，均达到年内月均价高点，较 6 月均价分别上涨 26.8%和 23.5%。10 月 9 日，受新一轮巴以冲突爆发影响，WTI 原油期货和布伦特原油期货价格分别上涨至 86.38 美元/桶和 88.15 美元/桶，较前一个交易日 10 月 6 日分别上涨 4.3%和 4.2%。此后，WTI 原油期货和布伦特原油期货价格分别在 83~89 美元/桶和 86~92 美元/桶区间震荡，10 月均价分别为 85.4 美元/桶和 88.7 美元/桶，环比分别下降 4.3%和 4.2%。

在有色金属方面，伦敦金属交易所（London Metal Exchange，LME）3 个月铜期货价格呈现震荡下行态势。2023 年 1~10 月，LME 3 个月铜期货均价为 8 559 美元/吨，同比下降 4.0%（图 2）。在供给方面，根据国际铜业研究小组 10 月报告，得益于中国和刚果民主共和国精炼铜产量的增长，2023 年 1~8 月世界精炼铜产量增长了约 5%，其中中国精炼铜产量增长了约 12%。在需求方面，1~8 月世界精炼铜表观使用量增长了约 2.5%，其中中国的表观需求增长了约 5%。在库存方面，1~8 月世界精炼铜盈余约 99 000 吨。由于供需关系紧张局面趋缓、全球经济增速预期下降，1~10 月 LME 3 个月铜期货价格呈震荡下行态势，10 月均价达到年内最低点 8 011 美元/吨，较 1 月均价下降 11.7%。

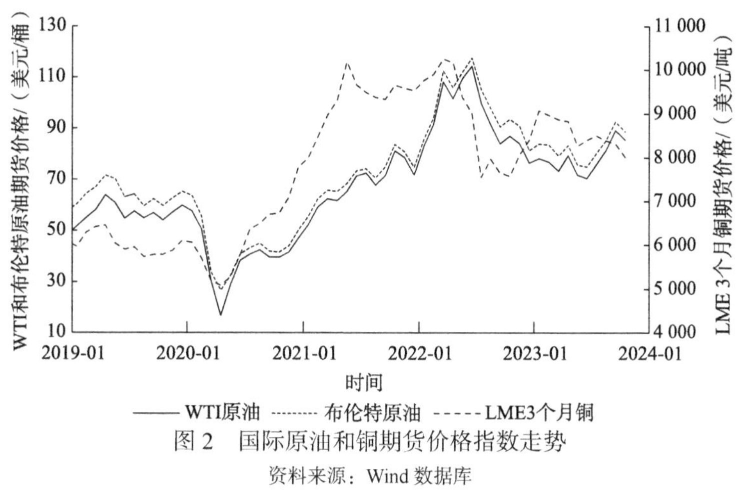

图 2　国际原油和铜期货价格指数走势

资料来源：Wind 数据库

在农产品方面，主要农产品期货价格呈现高位震荡并伴随回落态势。具体而言，2023 年 1~10 月，美国芝加哥期货交易所（CBOT）大豆、玉米和小麦期货均价分别为 1 434 美分/蒲式耳、585 美分/蒲式耳和 657 美分/蒲式耳，同比分别下降 8.6%、16.5%和 28.7%（图 3）。主要农产品期货价格已从高峰回落至俄乌冲突之前的水平，但相较于往年同期水平仍处于高位。1~5 月，CBOT 大豆、玉米、小麦期货价格呈现震荡下行趋势，CBOT 大豆、玉米和小麦期货 5 月均价分别为 1 385 美分/蒲式耳、609 美分/蒲式耳和 617 美分/蒲式耳，分别较 1 月均价下降 8.3%、9.1%和 17.1%。6 月，受厄尔尼诺现象影响，全球多个主要粮食生产国经历持续干旱，美国玉米主产区作物生长状况达到近三十年最差水平，澳大利亚小麦生产也受到严重影响；7 月，黑海粮食外运协议中止，加剧了国际农产品市场担忧情绪。受此影响，6 月 CBOT 玉米期货均价为 615 美分/蒲式耳，环比上涨 0.9%；7 月 CBOT 大豆和小麦期货均价分别为 1 507 美分/蒲式耳和 679 美分/蒲式耳，分别较 5 月均价上涨 8.8%和 10.1%。此后，随着各国生产和防灾措施及时调整，叠加美联储暂停加息的影响，8~10 月国际农产品期货价格继续震荡回落。10 月 CBOT 大豆、玉米和小麦期货均价分别为 1 284 美分/蒲式耳、489 美分/蒲式耳和 573 美分/蒲式耳，分别较 7 月均价下降 14.7%、11.1%和 15.6%。

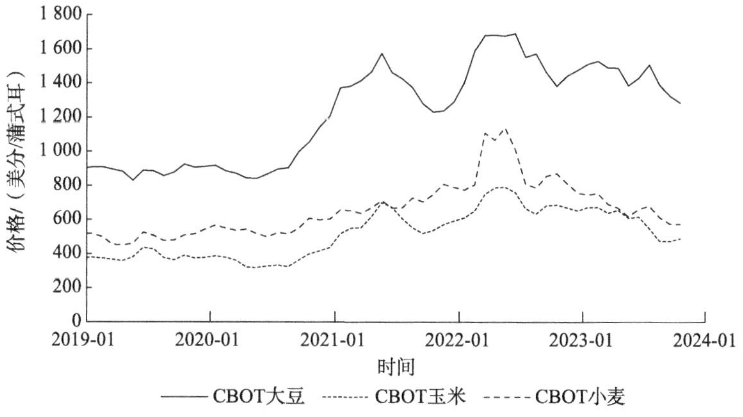

图 3　CBOT 小麦、玉米和大豆期货价格走势

资料来源：Wind 数据库

二、2024 年国际大宗商品价格影响因素分析和展望

1. 地缘政治风险加剧大宗商品市场的不确定性

巴以冲突对原油供给扰动有限，但中东冲突充满不确定性，随着事态升级，料将对原油市场产生一定冲击。2023 年 10 月 7 日，巴勒斯坦、以色列地区爆发近 50 年来最大的冲突，造成原油市场短期动荡，10 月 9 日 WTI 原油和布伦特原油价格分别为 86.4 美元/桶和 88.15 美元/桶，较上一交易日分别上涨 4.3%和 4.2%。但由于巴以双方均不是主要产油国，对原油供给的直接影响有限。10 月中东地区原油供给相对平稳，据彭博数据，10 月 OPEC 原油总产量约为 2 808 万桶/天，环比增加约 5 万桶/天。

尽管原油供给目前没有受到直接影响，但随着危机的展开，一旦中东地区的地缘政治风险升级，冲突蔓延至沙特、伊朗等原油主产国，原油供给将面临较大风险。此外，中东地区占全球海运石油贸易的三分之一以上，一旦事态升级，全球石油贸易也将受到阻碍。国际能源署预计，短期内原油市场供需关系将保持紧平衡，需要密切关注该地区石油流动的风险。国际能源署在必要时将采取行动，确保市场供应充足。

另外，巴以冲突导致中东地区地缘政治紧张局势加剧，在局势动荡时期，情绪是导致原油价格波动的重要因素之一。中东地区的不稳定局势引发投资者对市场前景的担忧，导致恐慌情绪升温，或将在一定程度上推动原油价格上涨。

此外，俄乌冲突叠加美欧等国对俄罗斯实施的新一轮制裁措施，加剧大宗商品市场不确定性。当前，俄乌双方冲突仍在持续，美欧等国正在酝酿第 12 轮对俄制裁。根据欧盟委员会的计划，新制裁将涉及进出口和石油，并更严厉地对待规避制裁的行为。美欧等国对俄罗斯的制裁导致俄罗斯增加了对中国的原油出口，2023 年 1~10 月，俄罗斯累计对中国的原油出口量约为 8 848 万吨，同比增长 23%。如果美欧等国继续加大对俄罗斯的制裁力度，俄罗斯或将加大对中国的原油出口，但俄原油出口仍面临较大不确定性。此外，在欧盟国家之间的海底天然气管道和电缆遭到破坏后，拉脱维亚总统林克维奇斯呼吁北约国家对俄罗斯船只关闭波罗的海，使丹麦海峡无法通行，这将使俄罗斯石油出口形势更加复杂，或进一步加剧原油市场风险。

整体而言，尽管巴以冲突尚未对原油供给产生实质性的影响，但地缘政治风险加剧以及原油供给的不确定性或将在一定程度上推动 2024 年原油价格的上涨。

2. 2024 年预计全球通胀水平稳步下降，全球经济增速料将有所放缓，大宗商品需求预计有所降低

2024 年预计全球通胀水平稳步下降。2023 年美联储加息步伐有所放缓，分别于 1 月、3 月、5 月、7 月加息 25 个基点，6 月、9 月和 11 月均暂停了加息。根据国际货币基金组织 10 月发布的《世界经济展望》，全球通胀水平将从 2022 年的 8.7%稳步下降至 2023 年的 6.9%和 2024 年的 5.8%，其中发达经济体通胀下降速度料将快于发展中经济体。

这种差异性表现反映了发达经济体受大宗商品价格和汇率冲击的风险，相对于新兴市场经济体而言更低。

预计 2024 年欧美等发达经济体经济下行风险加大，新兴经济体加快复苏，全球经济增速料将进一步放缓，大宗商品需求端料将有所降低。自 2022 年 3 月以来，为了应对高通胀，美联储累计加息 525 个基点，导致美国房地产市场明显降温、股市动荡、经济增长显著放缓。美国、欧洲等发达经济体紧缩的货币政策引发了市场对经济衰退的担忧，或将导致全球贸易量减少，影响新兴经济体的出口；同时，资本从新兴经济体流向美欧国家，或将导致新兴经济体货币贬值，并增加其债务负担。相比于发达经济体，新兴市场和发展中经济体预计将有更强的经济韧性，特别是印度、巴西和俄罗斯，由于国内需求和对外贸易的改善，2024 年的经济表现可能高于预期；值得注意的是，房地产危机和信心减弱给中国经济增长带来一定阻力。

具体而言，根据 OPEC 发布的 10 月原油市场月度报告，2024 年全球经济增速预计为 2.6%。其中，美国经济增速预计为 0.7%，欧元区经济增长被下调至 0.7%；中国和印度 2024 年经济增速预计为 4.8%和 5.9%。此外，国际货币基金组织 10 月发布的《世界经济展望》指出，尽管当前全球经济正在过去几年的严重冲击中持续复苏，但复苏进程缓慢且不均衡；预计 2024 年全球经济增速为 2.9%，相比 7 月的预测下调了 0.1 个百分点。其中，发达经济体的增速将从 2022 年的 2.6%降至 2023 年的 1.5%，2024 年则进一步降至 1.4%；新兴市场和发展中经济体 2024 年的增速预计为 4.0%。

3. 2024 年代表性大宗商品供给与需求分析

1）在原油方面，预计 2024 年全球原油供给稳定，需求增速预计有所降低

在需求方面，全球经济增速料将有所放缓，燃料需求前景疲软，2024 年原油需求增速预计有所降低。能源利用效率的提高、电动汽车数量的增加以及全球经济下行风险的加大，导致原油需求增长承压。特别地，国际能源署 11 月原油市场报告指出，2024 年全球原油需求增长预计放缓至 93 万桶/天，较 2023 年需求增长 240 万桶/天（预测值）下降 61.3%。世界银行 10 月发布的大宗商品市场展望指出，2024 年全球石油需求增长预计放缓至 1%。

在供给方面，OPEC+减产计划对全球原油供应影响预计较弱。巴以冲突爆发，中东局势升级，地缘政治风险成为原油价格上涨的重要推动力。但因巴以非主要产油国，地缘政治风险造成的实际供应扰动有限，目前来看，巴以冲突尚未扩散至其他中东地区，没有对原油供给产生实质性的影响，但不排除未来进一步扩大的可能。另外，虽然 OPEC+仍在如期执行减产计划，但非 OPEC+国家将成为 2024 年原油供给的主要推动力。根据国际能源署 11 月发布的原油市场报告，2024 年原油供给预计增长 160 万桶/天。此外，美国能源信息署 11 月发布的短期能源展望指出，2024 年全球液体燃料产量预计增加 100 万桶/天，巴以冲突和全球石油供应的不确定性可能在短期内给原油价格带来上行压力。

整体来看，2024 年原油供需紧张局面有所缓解，但地缘政治风险和供给的不确定性料将成为推动原油价格上涨的主要动力。

2）在铜方面，全球铜供给预计稳步增长，需求料将继续增长，铜供需基本面预计偏宽松

在需求方面，制造业活动的预期改善、能源转型及各国发展新的基础设施建设或将支持 2024 年铜需求量的增长。国际铜研究组织表示，最新的采购经理人指数显示中国工厂生产回暖，中国将继续成为全球铜需求的核心驱动力。此外，根据世界银行 10 月发布的《大宗商品市场展望》，清洁技术（包括电动汽车、风能和太阳能设备）以及基础设施（包括电动汽车充电设施建设）或将继续推高铜需求。

在供给方面，得益于中国产量增长和智利等国逐渐解除生产限制，预计 2024 年全球铜产量稳定增长。国际铜研究组织 10 月指出 2024 年的铜供给预计较为充足，全球铜矿产量预计增长 3.7%。2024 年铜产量的增长主要受益于刚果、秘鲁和智利等国的新建或扩建矿山；2023 年受运营影响的国家（即智利、中国、印度尼西亚、巴拿马和美国）的铜产量也将有所改善。秘鲁国家矿业、石油和能源协会表示，预计秘鲁在 2024 年产量将增至 270 万~280 万吨。此外，中国是全球铜产量的核心驱动力，中国将继续扩大其冶炼和精炼能力，特别地，中国电解产能的持续扩张也将支撑 2024 年全球精炼铜产量的增长，据国际铜研究组织预测，2024 年全球精炼铜产量将增加 4.6%。

根据国际铜研究组织预测，2023 年铜供需预计出现 2.7 万吨的缺口，而 2024 年预计出现 46.7 万吨的盈余。整体来看，2024 年铜供需基本面预计偏宽松，铜期货价格料将承压震荡。

3）在农产品方面，主要农产品供需局面料将出现分化，地缘政治风险和极端天气加剧了农产品市场的不确定性

在供给方面，美国农业部（United States Department of Agriculture，USDA）在 11 月的报告中下调 2023/2024 年全球小麦产量 145 万吨至 7.82 亿吨，较上月预测下调 0.19%，较 2022/2023 年同比下降 0.95%，主要原因是印度、阿根廷和巴西等国的小麦产量下调。此外，USDA 上调 2023/2024 年全球大豆产量 92 万吨至 4.00 亿吨，较上月预测上调 0.23%，较 2022/2023 年同比增长 7.57%，主要受益于俄罗斯、乌克兰和美国产量的增加；USDA 上调 2023/2024 年全球玉米产量 632 万吨至 12.21 亿吨，较上月预测上调 0.52%，较 2022/2023 年同比增长 5.50%，主要系乌克兰、俄罗斯、缅甸和巴拉圭的玉米产量增幅超过墨西哥、埃及和印度尼西亚的玉米产量降幅。此外，作为世界第五大玉米生产国，俄乌冲突以及黑海农产品外运协议的中断将对乌克兰农作物特别是玉米的生产和出口产生负面影响。在需求方面，全球经济增速放缓，叠加市场对美国、欧盟等发达经济体经济衰退的担忧，农产品需求或将降低，预计短期内全球农产品供需格局将继续保持宽松。

此外，天气变化是造成全球农产品大宗商品价格波动的主要原因之一，极端天气将会对国际粮食的种植和收获产生负面影响。世界气象组织在 2023 年 7 月 4 日宣布厄尔尼诺状态形成，并预测 2023 年 7~9 月出现厄尔尼诺事件并持续到年底的可能性为 90%，且“至少为中等强度”。中国气象局 11 月 11 日发布消息称，根据国家气候中心最新监测，一次中等强度厄尔尼诺事件已经形成，并将持续到 2024 年春季。厄尔尼诺带来的极端气象灾害，直接或间接影响全球农作物生长，扰动全球农产品价格。在玉米方面，美国是全球最大的玉米生产国及出口国，中北部为美国玉米主产区，普通强度的厄尔尼诺

对该地区影响较小；但厄尔尼诺将导致我国南涝北旱，巴西中西部降水不均，可能影响我国和巴西的玉米产量。在大豆方面，巴西、美国、阿根廷为全球大豆主产国，三国合计贡献全球 80%以上的大豆产量，厄尔尼诺会为巴西、阿根廷的大豆主产区带来充沛的降水，有利于提高大豆产量。在小麦方面，澳大利亚作为世界三大小麦出口国之一，受厄尔尼诺现象影响，除维多利亚州外，澳大利亚所有地区的降水量都低于平均水平，澳大利亚政府 9 月初发布预测称，预计 2023~2024 年小麦产量为 2 540 万吨，比上一年度减少 36%。此外，随着中澳关系的缓和，中国可能继续增加对澳大利亚的小麦进口量，2023 年上半年中国进口澳大利亚小麦 505.9 万吨，同比增长 70%。2023 年 8 月 5 日，商务部经复审取消对澳大麦“双反”后，中澳关系进一步回暖，未来中国可能继续加大对澳大利亚的农产品进口，澳大利亚麦农或将调整生产计划以满足潜在的需求增长。

整体来看，2024 年全球大豆及玉米供应或将改善，其供需紧张局面或将有所缓解，小麦预计仍维持供需偏紧局面。地缘政治风险及极端天气仍是未来影响农产品产量的重要不确定因素，需警惕极端天气引发的价格炒作。

三、2024 年国际大宗商品价格预测

基于机器学习、计量经济模型和系统分析等科学方法，在全球经济增速放缓、地缘政治风险延续、市场流动性保持总体平稳等基准情景下，预计 2024 年大宗商品价格将呈现高位震荡态势。若出现全球经济陷入衰退、地缘政治风险有所缓解、市场流动性进一步收紧等情况，预计 2024 年大宗商品价格将呈现震荡下行态势。若出现全球经济增长有所提速、地缘政治冲突升级、市场流动性放松、极端天气频发等情况，预计 2024 年大宗商品价格将呈现震荡上行态势。

预计 2024 年 CRB 商品期货价格指数均价将在 248~288 点波动，在基准情景下，均价为 268 点左右，同比下降 1.8%，具体如下。

（1）在能源方面，WTI 和布伦特原油期货预计 2024 年均价分别在 65~95 美元/桶和 69~99 美元/桶波动，基准情景下，均价将分别在 80 美元/桶和 84 美元/桶左右，同比分别上涨 2.6%和 2.4%。值得注意的是，若中东地区冲突持续乃至升级，原油的生产及运输或受影响，全球原油供给或将会出现更大缺口，可能会刺激国际原油价格进一步上涨。

（2）在有色金属方面，LME 3 个月铜期货预计 2024 年均价主要在 7 145~9 545 美元/吨波动，基准情景下，均价在 8 345 美元/吨左右，同比下降 1.8%。

（3）在农产品方面，CBOT 大豆、玉米和小麦期货预计 2024 年均价分别在 1 023~1 503 美分/蒲式耳、408~588 美分/蒲式耳和 486~696 美分/蒲式耳波动，基准情景下，均价分别为 1 223 美分/蒲式耳、478 美分/蒲式耳和 576 美分/蒲式耳左右，同比分别下降 13.6%、15.4%和 10.4%。值得注意的是，若本次厄尔尼诺现象持续时间较长，将对全球农产品产量造成进一步冲击，料将在下方对农产品价格形成支撑。此外，若黑海农产品外运协议成功重启或俄乌冲突有所缓解，农产品价格或将出现更大幅度回落。

2023 年中国农村居民收入分析与 2024 年展望

陈全润　杨翠红

报告摘要：收入分配是经济循环中连接生产与消费的重要一环。收入分配状况直接关系到后续的消费、储蓄、投资以及国际收支状况。我国始终将改善收入分配制度、促进居民收入增长作为经济社会发展的重要任务。党的二十大报告进一步体现了国家对农村居民增收的重视，多个主题涉及“三农”问题。乡村振兴是全面建设社会主义现代化国家的主要战略之一。完善分配制度，实施就业优先战略，推进共同富裕是增进民生福祉、提高人民生活品质的重要任务。在国家一系列政策的支持下，我国农业、农村和农民的发展将迎来良好的时机。尤其是在当前构建新发展格局的大背景下，激活农村内需，促进农民增收更具重要性和紧迫性。本报告对 2023 年我国农村居民收入情况进行了回顾，并对 2024 年我国农村居民人均可支配收入进行了分析和预测，最后针对当前的形势给出了促进农村居民收入增长的相关政策建议。

2023 年，国民经济持续恢复向好，服务业实现较快增长，就业形势总体改善，带动农村居民收入增速回升。其中，前三季度农村居民人均可支配收入实际增速为 7.3%，高于 2022 年同期增速 3 个百分点，增长速度超过前三季度 GDP 增速 2.1 个百分点，超过城镇居民人均可支配收入增速 2.6 个百分点，城乡居民收入倍差进一步缩小。从收入来源看，2023 年前三季度农村居民人均可支配收入实际增速的提高主要源于工资性收入的快速增长，与 2022 年同期相比，农村居民人均工资性收入增速提高了 4.2 个百分点，对农村居民人均可支配收入增长的贡献率达 50%。转移净收入和经营净收入也是农村居民人均可支配收入增长的重要来源，贡献率分别为 25%和 23%。

展望 2024 年，国际形势复杂多变，我国社会经济运行仍面临较大的内外压力，居民收入仍面临增长乏力的挑战。但同时农业、农村和农民的发展也迎来了乡村振兴、农业强国、就业优先、共同富裕等国家重大发展战略的有力支持。预测结果显示：在基准情景假定下，2024 年我国农村居民人均可支配收入预计为 23 337 元，实际增长速度为 6.8%左右。其中，人均工资性收入为 9 913 元，实际增长 7.5%；人均经营净收入为 7 860 元，实际增长 4.3%；人均财产净收入为 590 元，实际增长 6.6%；人均转移净收入为 4 974 元，实际增长 9.8%。预计 2024 年我国农村居民人均可支配收入增速仍将快于城镇居民人均可支配收入增速，城乡居民收入倍差将进一步缩小。

针对当前的形势，提出以下促进农村居民增收的政策建议。

（1）将稳增长与稳就业作为经济工作的首要任务。一方面，继续通过信贷支持、税收优惠等金融与财税措施帮助中小企业稳定生产、恢复信心；另一方面，结合乡村振兴

与农业现代化建设工作，适度增加政府财政支出以支持农业基础设施升级，创造就业岗位，带动农民工就业。

（2）促进农村人才振兴。建议政府在全面推进乡村振兴工作的同时，同步推进乡村人才振兴工作。制定政策以提升农村人力资本，吸引优秀人才回流农村地区支持农业农村发展，充分利用先进农业技术和数字技术构建农村经济新业态，激发农村经济活力。

（3）加强数字技术培训，助力农村劳动力数字技能提升。物联网、大数据、云平台等数字技术正快速应用于农业生产各个领域。农村劳动力与数字技术有效融合才能实现农业更好发展。建议加强对农村劳动力的数字技术培训，使数字技术扎实融入农业生产与农业产业链的各个环节，促进农业提效、农民增收。

一、引　言

收入分配是经济循环中连接生产与消费的重要一环。收入分配状况直接关系到后续的消费、储蓄、投资以及国际收支状况。我国始终将完善收入分配制度，促进居民收入增长作为经济社会发展的重要任务。“十三五”期间，我国在改善民生，扶贫、减贫，以及促进居民收入方面取得了举世瞩目的成绩。在“十三五”期间，居民收入保持了增长模式的积极转变，主要体现在农村居民收入增速快于城镇居民收入增速，以及城乡收入倍差由 2016 年的 2.72 缩小到 2020 年的 2.56；居民收入增速总体快于人均 GDP 增速，居民收入在国民收入中的比重不断提升，收入分配状况好转。精准扶贫工作在促进贫困地区农村居民收入增长方面发挥了重要作用，贫困地区农村居民人均可支配收入实际增速明显快于全国农村居民人均可支配收入增速。“十四五”时期，我国经济社会发展将继续坚持共同富裕方向，预期在健全工资合理增长机制、完善再分配机制等措施的保障下，城乡居民收入和生活水平差距将持续缩小，低收入群体增收能力将明显提升。作为“十四五”开局之年，2021 年农村居民人均可支配收入实际增长 9.7%，快于城镇居民人均可支配收入 2.6 个百分点，城乡收入倍差缩小到 2.50。2022 年，城乡居民收入增长延续了农村居民人均可支配收入增速快于城镇居民的模式，城乡收入倍差进一步缩小至 2.45。

在实现中华民族伟大复兴的战略全局和世界百年未有之大变局下，中共中央提出了加快构建以国内大循环为主体、国内国际双循环相互促进的新发展格局的重大发展战略。激活国内市场消费需求是构建双循环的重要方面，推动扩大就业和提高居民（尤其是农村居民）收入水平对于提升消费需求至关重要。从“两个大局”出发，党的二十大报告进一步强调了国家对农村居民增收的重视，多个主题涉及“三农”问题。乡村振兴是全面建设社会主义现代化国家的主攻方向之一。未来将通过坚持农业农村优先发展、城乡融合发展，畅通城乡要素流动，建设农业强国等举措全面推进乡村振兴。完善分配制度，实施就业优先战略，推进共同富裕是增进民生福祉，提高人民生活品质的重要任务。通过开拓乡村特色产业发展等多样化增收渠道，鼓励更多农民勤劳致富；完善农民工欠薪治理长效机制；从农村土地入手探索通过土地要素使用权增加农民财产收入；推进农村劳动力转移就业、稳定脱贫人口就业，都将是未来增加农村居民收入的重要举措。

在国家一系列政策支持下，我国农业、农村和农民的发展将迎来良好时机。2023 年是贯彻落实党的二十大精神的开局之年。促进农民增收是“三农”工作的中心任务。尤其是在当前构建新发展格局的大背景下，激活农村内需，促进农民增收更具重要性、紧迫性。2023 年前三季度，我国农村居民人均可支配收入增速高于 2022 年同期 3 个百分点。作为扩大农村消费需求的重要推动力，2023 年我国农村居民收入能否保持稳定增长态势，城乡居民收入差距是否有望进一步缩小等问题已成为社会各界关注的重要话题。本报告对 2023 年我国农村居民收入情况进行了回顾，并对 2024 年我国农村居民人均可支配收入进行了分析预测，最后针对当前的形势给出了促进农村居民收入增长的相关政策建议。

二、2023 年我国农村居民收入回顾与分析

2023 年，国民经济持续恢复向好，服务业实现较快增长，就业形势总体改善，促进了农村居民收入增速回升。其中，前三季度农村居民人均可支配收入实际增速为 7.3%，较 2022 年同期高出 3 个百分点。从 GDP、城镇居民人均可支配收入、农村居民人均可支配收入三者增长速度的对比来看（图 1），2023 年前三季度农村居民人均可支配收入增速快于 GDP 增速 2.1 个百分点，快于城镇居民人均可支配收入增速 2.6 个百分点，城乡居民收入倍差进一步下降，但绝对收入差距仍在扩大。

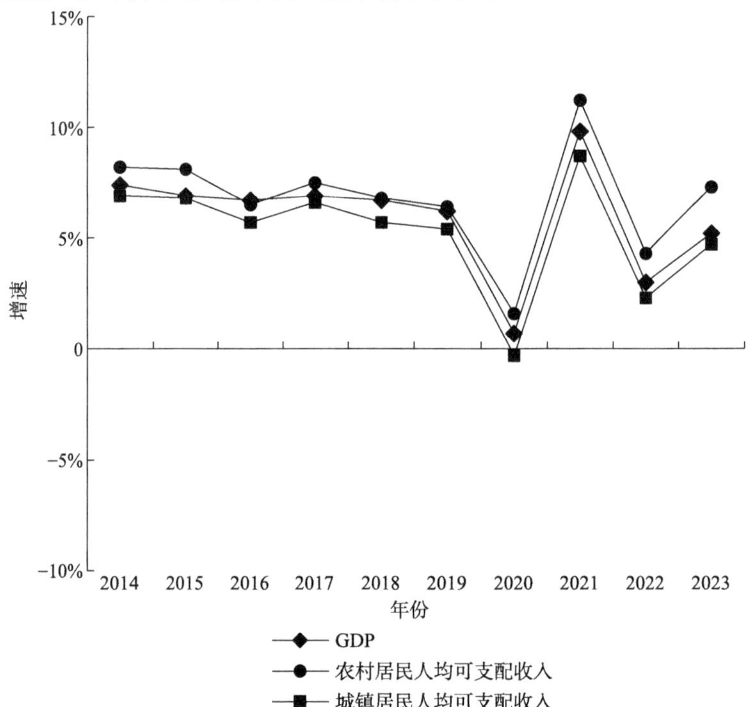

图 1　前三季度 GDP 与居民人均可支配收入增速（2014~2023 年）

资料来源：国家统计局国家数据库

从收入来源看（表 1），2023 年前三季度农村居民人均可支配收入实际增速的提高主要源于工资性收入的快速增长，与 2022 年同期相比，农村居民人均工资性收入增速提高了 4.2 个百分点。由于家庭外出从业人员寄回和带回收入计入转移净收入，在工资性收入快速增长的带动下，转移净收入增速与同期相比也出现较大幅度上升（提高 4 个百分点）。从各收入来源对收入增长的贡献来看，2023 年前三季度农村居民人均可支配收入的增长主要来自工资性收入的增长，贡献率达 50%。转移净收入和经营净收入也是农村居民人均可支配收入增长的重要来源，贡献率分别为 25%和 23%。

表 1　前三季度全国农村居民人均可支配收入

收入来源	2022 年		2023 年		增加额/元	贡献率
	收入额/元	实际增速	收入额/元	实际增速		
可支配收入	14 600	4.3%	15 705	7.3%	1 105	
其中：						
工资性收入	6 699	3.8%	7 256	8.0%	557	50%
经营净收入	4 316	4.7%	4 568	5.5%	252	23%
财产净收入	391	7.4%	413	5.3%	22	2%
转移净收入	3 193	4.3%	3 469	8.3%	276	25%

资料来源：国家统计局国家数据库

具体来看：

（1）2023 年前三季度农村居民人均工资性收入为 7 256 元，实际增长 8.0%，快于同期农村居民人均可支配收入增速 0.7 个百分点，对前三季度农村居民人均可支配收入增长的贡献率为 50%，为农村居民人均可支配收入增长的第一大来源。2023 年，随着一系列扩大内需、提振信心、防范风险的政策效应逐步显现，经济运行回升向好，就业形势持续好转。2023 年前三季度，第三产业增加值同比增长 6.0%，高于同期 GDP 增速 0.8 个百分点。接触型聚集型服务业的较快增长带动相关行业吸纳农村居民就业人数明显增加，农民工就业持续改善。2023 年前三季度，城镇外来农业户籍劳动力失业率平均值为 5.1%，比上年同期下降 0.5 个百分点。据全国农民工监测调查，第三季度末外出务工农村劳动力人数达到 18 774 万人，比上年同期增加 504 万人，增长 2.8%；受从业时间增加等因素带动，外出务工农村劳动力月均收入 4 735 元，比上年同期增长 3.2%。就业人数与月均收入双双增长带动了前三季度农村居民工资性收入快速增长。

（2）2023 年前三季度农村居民人均转移净收入为 3 469 元，实际增长 8.3%，对前三季度农村居民人均可支配收入增长的贡献率为 25%，是带动农村居民收入增长的第二大收入来源。农村居民转移净收入的增长主要得益于第三产业就业机会增多，外出务工形势好转，农村居民家庭外出从业人员人均寄回、带回收入比上年同期增长 8.5%。另外，城乡居民基础养老金标准提高和老龄人口比重提升带来的人均养老金、离退休金收入提高也促进了转移净收入的增长。2023 年，我国退休人员的基本养老金再次上调，比 2022 年增长 3.8%。

（3）2023 年前三季度农村居民人均经营净收入为 4 568 元，实际增长 5.5%，对前三季度农村居民人均可支配收入增长的贡献率为 23%，是带动农村居民收入增长的重要收入来源。这主要得益于两个方面。第一，2023 年前三季度第一产业保持平稳增长，第一产业增加值同比增长 4.0%。其中，种植业增加值同比增长 3.6%，猪牛羊禽肉产量 6 974 万吨，同比增长 3.9%。较好的农业生产形势为农村居民第一产业经营净收入增长奠定了基础。第二，2023 年前三季度住宿餐饮、批发零售等行业经营形势较好恢复，农家乐和乡村旅游持续升温。在以上因素的带动下，农村居民第三产业经营净收入比上年同期增长 16.0%。

（4）2023 年前三季度农村居民人均财产净收入为 413 元，实际增长 5.3%，目前该收入来源占总收入的比重相对较低。2023 年前三季度，土地流转有序推进，土地流转价格稳中有增，农村居民人均转让承包土地经营权租金净收入比上年同期增长 9.8%，是带动农村居民人均财产净收入增长的重要原因。

总体来看，2023 年我国经济持续恢复，尤其是服务业的快速转好带动了前三季度农村居民工资性收入、第三产业家庭经营净收入和转移净收入的增长。考虑到疫情对 2022 年第四季度的负面冲击，2023 年第四季度的农村居民可支配收入将有较快的恢复性增长。预计，2023 年全年农村居民人均可支配收入实际增长速度在 7.6%左右。

三、2024 年中国农村居民增收形势分析及预测

（一）2024 年农村居民增收形势分析

1. 经济增长承压，农村居民收入增长面临挑战

GDP 是收入分配的基础，维持较快的经济增长速度是增加就业、提高居民收入的前提。近几年我国居民人均可支配收入的增长速度与 GDP 增速基本同步，二者呈现出很强的关联性。就业与居民收入增长形势在很大程度上取决于生产与经济增长前景。疫情期间，由于人员流动控制受限，服务业生产未得到充分恢复。2023 年疫情防控解除后，以旅游、住宿餐饮、批发零售为代表的服务业生产得到较好恢复，第三产业成为 2023 年前三季度增加值增长速度最快的产业。考虑到 2023 年服务业生产能力的较好释放，2024 年服务业继续保持较快增长的压力较大。2023 年前三季度，房地产开发投资同比下降 9.1%，受房地产开发投资下行影响，预计 2024 年建筑业生产也将面临较大压力。国家统计局发布的《2022 年农民工监测调查报告》显示，51.7%的农民工就业分布在第三产业。其中住宿餐饮业就业人数占 6.1%，批发零售业就业人数占 12.5%。17.7%的农民工就业分布在建筑业。2024 年，服务业和建筑业增长承压势必会影响该行业农民工的收入增长。另外，工业企业利润增速正处于下行中，但正逐步好转。2023 年 1~9 月，全国规模以上工业企业实现利润总额同比下降 9.0%，降幅比上半年收窄 7.8 个百分点。随着工业企业利润的逐步改善，居民工资性收入增长空间将被压缩。展望 2024 年，受经济增长承压影响，农村居民收入将面临增长乏力的挑战。

2. 政府高度重视农民增收问题，多项措施并举拓宽农民增收渠道

促进农民增收是“三农”工作的中心任务。在构建新发展格局的大背景下，激活农村内需，促进农民增收更具重要性、紧迫性。农业农村部在农业农村经济运行情况新闻发布会上表示，政府将多措并举，着力发展产业、稳住就业，努力拓宽农民增收致富渠道。将重点抓好四个方面的工作。第一，促进产销衔接畅销增收。粮食是农民经营收入的主要来源。政府将落实好粮食收购政策，增加收购网点，让农民便利销售、顺畅销售。同时，做好蔬菜水果等农产品的产销衔接，畅通销售渠道，让农民既增产又增收入。第二，发展乡村产业增收。发展农产品加工业，促进农产品加工转化增收、错峰销售增收。抓住旅游消费回暖时机，推介一批美丽乡村休闲旅游精品线路和精品景点，拓展功能价值增收。第三，抓好项目建设拓岗增收。通过建设高标准农田、发展设施农业、建设仓储冷链物流设施以及整治农村人居环境等项目，增加就业岗位，促进灵活就业。同时，扩大公益性岗位，让农民当地就业，促进工资性收入增长。第四，深化农村改革赋能增收。政府将统筹推进农村土地制度、集体产权制度等改革，有序推进农村产权流转交易规范化建设，赋予农民更加充分的财产权益。同时，积极发展新型农村集体经济，让农民更多分享发展成果。

3. 推进农业强国建设，助力农民农业经营净收入增长

加快建设农业强国是中央立足全面建设社会主义现代化国家所做出的重要部署，同时也是满足人民生活需要、促进农民增收的重要举措。接下来几年，我国将继续推进高标准农田建设工程，将把永久基本农田全部建成高标准农田，实现人均1亩高标准农田、人均占有粮食600千克的目标。同时加快以种业为重点的农业科技创新，推进先进农机应用，大力发展现代设施农业，提升农业科技装备水平，以此提高土地产出率与劳动生产率。发展新型农业经营主体，建立农业产业化龙头企业引领、农村合作社与家庭农场以及小农户广泛参与的农业产业化联合体，提高小农户在现代农业发展中的参与度。另外，政府还将通过完善农业支持保护制度，健全种粮农民收益保障机制和主产区利益补偿机制，健全农村金融服务体系等财政金融措施助力农业发展。

4. 一二三产业融合发展，农业全产业链升级，农民增收致富渠道将拓宽

推进农村一二三产业融合发展，促进农业全产业链升级，将成为未来农村居民收入增长的重要推动力。我国将利用乡村特有的物质和非物质文化资源，发展富有地方特色的乡村特色产品和产业，挖掘传统工艺，创建乡村特色品牌，使农业产业链向中高端迈进。同时，发展农产品初加工和精深加工，促进农村电子商务发展，使农业从传统的种养环节向农产品加工、流通等二三产业延伸。构建有效的联农带农机制，将农业全产业链升级带来的增值收益和就业岗位更多留在农村、留给农民。另外，还将利用农村的自然风光和民俗风情等资源优势发展乡村休闲旅游业，带动农民增收。

2023年，促进农业全产业链升级的举措已初现效果。农业农村部数据显示，2023年我国农产品加工业稳定发展。前三季度规模以上农副食品加工业增加值同比增长

0.4%。农业产业化国家重点龙头企业采购经理指数在 9 月达到 62.8%，企业对后市信心增强。农产品网络零售额保持两位数增长。产业融合稳步推进，全国建设了 50 个国家现代农业产业园、40 个优势特色产业集群、200 个农业产业强镇，更多农民实现就近就地就业。同时，产业集聚态势开始显现。中央财政已累计支持建设了 180 个优势特色产业集群、300 个国家现代农业产业园和 1 509 个农业产业强镇，各地也跟进建设了一批不同规模的产业园区和加工园区，政策集成、要素集聚、企业集合的态势正加快形成。2024 年，随着一二三产业融合发展系列举措的推进，农村居民的增收致富渠道将进一步拓宽。

5. 收入分配制度体系进一步完善，农村居民收入在国民总收入中的比重将进一步提高

党的二十大报告中有关增进民生福祉，提高人民生活品质的论述高度重视农村居民收入增长。将通过完善分配制度，构建初次分配、再分配、第三次分配协调配套的制度体系，扎实推进共同富裕。我国城乡居民之间存在一定的收入差距，健全城乡融合发展的机制体制，提高发展的平衡性、协调性是实现共同富裕的重要路径之一。

在收入初次分配方面，一方面，将通过完善劳动者工资决定制度、健全工资合理增长机制，健全最低工资标准调整机制，完善农民工欠薪治理长效机制等措施提高劳动报酬在初次分配中的比重。表 2 给出了 2002~2020 年我国劳动者报酬份额的变化情况。可以看出，我国劳动者报酬占 GDP 的比重长期处于较低水平，并且经历了一段下降的过程（2002~2007 年）。随着第三产业在国民经济中的比重上升以及最低工资标准提高等收入分配制度改革措施的落实，劳动者报酬占 GDP 比重下降的趋势有所好转，2007~2012 年该比重上升到 50%左右，此后缓慢上升，2020 年达到 52.1%。此外，随着税制改革的持续深化以及政府对企业税收优惠与减免力度的加大，生产税净额占 GDP 的比重逐年下降。在此影响下，2020 年劳动者报酬与营业盈余改变了过去此消彼长的变化模式，出现了份额共同上升的局面。随着收入初次分配改革的推进，劳动者报酬在初次分配中的比重将进一步提升，从而带来农村居民人均工资性收入的增长。

表 2　中国增加值构成

年份	劳动者报酬	生产税净额	固定资产折旧	营业盈余
2002	48.4%	14.3%	15.4%	21.9%
2007	41.4%	14.5%	14.0%	30.2%
2012	49.2%	13.7%	13.4%	23.7%
2017	51.4%	11.5%	13.4%	23.6%
2018	51.5%	10.4%	14.5%	23.5%
2020	52.1%	8.8%	14.8%	24.3%

资料来源：根据国家统计局编制的中国投入产出表计算得到

另一方面，政府还将完善按要素分配的政策制度，健全各类生产要素由市场决定报酬的机制，探索通过土地、资本等要素使用权、收益权增加中低收入群体要素收入，多

渠道增加城乡居民财产性收入。将深化农村土地制度改革，赋予农民更加充分的财产权益，保障进城落户农民合法土地权益，鼓励依法自愿有偿转让。当前，财产净收入在农村居民收入中所占比重很低（约为 2.5%），随着要素分配政策制度的完善与推进，预计农村居民财产净收入将保持较快增长，占农村居民收入的比重将稳步提升。

6. 共同富裕及人口老龄化将带来农村居民转移净收入的长期增长

党的二十大报告进一步强调将扎实推进共同富裕。促进全体人民共同富裕是一项长期而又现实的任务。我国城乡居民之间存在一定的收入差距，健全城乡融合发展的机制体制，提高发展的平衡性、协调性是实现共同富裕的重要路径之一。近几年来，农村居民人均转移净收入实现了快速增长，其在农村居民人均可支配收入中的份额由 2013 年的 17.5%上升到 2022 年的 20.9%。农村居民转移性收入的增长主要得益于政府对民生改革的重视和惠民政策力度的加大。新型农村合作医疗补助标准、基础养老金、政策性惠农补贴、生活补贴以及社会救济和补助近几年一直处于增长中。“十四五”规划中提出要完善再分配机制，加大税收、社保、转移支付等调节力度和精准性，发挥慈善等第三次分配作用，改善收入和财富分配格局。在政府高度重视民生改革的背景下，预计 2024 年政府的转移支付力度仍将加大，农村居民人均转移净收入将稳步增长。

另外，我国人口年龄结构的变化也将提升转移净收入在农村居民收入来源中的比重。随着 20 世纪 60 年代婴儿潮一代逐步进入退休年龄，从“十四五”时期开始，中国将迎来快速老龄化时期。老龄人口比重的上升将使政府财政在养老金与医疗费用方面的支出快速增长。鉴于老龄化趋势，预期我国农村居民的人均转移净收入在未来十年将保持较快增长。

（二）2024 年农村居民人均可支配收入预测

在对 2024 年我国农村居民增收形势分析的基础上，分基准、悲观和乐观三种情景对 2024 年我国农村居民人均可支配收入进行了初步预测（表 3）。基准情景假设 GDP 增速在 5.3%左右；乐观情景假设国际形势向好发展，生产者与消费者信心快速恢复，GDP 增速在 6.5%左右；悲观情景假设国际形势进一步恶化，国内经济活跃度不及预期，GDP 增速在 4.0%左右。

表 3　2024 年我国农村居民人均可支配收入预测结果

收入来源	基准情景		悲观情景		乐观情景	
	人均收入/元	增速	人均收入/元	增速	人均收入/元	增速
可支配收入	23 337	6.8%	23 055	5.5%	23 598	8.0%
其中：						
工资性收入	9 913	7.5%	9 793	6.1%	10 024	8.7%
经营净收入	7 860	4.3%	7 765	3.0%	7 948	5.4%
财产净收入	590	6.6%	583	5.2%	596	7.7%
转移净收入	4 974	9.8%	4 914	8.4%	5 030	10.9%

预测结果显示：在基准情景假定下，2024 年我国农村居民人均可支配收入将达到 23 337 元，实际增长速度为 6.8%左右。其中，人均工资性收入为 9 913 元，实际增长 7.5%；人均经营净收入为 7 860 元，实际增长 4.3%；人均财产净收入为 590 元，实际增长 6.6%；人均转移净收入为 4 974 元，实际增长 9.8%。预计 2024 年我国农村居民人均可支配收入增速仍将快于城镇居民人均可支配收入增速，城乡居民收入倍差将进一步缩小。

四、政策建议

1. 稳增长、稳就业

历史经验表明，在经济增长速度下滑较快的年份，居民收入增速通常会大幅度回落。例如，2008 年受国际金融危机影响，我国经济增长速度出现较大幅度下滑，同年农村居民人均纯收入增速与城镇居民人均可支配收入增速分别下滑了 1.5 个百分点和 3.8 个百分点。2020 年受新冠疫情影响，我国 GDP 增速再次出现大幅下滑，农村居民人均可支配收入增速与城镇居民人均可支配收入增速分别下滑了 2.4 个百分点和 3.8 个百分点。展望 2024 年，我国仍将面临较大的经济增速下行压力，农民工在制造业、建筑业与服务业都将面临较大的就业压力。从提高居民收入的角度出发，建议政府仍要将稳定经济增长速度与保障就业作为当前宏观经济工作的首要任务。一方面，继续通过信贷支持、税收优惠等金融与财税措施帮助中小企业稳定生产、恢复信心；另一方面，结合乡村振兴与农业现代化建设工作，适度增加政府财政支出支持农业基础设施升级，创造就业岗位，带动农民工就业。

2. 促进农村人才振兴

近几年我国城镇化率保持了较快增长。城镇化率已由 2010 年的 49.9%上升到 2022 年的 65.2%，城镇化率年均提高 1.3 个百分点左右。城镇化实现了农村人口由农业部门向非农业部门的快速转移，农村人口数量平均每年下降 2.7%。农村人口向城镇转移有利于实现农业适度规模经营，从而降低生产成本并提高农业劳动生产率。在城镇化进程中，我国第一产业劳动生产率（第一产业增加值与第一产业就业人员数之比）已由 2010 年的 13 759 元/人提高到 2022 年的 50 017 元/人（现价）。但需要注意城镇化过程中的农村人才流失问题。参与人口迁移的农村劳动力往往是农村居民中技能水平相对较高的劳动力，城镇化在一定程度上造成了农村高素质劳动力的流失，从而对农业农村发展以及农村居民人均收入的增长带来了负面影响。建议政府在全面推进乡村振兴工作的同时，同步推进乡村人才振兴工作。制定政策增强农村人力资本，吸引优秀人才回流农村地区支持农业农村发展，充分利用先进农业技术、数字技术构建农村经济新业态，搞活农村经济。

3. 加强数字技术培训，助力农村劳动力数字技能提升

当前，数字化浪潮席卷全球，数字技术深刻改变了经济运行机制和社会生产生活方

式，也为农业高质量发展拓展了新空间、增添了新动能。物联网、大数据、云平台等数字技术正快速应用于农业生产各个领域。农业农村部数据显示，2022 年，全国农业科技进步贡献率达 62.4%，全国大田种植信息化率超过 21.8%。全国已累计创建 9 个农业物联网示范省份、建设 64 个国家数字农业创新应用基地。物联网、大数据、人工智能、卫星遥感、北斗导航等现代信息技术在种植业生产中加快应用，精准播种、变量施肥、智慧灌溉、植保无人机等技术和装备开始大面积推广。同时，数字技术也在乡村旅游、休闲农业、农产品电商营销等“三农”相关领域发挥着重要作用，有效拓展了产品市场，提高了生产率与附加值，是未来驱动农民收入增长的重要引擎。只有实现农村劳动力与数字技术有机融合才能促进农业更好发展。建议加强对农村劳动力的数字技术培训，推广普及数字技术和应用，有效提升农村劳动力的数字素养与技能水平。使数字技术扎实融入农业生产与农业产业链的各个环节，促进农业提效、农民增收。

2023 年中国粮食消费形势分析与 2024 年展望

王会娟　杨继钧　杨翠红　陈锡康

报告摘要：党的十八大以来，随着居民生活水平的不断提高，吃饱更吃好的多元化消费需求使得我国粮食消费结构也发生改变。在粮食生产能力逐年提高的基础上，饲料用粮占比高、粮食浪费较多等特征也逐渐凸显。本报告基于宏观统计数据，核算并预测了由居民口粮、饲料用粮、工业用粮、种子用粮和其他等五部分构成的粮食消费量，为我国的粮食生产工作及相关产业发展提供必要的数据支撑。

2023 年我国粮食消费量较 2022 年有所上涨。据估算，2023 年我国粮食消费量约为 13 266 亿斤，其中，居民口粮 3 488 亿斤，占 26.3%，工业用粮 2 669 亿斤，占 20.1%，饲料用粮 4 921 亿斤，占 37.1%，种子用粮 214 亿斤，占 1.61%，剩余为损耗等其他项，约为 1 974 亿斤。

如果 2024 年我国 GDP 增速在 5.3%左右，预计 2023 年我国粮食消费将稳定略增，达到 13 523 亿斤，涨幅基本持平。居民口粮有所下降，工业用粮小幅增长，饲料用粮大幅上涨。乐观情景下预计 2024 年粮食消费量为 14 054 亿斤，悲观情景下预计 2024 年粮食消费量为 13 176 亿斤。

根据估算和预测结果，给出如下政策建议：第一，加强粮食安全保障措施，构建粮食安全保障体系；第二，构建多元化粮食进口新格局的同时，积极引导粮食生产结构积极向粮食消费结构转变；第三，工业用粮所在行业的政策应该具有连续性或者前瞻性。

一、引　言

党的十八大以来，以习近平同志为核心的党中央坚持把解决好“三农”问题作为全党工作的重中之重，粮食安全根基得到了进一步夯实，多元化粮食供给体系持续构建，农业强国建设取得了显著进展。在粮食供给安全基础稳固的基础上，科学、系统地监测与预警粮食消费量不仅是确保我国粮食供需平衡的有效途径，而且对保障国家经济正常运行和稳定发展具有重要意义。

随着我国城镇化、工业化的发展，人民生活水平的不断提高，粮食消费总量或呈刚性增长模式，但是新时期我国人口规模、结构、营养需求、产业供需等都将发生较大的变化，这也将使得粮食消费量和消费结构发生根本性转变。本报告将基于宏观统计数据来核算并预测由居民口粮、饲料用粮、工业用粮、种子用粮和其他等五部分构成的粮食

消费量，为我国的粮食生产工作及相关产业发展提供必要的数据支撑。

二、2023 年粮食消费形势回顾分析

面对宏观经济发展挑战及复杂的国际粮食市场形势，2023 年我国粮食消费量涨幅有所放缓。通过科学合理的估算，项目组认为 2023 年我国粮食消费量约为 13 266 亿斤，其中，居民口粮 3 488 亿斤，工业用粮 2 669 亿斤，饲料用粮 4 921 亿斤，种子用粮 214 亿斤，损耗等其他项 1 974 亿斤。总体来看，粮食消费量稳定略涨，较 2022 年增长了 259 亿斤，结构中占比最高的是饲料用粮。

（一）居民口粮小幅上升

居民口粮消费总量取决于两个方面：一是人均口粮的消费水平；二是人口数量及结构。

从人均口粮的消费水平来看，农村居民口粮消费水平为城镇居民的 1.4 倍左右，城乡差距显著，且城乡居民呈现出了基本同步的变动趋势。城镇居民人均口粮消费水平在 2017 年达到最低值 109.7 千克，之后稳步上升，2022 年开始回落为 116.2 千克；农村居民人均口粮消费水平在 2018 年到达最低值 148.5 千克，之后也是逐年提高，2022 年开始下降为 164.6 千克（图 1）。2018 年、2019 年口粮消费水平的提升，或许与我国脱贫攻坚战的胜利相关，“十三五”期间我国区域性整体贫困得到有效解决，重点贫困地区收入水平提高促进了整体口粮消费水平的提升。2022 年，城乡居民人均口粮消费水平又开始出现回落，我们认为，这次回落或将持续一段时间，是疫情过后恢复常态的一种回落发展。估计 2023 年城乡居民人均口粮消费将进一步回落，且城乡差距有所缓和。

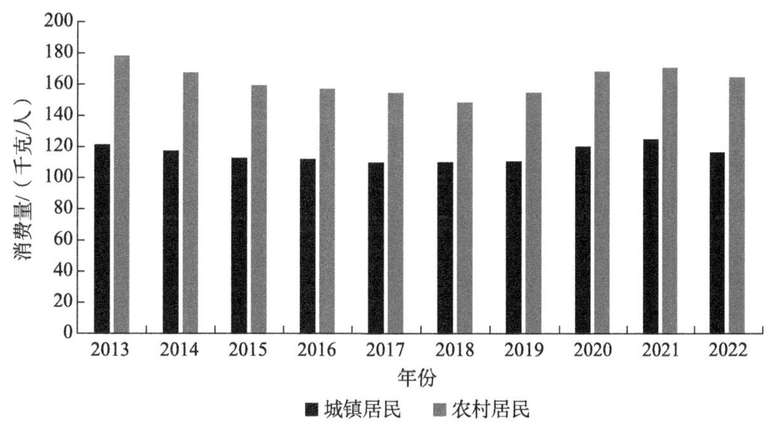

图 1　城镇、农村居民人均粮食消费量变化情况

资料来源：国家统计局国家数据库

人口规模量决定了我国粮食消费量的规模，城乡人均粮食消费量的差异也使得城镇化率及流动人口规模对我国口粮消费量产生了重要影响。2022 年末我国人口为 141 175

万人，较 2021 年减少了 85 万人，人口规模可以进入下降通道，或许在“十四五”期间会有波动，但人口负增长的大趋势基本稳定。从人口城乡结构来看，2022 年我国城镇化率为 65.22%，近十年来逐年提高，且将会在 65%的水平上持续提升。估计 2023 年我国总人口将下降 60 万人左右，城镇化率在 66.5%左右。

影响居民口粮的人口因素中，流动人口也起到了非常大的影响作用。我国流动人口规模较大，根据第七次人口普查数据，我国流动人口总量已经由 2010 年的 22 143 万人增加至 2020 年的 37 582 万人（图 2），年均增长率高达 6.97%。鉴于 2023 年交通、服务等恢复性增长，项目组预测 2023 年流动人口将达到 4 亿人左右，占全国人口的 28%左右。流动人口多是从农村流入城镇，饮食习惯部分将有所改变，因此项目组根据流动人口的情况，调整了对应于人口粮食消费量的城镇居民和农村居民人口数量；又考虑到流动人口并非全年生活在城镇中，其饮食习惯与城镇居民有所差异等因素，因此不能认为流动人口都与城镇人口有相同的饮食结构，我们赋予流动人口一定权重，认为有一定比例的流动人口和城镇人口饮食相同，而其他流动人口仍然维持着农村人口饮食结构。考虑流动人口这一影响因素后，我国居民口粮将变化 200 亿斤左右。

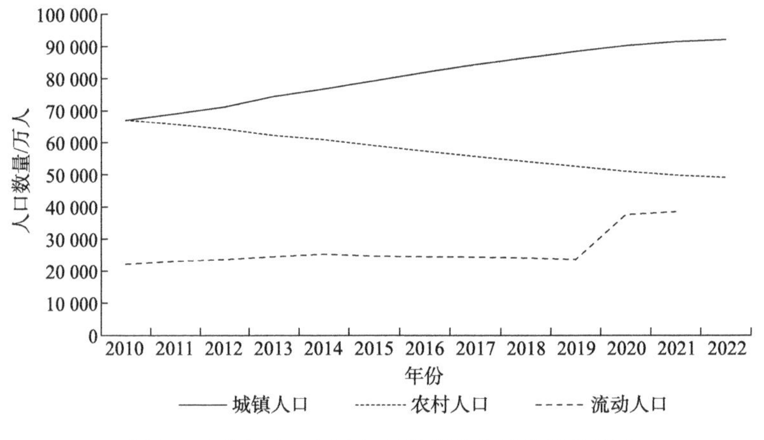

图 2　城镇人口、农村人口及流动人口的变化情况

资料来源：Wind 数据库

综上，在人均口粮消费水平、人口规模、城镇化率和流动人口的共同影响下，预计 2023 年我国居民口粮消费为 3 488 亿斤，人均 124 斤左右，同比下降 2.2%。

（二）工业用粮增速放缓，恢复力明显弱于上年

工业用粮是指用于生产各种工业产品的粮食原料或辅助材料，主要包含在食品制造业、酒、饮料和精制茶制造业，以及农副食品加工业中。在本部分的核算中工业用粮主要从白酒、啤酒、发酵酒精、酱油、豆油、燃料乙醇和淀粉七个方面测算，进一步从工业品的产量和单位产量耗粮计算得到每种工业品当年的粮食消费量。

我国酒类行业已经从规模扩张的发展模式转变为重质量求深化的发展新形态，如图 3 所示，2013 年以来啤酒产量就进入下降区间，2016 年以来白酒产量开始下降。当前

酒类市场的消费结构基本上是存量市场的竞争，行业集中度提升，品牌化、品质化发展趋势更加明显，如何在消费升级的大背景关系下进行高品质的供给侧结构性改革和优化创新，是酒类企业发展面对的挑战。2021 年、2022 年啤酒产量止跌回稳，稳定在 3 560 万千升，项目组认为受到消费回升、餐饮业恢复性增长等因素的影响，啤酒产量在 2023 年仍然会有小幅回升。2022 年白酒产量仅为 671 万千升，仅为 2016 年的 50%左右，鉴于存量市场等因素影响，项目组认为 2023 年白酒产量仍将在 650 万千升左右。提振白酒市场仍然需要生产商的创新发展。

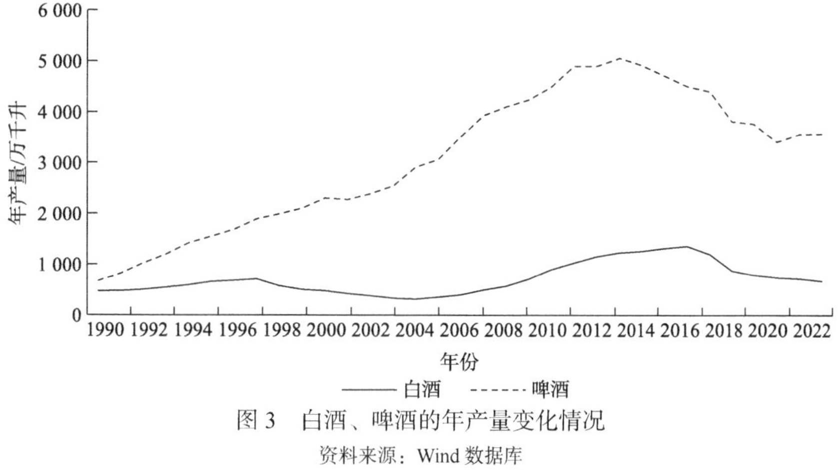

图 3　白酒、啤酒的年产量变化情况

资料来源：Wind 数据库

玉米淀粉作为农产品加工的重要方面，其下游应用十分广泛，是食品、化工、医药等行业的重要原料，可进一步加工生产淀粉糖、变性淀粉、味精、有机酸及化工醇等产品。其中，淀粉糖是玉米淀粉最主要的消费去向，占比高达 50%，其次为造纸和食品，占比分别为 12%和 10%。我国华北黄淮、东北和西北是玉米淀粉产能最为集中的区域。据中国淀粉工业协会的数据，2022 年玉米淀粉产量有所下降，仅为 3 781 万吨（图 4），较 2021 年下降了 137 万吨。主要是因为物流交通受阻，下游各行业消费疲软，同时淀粉糖行业需求量释放不足，所以 2022 年玉米淀粉需求有较大程度下滑。预计 2023 年玉米淀粉将会有恢复性增长，预计产量将达到 4 000 万吨左右。

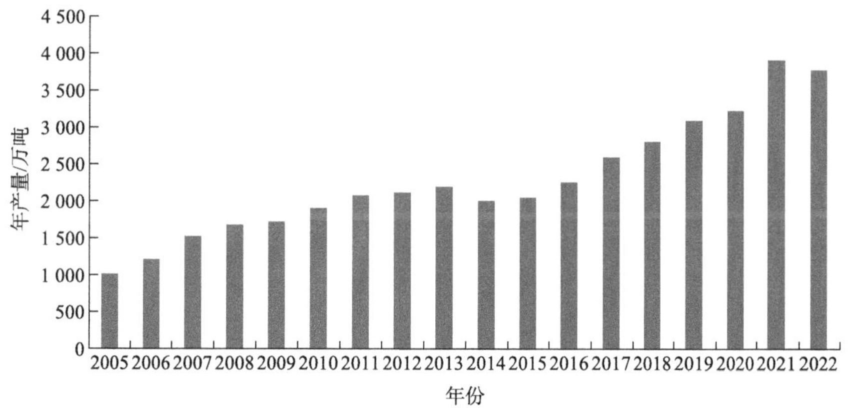

图 4　玉米淀粉的年产量变化情况

资料来源：中国淀粉工业协会

在推动发展方式绿色转型的基调之下，燃料乙醇作为我国战略性新兴产业，必将成为动能燃料的重要组成部分。目前，我国是将乙醇燃料按一定比例作为添加剂加入各种机械动力汽油内形成混合动能燃料。2017 年 9 月，国家发展和改革委员会等 15 部委印发《关于扩大生物燃料乙醇生产和推广使用车用乙醇汽油的实施方案》，自 2019 年开始，山西、河北、山东、江苏等地相继发布乙醇汽油推广方案，国家和地方政府重视乙醇汽油推广使用。2023 年 1 月国家能源局发布的《2023 年能源监管工作要点》也指出了将生物燃料乙醇生产和乙醇汽油使用情况纳入派出机构日常监督，确保成品油销售企业按规定销售乙醇汽油。目前车用乙醇汽油已经基本在全国范围内实现了全覆盖，燃料乙醇的产量也有了较大提高。根据相关数据，2022 年我国燃料乙醇产量为 1 090 百万加仑，约为 41 亿升，较 2021 年增长了 25.3%，预计 2023 年仍将有 20%左右的涨幅。

项目组进一步预计 2023 年的豆油、发酵酒精等其他工业产品大部分呈现持平略减的态势。综上分析，预计 2023 年工业用粮为 2 669 亿斤，较 2022 年增加 110 亿斤左右，增幅 4.4%，其中玉米淀粉耗粮量占 40%左右。

（三）饲料用粮恢复性高涨

饲料用粮以大豆、玉米为主，是畜禽所需植物蛋白和能量的主要来源，项目组主要采用了肉蛋奶类产量数据来进行估算和预测分析。近年来，我国猪肉产量占肉类产量的 60%左右，其次是牛肉和羊肉。2022 年猪肉产量仅较 2021 年有小幅增长。如图 5 所示，2023 年第三季度末我国生猪存量同比减少 166 万头，下降 0.4%，且能繁母猪存栏量在 2023 年持续呈现下降趋势，2023 年 10 月，我国能繁母猪存栏量仅为 4 210 万头，较 9 月减少了 30 万头，较 2022 年 10 月减少 169 万头。基础产能有所收缩，但仍处于正常保有量合理区间。项目组预计 2023 年仍然会有小幅增长，增幅在 4%左右。牛肉、羊肉或有 5%左右的涨幅。

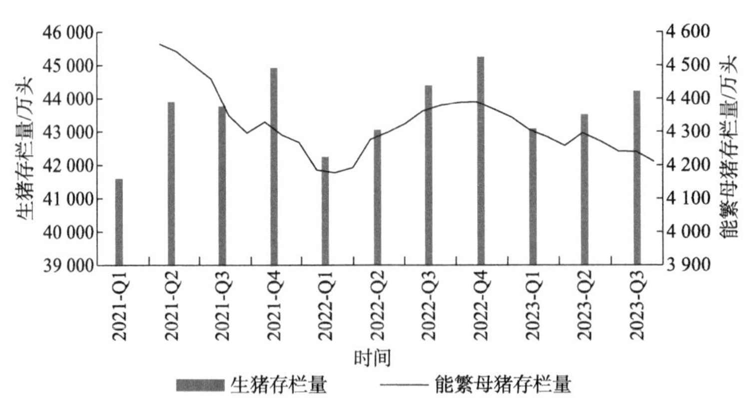

图 5　我国 2021 年以来的生猪存栏量和能繁母猪存栏量的变化情况

Q 表示季度

资料来源：Wind 数据库

如图 6 所示，2019 年以来，我国牛奶产量保持了较好的增速，2020 年、2021 的年增速都达到了 7%以上，说明居民对牛奶的消费水平有所提高。且随着收入水平的提高，农村居民的消费潜力得到更大的释放，项目组认为 2023 年牛奶产量将超过 4 000 万吨，达到 4 200 万吨左右，较 2022 年产量增长 7%左右。

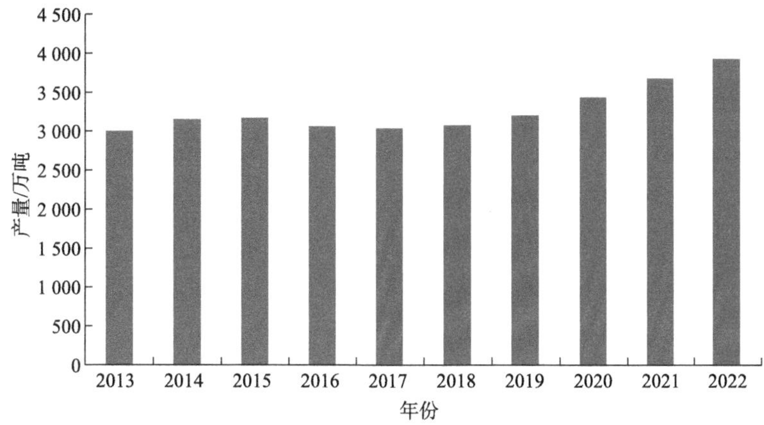

图 6　我国 2013 年以来的牛奶产量的变化情况

资料来源：Wind 数据库

预计 2023 年饲料用粮将为 4 921 亿斤，其中猪肉耗粮占比为 40%左右，总体较 2022 年增加 160 亿斤，同比增加 3.4%。

（四）种子用粮基本稳定

种子用粮的消费量主要取决于粮食播种面积和单位面积用种量。2022 年我国粮食作物播种面积增加了 69.9 万公顷，在稻谷、玉米分别减少 47.1 万公顷、25.4 万公顷的基础上，豆类增加了 175.7 万公顷，豆类的播种面积得到了大幅度提升。当前我国粮食作物播种面积每年略有涨幅，但涨幅不大，种植结构也因为玉米、大豆等作物影响略有差异，但是对种子用粮的影响较小，种子用粮基本稳定。2022 年种子用粮为 214 亿斤，近些年一直稳定在 210 亿斤左右，变动不大。预计 2023 年的种子用粮仍然在 214 亿斤左右。

（五）其他用粮稳定略涨

在测度上述四类粮食消费中并没有考虑饮食中浪费的粮食（仅为主食，不考虑肉类等其他转化粮）、畜禽养殖中病死对粮食的消耗、宠物用粮以及运输、仓储过程中的损耗等，因此本报告中增加其他项，作为对其他四项的补充，2023 年其他用粮合计为 1 974 亿斤（图 7），占粮食总消费量的 15%。

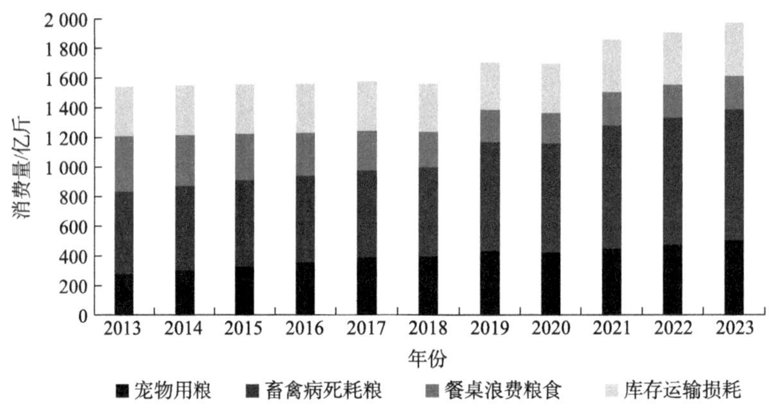

图 7　其他项粮食消费量逐年变化情况

资料来源：项目组测算

（六）供需综合分析

项目组预测粮食消费量与粮食产量对比如表 1 所示，2021~2023 年我国粮食消费量都在 13 000 亿斤以上，粮食产量都大于粮食消费量，保证了在总量上的粮食安全，粮食自给性非常高。但同时需要注意到，我国粮食进口量较 2021 年呈现明显的下降趋势，主要是因为大豆的进口数量稳定回落，2022 年进口 9 053 万吨，较 2021 年减少 594 万吨。

表 1　我国粮食供需情况对比　　单位：亿斤

年份	粮食消费量	粮食产量	进口	出口	供需差额
2021	13 027	13 657	3 236	66	3 800
2022	13 006	13 731	2 874	64	3 535
2023	13 265				

三、2024 年中国粮食消费形势分析及预测

预计 2024 年我国经济仍将持续保持平稳较快增长，居民收入稳步提升，预计 2024 年我国粮食消费量将会稳定略增，增幅与 2023 年增幅基本相同。其中涨幅最大的仍然是饲料用粮，其次是工业用粮，居民口粮有所减少。主要的分析点如下。

（一）收入预期提升，人口规模减小，居民人均粮食消费将继续呈现恢复性回落

2022 年的人均粮食消费已经呈现出回落趋势，预计 2024 年随着餐饮业等服务业的持续发展，人均口粮消费仍将有小幅度回落。随着经济稳定增长、居民收入预期提升，食物多样化、均衡化将成为未来的发展趋势，居民将进一步增加对肉蛋奶及水产品的消

费，居民口粮消费将进一步下降。

（二）肉类产量或将达到 1 亿吨，饲料用粮增幅明显

自 2021 年我国肉类产量恢复至 9 000 万吨左右后，以年均 3.5%以上的增速发展，预计 2024 年我国肉类产量或将达到 1 亿吨左右，其中，猪肉产量将达到 5 600 万吨左右，牛羊肉也将有小幅上涨。肉类产量的提升进一步带动了饲料用粮的增加。当前饲料用粮占粮食消费总量的 37%左右，随着居民生活水平的提高，饲料用粮已经成为粮食消费的主力。

综上分析，对 2024 年发展情况设置三种情景，如下。

基准情景为 GDP 发展速度为 5.3%左右，2024 年我国粮食消费量为 13 523 亿斤，较 2023 年略涨 1.9%，增幅为 258 亿斤，其中居民口粮有所下降，工业用粮小幅增长，饲料用粮大幅上涨。

乐观情景为 GDP 发展速度为 6.5%左右，2024 年我国粮食消费量将达到 14 054 亿斤，增速高达 5.9%。

悲观情景为 GDP 发展速度为 4%左右，2024 年我国粮食消费量仅为 13 175 亿斤，较 2023 年有所回落。不同情景下的粮食消费量具体如表 2 所示。

表 2　2024 年我国粮食消费量的预测结果

粮食构成	基准情景		乐观情景		悲观情景	
	消费量/亿斤	同比增速	消费量/亿斤	同比增速	消费量/亿斤	同比增速
粮食消费量	13 523	1.9%	14 054	5.9%	13 175	−0.7%
其中：						
居民口粮	3 319	−4.8%	3 606	3.4%	3 472	−0.4%
工业用粮	2 805	5.1%	2 936	10.0%	2 536	−5.0%
饲料用粮	5 081	3.2%	5 171	5.1%	4 871	−1.0%
种子用粮	213	−0.4%	215	0.5%	212	−0.9%
其他用粮	2 105	6.7%	2 126	7.7%	2 084	5.6%

四、政策建议

本报告对我国粮食消费量及消费结构进行了估算和预测，根据测算结果，提出如下政策建议。

第一，进一步加强粮食安全保障措施，构建粮食安全保障体系。未来中长期内，中国粮食供求结构性矛盾将进一步凸显，大豆和玉米严重依赖进口，加大了国家和地方政府保证粮食安全的难度，因此建议进一步加强粮食安全保障措施，一方面要提升粮食生产能力和抗灾能力，牢牢守住耕地红线，推动落实“藏粮于地、藏粮于技”，把中国人的饭碗牢牢端在自己手上；另一方面要积极完善粮食贸易机制，降低粮食进口市场的集中度，增强进口粮源多元化和稳定性。

第二，构建多元化粮食进口新格局的同时，积极引导粮食生产结构积极向粮食消费结构转变。虽然近年来我国粮食消费量低于生产量，但结构性短缺仍然存在。受全球经济发展的影响，粮食贸易不确定性将进一步增加，在构建多元化粮食进口新格局的同时，建议积极引导粮食生产结构的调整，积极向粮食消费结构靠拢。

第三，工业用粮所在行业的政策应该具有连续性或者前瞻性。通过近些年分析发现，工业用粮属于政策导向型粮食消费，工业用粮多是粮食的深加工部门，宏观经济形势的冷热、政策导向都会对工业用粮产生较大影响，建议相关部门在制定相关政策时应保持连续性或者具有一定的前瞻性，使得工业用粮部门可以做出及时的战略部署。